長谷川逸子の思考　4

ガランドウ・生活の装置
初期住宅論・都市論集（1972-1984）

長谷川逸子

Hollowness and Equipment of life
Theories of initial housing and urbanism
Itsuko Hasegawa

左右社

長谷川逸子の思考④

目次

第四部

ガランドウ・生活の装置——初期住宅論・都市論集（1972-1984）

凡例

各章冒頭に記しているとおり、本著作集収録にあたってそれぞれのテキストのタイトルは適宜改題し、初出は文頭下段に記し、巻末に一覧とした。また、若干の注を付記した。

建築作品は「〈作品名〉（竣工年）」または「〈略称〉」などとし、そのほか表記の統一を行った。

長谷川逸子の思考④

ガランドウ・生活の装置　初期住宅論・都市論集（1972-1984）

『長谷川逸子の思考』は一九七二年から二〇一六年までの長谷川の論考や講演録・インタビューなどの選集である。第四部は、初期住宅のコンセプト「ガランドウ」を表題とした。菊竹清訓の事務所を辞めた長谷川は東京工業大学で篠原一男の設計を補佐しながら自作の設計をはじめた。ここには、最初の個人住宅である一九七二年の〈焼津の住宅1〉から、篠原一男研究室を離れて独立し、〈AONOビル〉はじめ、都市的な規模の建築を手がけるようになる一九八四年までの論考を収めている。長谷川は一九七九年に〈徳丸小児科〉のためにみずからの設計事務所を設立した。そして、徐々に長谷川の建築作品のうえにもテキストのうえにも独自の軽やかさが現れてくる。

序章には、「ディテール」誌の『特集長谷川逸子　ガランドウと原っぱのディテール』（二〇〇三年七月別冊）の長谷川・比嘉対談から第一章「ガランドウ」を置いた。第一章から第四章まではおおむね年代順に論考と批評、第五章には八〇年代前半の講演や対談、第六章には菊竹清訓、第七章には、篠原一男、多木浩二、東工大時代に関するテキストを置いた。

第一章「長い距離」は一九七二年から七六年までの住宅の作品解説である。

第二章「建築の多元性」には、「都市住宅」誌による長谷川逸子小特集（一九七六年）と、「インテリア」誌による長谷川逸子小特集（一九七七年）に掲載された論考と批評を収めた。

第三章「軽やかさを都市に埋め込む」には、〈焼津の文房具屋〉〈徳丸小児科〉〈松山・桑原の住宅〉〈AONOビル〉など、一九七八年から一九八二年までの作品解説と批評を収めた。

第四章「女性的なるもの」には、「群居」誌に掲載された一九八四年の論考を二編収めた。この時期から長谷川らしい軽やかさが文体にも現れてくる。

第五章「しなやかな空間をめざして」には、独立して間もない一九八〇年代前半の講演と対談を収めた。記録が残っている単独講演としては最初期のテキストである。

第六章「菊竹さんとの出会い」には、菊竹作品に関する論考や、両者の対談に、新たなインタビューを加えた。

第七章「篠原先生、そして東工大時代」には、篠原一男への追悼文に、新たなインタビューを加えた。末尾には多木浩二に関する論考をおいた。

巻末には長谷川逸子年譜とスタッフ一覧を添えた。

序章

・・・

「ガランドウ」

『特集長谷川逸子　ガランドウと原っぱのディテール』（二〇〇三年）に掲載された比嘉武彦との対談から、第一章「ガランドウ」を収録した。比嘉は長谷川事務所のスタッフとして二〇〇一年まで勤め、〈新潟市民芸術文化劇場〉など多くのプロジェクトを担当し、長谷川作品について最もよく知る人物である。この特集号は「ディテール」誌の別冊として、後に書籍として発行することを前提に編集された。長谷川事務所も町田敦を担当として、レイアウトや三日間十二時間に及ぶ長大なインタビューの編集に携わっている。きめ細かい編集によって、数多くの長谷川のインタビューや対談のなかでも充実した内容がわかりやすくまとめられている。本書への収録にあたって、発行からすでに十五年以上の年月が経っているため、長谷川・比嘉それぞれが適宜加筆を行った。加筆箇所について本文中ではとくに触れていないので、興味のある読者は「ディテール」誌をあたっていただきたい（別冊版と書籍版は同じ内容である）。

この特集号のための長谷川・比嘉対談は、一九七〇年代の住宅作品から、当時進行中であった〈珠洲多目的ホール〉までと、それまでの長谷川の全キャリアに及ぶ。長谷川の作品集は、展覧会などの折に海外で発行された書籍や一九八五年までの作品をまとめた「SD」誌による特集、そして一九八五年から一九九五年までをまとめた同誌による続編的な特集などがあるが、長谷川自身が一九七〇年代から二〇〇〇年代初頭までを通して語っている出版物はこの「ディテール」誌の特集だけである。

この第一章「ガランドウ」では、一九七〇年代から一九八〇年代初頭の作品までが語られている。まずは〈焼津の住宅1〉に始まる一九七〇年代前半の住宅について、菊竹清訓、篠原一男との関係にも触れながら、「長い距離」から「ガランドウ」というコンセプトへいたる経過を語る。そして七〇年代後半に、〈焼津の文房具屋〉を端緒として、内部空間から都市空間へと関心が広がっていくプロセスが語られる。また、〈徳丸小児科〉で、アメリカ留学経験をもつ医師の施主から「インフォームド・コンセント」の大事さを教わったと語っている部分では、その経験が後の公共建築の仕事でもコミュニケーションのプロセスを重視する姿勢につながったともいう。

比嘉が「初期の住宅の到達点」と位置付ける〈松山・桑原の住宅〉は、「ガランドウ」というコンセプトの実現、民家の持っている快適さの実現、アルミパンチングメタルという新しい素材との出会いが揃ったマイルストーンである。ちょうど長谷川が自身の事務所をもって独立した時期でもあり、七〇年代の作品と八〇年代以降の作品の結節点になっていることが、この対談から伺える。

・・・対談

ガランドウ

比嘉武彦×長谷川逸子

『特集長谷川逸子　ガランドウと原っぱのディテール』第一章「ガランドウ」「ディテール」二〇〇三年七月別冊

焼津の住宅1——長い距離

比嘉武彦　長谷川さんの最初期の住宅から最近のものまでの流れを見ると、個人住宅をつくっていた時期がまずあります。それから〈眉山ホール〉からパブリックな建築をやり始めて、その頃に「第2の自然」というキーワードで代表されるような時期があります。そして〈新潟市民芸術文化会館〉の前後あたりから、それをもっとシンプルにとらえなおしたような「はらっぱ」という概念が出てきます。これは住宅の時期に見出した「ガランドウ」という概念をパブリックに展開したというようにも見えます。

こうして「ガランドウ」から「第2の自然」、それから「はらっぱ」へという三期くらいに、現在までの活動を分けることができるのではないかと思います。そしてそこには、見かけの多様さのなかにも縦糸のようにつながっているものを感じるのですが、ご自身で振り返ってみていかがですか。

長谷川　「見かけの多様さ」は、仕事の内容とそのときどきの社会状況が絡み合っているからだと思います。住宅と大きな建築の場合は確かに違います。しかし、規模の大小にかかわらず、同じように個の身体と建築は直接的に関わるものだと考えてきました。それについて一言では説明できないので、私自身の建築を始めるまでの話をしたいと思います。大学三年生の頃でしたか、菊竹事務所の京都国際会議場コンペ（一九六三年）に参加した際に、菊竹さんがそのお礼にと〈スカイハウス〉に招いて下さいました。そのとき、菊竹さんから〈スカイハウス〉の広間には日本の伝統的民家のスケールを導入したという話を伺いました。それがきっかけとなって民家に惹かれるようになりました。

卒業後、菊竹事務所に入ることになりましたが、当時は大きな仕事が多く、なかなか住宅的スケールの仕事はありませんでした。とても楽しく刺激的な五年間だったのですが、だんだんもっと人間のスケールに近い空間について考えたいという気持ちが強くなっていきました。その頃、篠原一男先生の〈白の家〉を雑誌で見て、篠原先生の研究室に行きたいと思うようになりました。

東工大の篠原研に入るとすぐに、ほとんど大学にも行かず、民家巡りを始めました。一年間、東北から沖縄まで民家を探訪するうちに、民家の大らかで柔軟な多機能性を備えた空間が〈スカイハウス〉の広間と結びついてきました。家族はもちろん、多くの人が集まって飲んだり食べたり、生活のあれこれに使うものをつくったり、動物も屋根の下に住まわせ、建具を開放して土間に野良仕事を持ち込んだりする。その空間はヴォイド、つまりガランドウであるからこそ、時間や生活の変化に耐えられる質を孕んでいるのだと思ったのです。比嘉さんのいう「縦糸」は、この体験が軸になっているのかなという気がします。

比嘉 最初期の住宅の話を聞きながらその辺をさらに考えていきたいと思います。長谷川さんの一番最初の住宅は〈焼津の住宅1〉ですよね。その際、「長い距離」というキーワードを使われていますが、これはどういう意味なのでしょうか。

長谷川 それは最初に掲げたことばでした。「距離」ということばで、社会的な慣習と空間の自由な抽象化、概念としての建築と日常を生きる建築など、建築が直面している表裏を

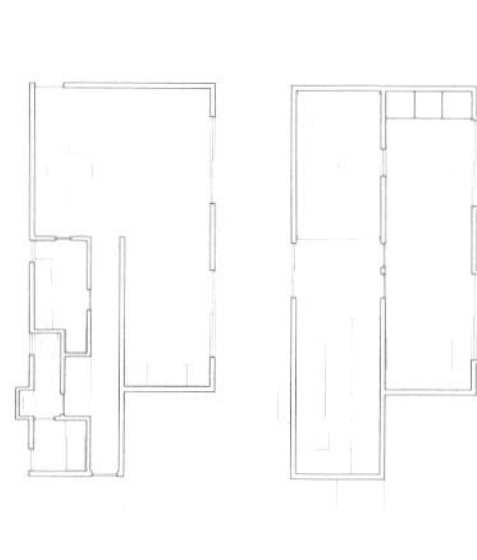

〈焼津の住宅1〉
左：1階平面図
右：2階平面図

切り離さないで展開していく方向を模索していました。

民家探訪の体験から、住宅のなかがガランドウでよいという考えは最初の住宅からあったと思います。ごく普通の人の家をつくるときには、六畳間と八畳間の2LDKといった頼まれ方をしますね。しかしこの施主の生活を見ても、自分のなかにも、そういう生活のリアリティがなかったのです。施主は若い男性で、これから結婚しようという人なので具体的な生活がない。家を継いでいくような縛りもない。nLDKはその人に適したものだとは思えないし、自分がつくるべきものでもない。

そこで小さな家に何が残せるのだろうと考えるわけです。その小ささのなかにどうやったら新しい空間を立ち上げられるか。実際に狭い敷地で、だからこそそこに「長い距離」をイメージしようと思ったのです。そこでどのようなイレギュラーな生活が展開されようと応えられるようにしたいということだった。それがのちに「ガランドウ」といっているものの始まりであったと思います。その思考のベースに家族というイメージはなくて、個としての人間と場の関係の構築を考えていたと言えます。頻繁に会話をしながら設計を進めた記憶があります。

住宅を自分の作品にするというよりは、最初から使う側の立場に立って何とかしようと思っているところがありました。つくるというプロセスと使うというプロセスを何とか関連づけたいと考えていました。それは菊竹清訓先生や篠原一男先生に対する私のスタンスの取り方だったのかもしれません。

比嘉 篠原一男のように建築は芸術だと言ってしまうことに抵抗があった。

長谷川 そうですね。初期の住宅の設計を芸術という方向に展開していくこともできたと思いますが、芸術としての建築は、美しさで完結することで建築のもつ多様な側面のひとつ

〈焼津の住宅1〉
模型（設計当時）

だけを強調することになる。私はその方向よりも実物を体験して感じられる建築に向かいたかったのです。そのために建築をもっと相対化する手法を得たいと考えていました。

いま思えば、私は生活の場のありようや人や物の関係性をどうつくるかということに惹かれていて、篠原先生の近くにいながらも、どこかで芸術としての建築をかなり意識的に無視したり消していたというようなところがあったのではないかと思います。

比嘉 それ以前に篠原研究室でなされていた仕事に違和感があったのでしょうか。

長谷川 そんなことはありませんよ、そのとき自分の求めていた何かがあったので憧れて入ったのですから。

比嘉 ｎＬＤＫといった一般的なことばがありますね。そういうことばも使い手の側から発想されたものではないと。

長谷川 住宅公団が使ってきたように、それは本質的につくる側のシステムだと思います。私の施主である具体的な個人には似合わないものだったのですね。ひとつひとつの家族に接してみて、このｎＬＤＫという表現にリアリティがないことを感じてきました。また、たとえば家族関係の図式化という山本理顕さんの方法にしても、社会学者の興味の対象にはなっても、生活文化の多様性は表現しえないと思っています。アニメに変な家族が描かれますが、現実の家族のほうがもっと多様で個別的なものだと考えています。

比嘉 ｎＬＤＫは戦後、急に広まった概念で、都市生活者が核家族化する装置のようなものですね。それはむしろ不自然なもので、本来家族とはもっと多様なものだと。

長谷川 ひとりひとりが自立している強い個があるところに建築も都市も再構築の可能性が見える。若い施主からそういうイメージが伝わってきたのですね。ふたりで住み始めるときには人間と人間との距離が必要だろうと思ったのです。「長い距離」というのは空間的な距離のことだけではなくて、コミュニケーションのための距離でもあるわけです。

比嘉 それは未分化のものを未分化のまま建築でとらえる試みだといっていいのでしょうか。長い距離のなかで人がくっついたり、離れたりする。それがあればさまざまな活動がとらえられる。そこでは空間のヴォリュームではなくて距離が問題だった。

長谷川 ヴォリュームについては、天井高が普通より少し高いとか低いということで扱いますが、常に平面の距離について、とても気にしています。生活するうえでさまざまな関係が生じるからでしょうね。

比嘉 この住宅にはトポロジカルな構成がありますね。折り畳まれた距離というか、それがまたらせん状に上がってゆく、単純だけど非常に複雑な効果があるような気がします。これは別に複雑なものをつくろうとしたわけではなくて、長い距離をつくろうとした結果なのですね。限られたスペースのなかに距離をつくろうとした結果、その距離を折り畳んで入れたというような。

長谷川 そうです。距離をつくることによって生活の複雑さを引き受けられる場にしようとしたのです。身体性とか振る舞いを考えれば、生きる場所というのは、そう簡単に整理できるものではないという認識があります。それはもっと混沌としたもので、変化もするし、固定しないものだと考えています。「距離」ということばで、使ってゆくプロセス、つまり流れる時間を導入しようということでした。

比嘉 そうですね。確かにここには、空間の流れのなかに感情が棲みつくような印象があります。

長谷川 いま言われたように小さな空間は大きな空間よりも非常にイメージ豊かなものになりますね。小さければ小さいほど、さまざまなことが凝縮して起こりそうに思う。これは住宅設計の不思議なところです。大きな建物では長い距離といってみたところで、当然そこにあるものだからイメージの集約したものにはならない。

比嘉　ここでいう長い距離という概念は、建築を抽象化しようとして強引にテーマを導入したのではなくて、生活を入れる容器として住宅を考えた場合に、できるだけ機能に限定されない余白をつくろうとして出てきた方法だということですね。いってみればメモ紙の余白みたいなもの。

長谷川　余白は時間のなかに建築を開放するといってもよいと思います。住み手がそこにリアリティを自由に描いていく。

比嘉　その長い距離が折り畳まれて最初と最後がくっついているので、単純な構成ながらメビウスの輪のような迷路性を感じます。これを出発点として、その後の仕事はこの距離を重層化させていったようにも見えます。

〈緑ヶ丘の住宅〉——斜めの壁

長谷川　もうひとつ初期の住宅に〈緑ヶ丘の住宅〉があります。そこでは矩形のなかに一枚の斜めの壁を立てるのです。矩形を壊すための斜めの線です。施主はダイニングと居間・書斎の空間の区分を強く希望していて、その区分をするために斜めの柱、柱壁、ガラス壁などいろいろと検討して、コストのこともあって結局、斜めの壁になりました。〈焼津の住宅1〉では平行線でつくっていた長い距離を、ここではもっと複雑にしたかったのです。壊すといったほうがよいかもしれません。インテリアではコンクリート打放しの強さを和らげたくて、室内全部をサンダー磨き仕上げにしてあります。食卓やティーテーブルなどの台もの家具は、ボウリング場の床材でつくった素材感の強いものでした。

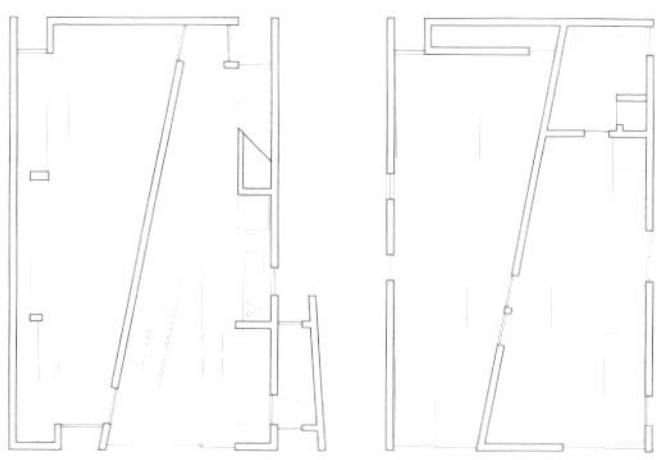

〈緑ヶ丘の住宅〉
左：1階平面図
右：2階平面図

比嘉 ここでは「長い距離」に加えて「斜めの線」というもうひとつの要素が加わっていますね。生活を流動化させるような意図があったのですか。

長谷川 流動化と同時に非完結化または断片化といってよいのですが、立体的な矩形のなかに斜めの壁を一枚入れるだけで、床、壁、天井という空間を構成する要素が離散するようなイメージがありました。そういう意味では危ない線ですね。

比嘉 真っ直ぐな壁だと起こりえないことが、斜めの壁を入れると奥行きやパースペクティブといういわば運動が生じてきます。そして壁のまわりには回遊性もあって、静的な空間が常に流動化していくような効果がありますね。

長谷川 確かに、全体を回遊するように両端に開口が開けられています。しかし私にはむしろ先ほど言ったような、壊すとか離散というイメージのほうが強かったですね。実際できてみると、パースペクティブとか逆パースというのは人間にとって本当に異様なものでしたね。実際に物理的な距離が長くも短くも見える、しかもそこをグルグルとまわれる。

比嘉 ここで生活することを想像してみると、演劇的な身振りも生まれてくるような気がします。〈焼津の住宅1〉の長い距離にここで加わったものは演劇的な効果といったようなものなのでしょうか。これまでの物理的な距離を拡張する虚構性といったようなものでしょうか。

長谷川 演劇的とか虚構性というより、法規上つまり制度としてそれしかできない矩形の箱を壊したいということです。最初は長い距離をつくるということの延長で斜めの壁をつくったのですが、完成してみるとこの壁には別の違った意味があることに気づきました。この斜めの壁一枚でも、スタティックな空間を壊すくらいの力があるということです。それはとても不思議な感覚でした。それが建築を消去する思考と建築にイレギュラーなもの

〈緑ヶ丘の住宅〉
模型（設計当時）

を導入する始まりだったのだと思います。

〈鴨居の住宅〉——外部化されたヴォイド

比嘉 この〈鴨居の住宅〉を含めて、これまでの最初期の三つの住宅に長谷川さんのその後の展開が入っているような気がします。これら三つの住宅は非常に明快な数学的モデルの発展のようにも受け取れます。
〈鴨居の住宅〉は斜めの壁という点では〈緑ヶ丘の住宅〉のバリエーションともとれますが、ここでは外部空間が全体のヴォリュームに挿入されるという新しい要素が出てきます。いわば外部化されたヴォイドのようなものですが。

長谷川 ここは外ですが「外室」と呼んでいて、ひとつの室としてとらえようということです。三つ目の住宅で初めて外部がとれるような敷地条件だったのですが、普通の庭としてはとらえず、ここでは三つの領域のひとつをかたちづくっています。人が寝るところと集まるところ、そして間に挟まれた外のヴォイドです。このヴォイドは外の活動の場であり、いわば芝の床をもったひとつの部屋、「外室」です。それらを相似形にして並べています。
内部に木造で大きな領域をつくるため×《バツ》の筋交いを入れていて、白い壁のヴォリュームのなかにそれらが浮遊するインテリアが特徴的です。木造住宅では一定量の筋交いが必要になるので、これに仕上げを貼らずに透ける壁にして長さのあるガランドウ空間をつくったのです。この家も〈緑ヶ丘の住宅〉と同じように回遊性があるので、子どもたちにとっては運動場みたいなものでした。

比嘉 この外部空間を抱き込んだ回遊性という構成は、ある意味ではのちの〈湘南台文化センター〉の原型といってもよいと思います。使う側の問題については、このときはどのよ

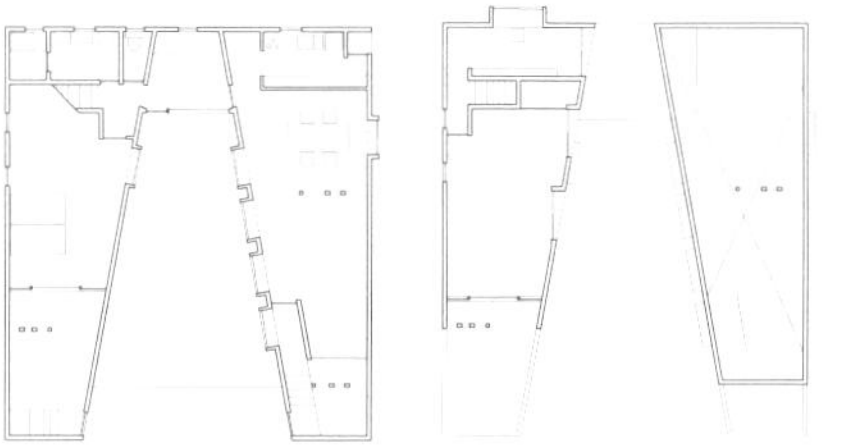

〈鴨居の住宅〉
左：1階平面図
右：2階平面図

〈鴨居の住宅〉模型（設計当時）

うに考えていたのでしょうか。

長谷川 筑紫哲也さんと「朝日ジャーナル」で対談して、[1]「子どもが元気になる家」と書かれたように、子どもたちにとっては、元気に動きまわれる自由な空間ですし、大人の住まいとしては「長い距離」をもつ場となるのです。ここでは相似形の三つの領域のなかで生活を自由に展開してほしいと考えていました。使い方は施主が決めていけばよいが、広間とふたつの室という領域は示しておくというものです。

話が前にもどりますが、〈緑ヶ丘の住宅〉では、それまで木造をやっていた私には少し抵抗がありました。なかなかコンクリートの真四角の箱がつくれない。寒さも暑さも蓄熱してしまうコンクリートは、室内環境を考えるとつくりたくなかったのです。傾斜屋根の案をつくってもっていくとフラットルーフでいいと施主は言う。靴を履いたままの生活がよく、壁の内側に断熱材を貼り込み、石膏ボード壁のディテールを見せると両面打放しでよいと言う。なぜコンクリートの箱が描けないのですかと言う施主でしたね。一階に洗濯場のヴォリュームが少し飛び出ているところがありますけれど、あれは私が意図的にそうしたのです。そんなふうになぜかシンプルなコンクリートの箱が描けなかった。もっとミニマルアートのようにつくれば、施主はすぐにOKを出していたのでしょうけれど、当時はそれに抵抗感があったのですね。それで、〈緑ヶ丘の住宅〉は〈鴨居の住宅〉よりも早く設計が始まっていましたが、完成したのは〈鴨居の住宅〉より遅かったのです。

比嘉 話を〈鴨居の住宅〉にもどして、発表された写真を見ると、斜材の入った木構造の透ける壁のように、要素的なものが目立ちます。写真だけだと、つい要素そのものに目が行きがちですが、本当はこういったものによって、写真に撮れないものを思考しているといっていいでしょうね。

▼1…「元気印の女たち　筑紫哲也のキラキラ対談　長谷川逸子」「朝日ジャーナル」一九八六年三月七日号。筑紫哲也編著『元気印の女たち　筑紫哲也対論集』すずさわ書店、一九八七年に収録されている

長谷川 この頃は木構造を自分で計算したのですが、役所から空間が長すぎるからもっと壁を入れるように言われ、筋交いのフレームを配置したのです。それはあくまでも長い空間を残すためなのです。斜材を通して長い距離を見ることになりますね。それが多様な機能と自由な振る舞いを引き受ける場をつくることになるのではないかと考えていました。

〈柿生の住宅〉——長い距離と日常空間の分立

比嘉 そのつぎの〈柿生の住宅〉も、折り畳まれた空間に長い距離を見出すという一連の流れのなかにあるのでしょうか。

長谷川 矩形の箱のなかにもうひとつの箱を置いて、ふたつの領域をつくっています。L型の部分は曲面の壁をもつ長い距離のある空間です。そして小さな矩形の箱の部分には施主のそれまでの生活から発想した小さな空間を入れ込みました。初期の頃の小住宅の外観は、法的な斜線制限がつくる一番単純な箱で、ボソッとしている。住宅は「ボソッとアート」でよいと言ってきました。そして内部に場と呼べる大きな空気を包むガランドウを立ち上げたいと考えてきました。そのときのガランドウは、住宅のスケールを少し超えた大きなヴォリュームで、新しい活動を誘発し、多様な活動にフレキシブルに対応する場です。さらに美しさも備えている。正方形のこのプランは四方に開口をもち、西にエントランス空間、東にパーキングをもつ配置で、敷地に空地を残すことで町のなかにゆとりをつくろうと考えました。そして、ここでも主題は建築のなかにガランドウの空間をどう置くかです。内部での生活を優先しながら外部との関わりを考えていました。施主とも内部がどうなっているかということばかり議論していて、外側を語り合うことはほとんどありませんでした。

比嘉〈焼津の住宅1〉に比べて、〈柿生の住宅〉は長い距離をつくろうとしている部分とそうではない矩形の領域がはっきりと分離しています。これは新しい方法として意識していたのでしょうか。

長谷川 ひとつの方法になり得ると考えました。施主は事前に他の設計事務所に相談していたのですが、〈鴨居の住宅〉を見て改めて依頼してきたのです。それまで住んできた生活を持続すると同時に〈鴨居の住宅〉のガランドウの魅力も欲しいということでした。初めの頃はコミュニケーションが難しかったですね。一般の人のもっている六畳の和室とふたつの部屋を要望通り小さな矩形に入れ込む。いまになってみると、その矩形の部分は子ども部屋（寝室）をワンルームにしたり、和室を書斎にしてみたりと、そのときの状況によって変わってきたのはこの部分でした。

比嘉 施主の慣習的な部分を引き受けたのがその矩形で、そこがむしろ流動化している。そしてそのまわりを余白が取り巻いている。これは〈焼津の住宅1〉と比べると一般解と言えますね。

長谷川 そうです。それ以前の施主は私に生活の具体的なイメージを伝えてはこなかった。だからガランドウでいいわけです。生活にこだわりがないのですね。この住宅の施主は私よりも少し上の世代で、和室や子ども部屋といったものに考えがあったのです。だから〈柿生の住宅〉では、私が思考してきたことの継続と施主の日常性を同時に立ち上げることだったのです。自由にできるところは非日常的ともいえるガランドウで曲面で構成したりしていますよね。これは慣習的な小さい箱の部分と形態的な対をなしています。そういう異なる場面が住宅のなかに両方あるということも住み手にとっては住み心地がよいみたいです。吹き抜けの白い曲面はテント張りのようですね。インテリアがとてもきれいで好

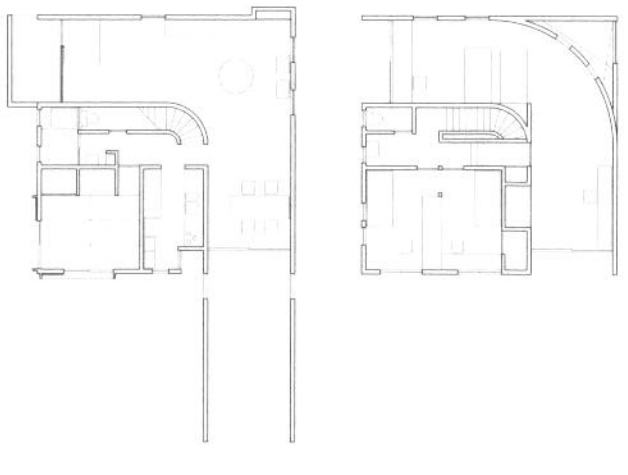

〈柿生の住宅〉
1階・2階平面図

きなので、私の代表作だと思っています。

比嘉 普通の住宅のなかにパブリックなホールが内包されている感じもします。

長谷川 一階の曲面の部分は天井も高いし、パブリックな雰囲気がしますね。施主の奥さんはここで子ども図書館を開いていたこともあります。和室のほうはご主人がゴロゴロ横になって寝るような使い方をしているようです。二階の曲面のL字空間は、主寝室であると同時に、夫人がものをつくる、飾るというように多目的に利用しています。

〈焼津の住宅2〉——長い距離からヴォリュームへ

比嘉 こうして見ると、〈焼津の住宅1〉から〈柿生の住宅〉まで施主の生活像を変数にした「長い距離」の明快なモデルとして理解できます。はじめに未知なる生活を容れるための余白のような距離があって、限られたスペースのなかでこの距離をできるだけ長くとるために、折り畳まれ、斜行し、外部が挿入され、さらに自らの計画論にはないものをも異質なボックスのようなものとして抱いていく。このプロセスは、ある意味でおそろしいくらいに理論的ですよね。

そしてつぎの〈焼津の住宅2〉では、初めてヴォリュームの問題が入ってくるように思います。この場合は条件が厳しくて、距離をとるよりヴォリュームとして間取りを集約せざるを得ないということからきているのでしょうか。いわば「距離」がまるめられてヴォリュームが生み出された。

長谷川 三層分のヴォリュームです。ここではなにしろどうやったら安くできるかということでした。材料はあるけれどそれを加工する大工を雇えないので、一二〇角の木材と敷地付近の鉄工所でつくった金物を使って、素人でもつくれるものでなければなりませんでし

〈柿生の住宅〉
模型（設計当時）

た。組み立ての方法から出発しているところがありますね。

一二〇角の材があれば矩形に組み立てることもできるのですが、筋交いがたくさん必要になります。三角形に組めば、架構がそのまま筋交いになるだろうという単純な発想なのです。この頃までは構造も自分でやっていましたから、三角形だけでいけるだろうという思いだけが強くてつくっている。できてみると三層分の思いがけないヴォリュームが立ち上がってきたのです。

比嘉 いままで「長い距離」といってきたものが、ここにきてガランドウという「場」になっているという感じがしますね。

長谷川 そうです。ただこれは本当に一般的な意味でのガランドウですね。何もない。ここには空間というより、多様なアクティビティを期待して考えてきたことが、そのまま場として立ち上がったと思いました。

比嘉 架構を突き詰めた結果出てきたものだということですね。

長谷川 それは私がもっている少し特殊な合理主義かもしれませんね。建築家は普通、理想的なものをつくるために選択を重ねていくのだと思いますが、当時私は施主の要請を素直に引き受けて、そのなかで何かできるだろうという姿勢でした。この住宅以後、私はひどく造形的な作家だと思われているところがあります。しかしこれは意図的な造形ではありません。与えられた条件に対する合理的な解として提出しているのです。

比嘉 この住宅のように三角形の非常に力強い形態をつくると、シンボリックな印象を与えると思うのですが、内部ではそれが感じられませんね。

長谷川 この住宅で、ヴォリュームの面白さを発見したと思います。外観もインテリアも真壁であることで未完であるように見えます。よく使われるところは白い壁で、その他の内

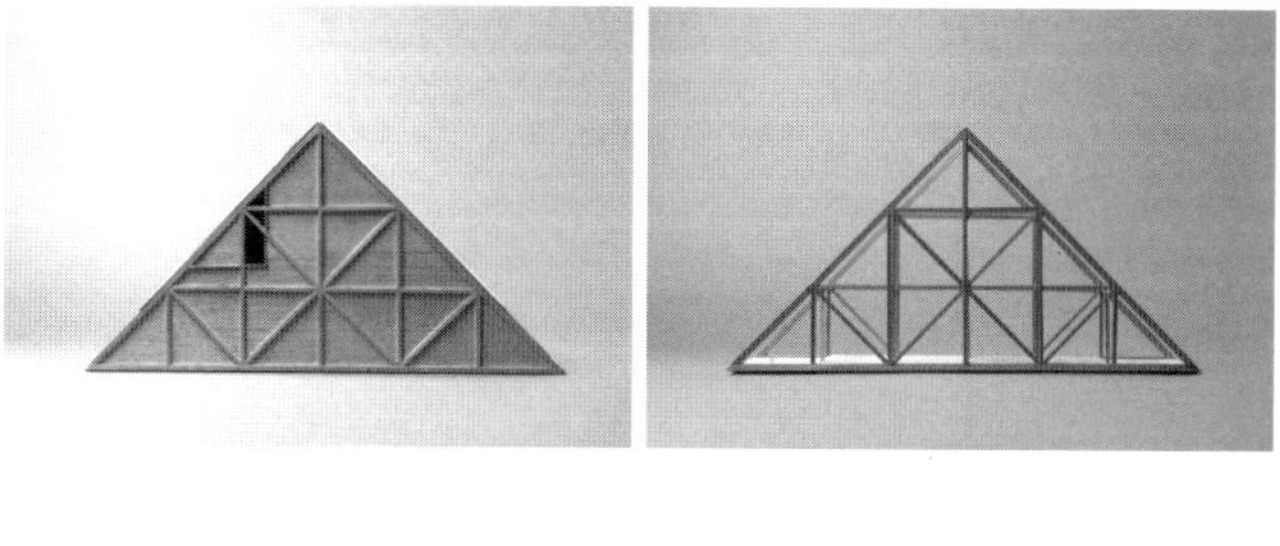

〈焼津の住宅2〉
模型（設計当時）

部はベニヤのまま仕上げています。決して造形的なつくり方ではないでしょう。結果として三角形の強い建築的形態が現れたのですが、フォルムのための建築ではなく、木組みを手づくりでつくるためにたどり着いた形です。言いかえると、抽象的な形式によってではなく、合理的な施工のプロセスを考え抜くことによって一般的な住宅の形式を消したのです。

比嘉 そうですね。この住宅は強い形態でありながら、それほど強いシンボリズムを感じさせない。むしろ形態に関心がなかったといったほうがよいかもしれません。

長谷川 比嘉さんがいわれたように、ここで確かにシンボリズムとは異なるヴォイドを発見したのです。一般的に言われるガランとした空間ですね。

比嘉 これはほとんどワンルームですね。

長谷川 立体的に距離をもつワンルームです。

〈焼津の文房具屋〉——平面を横断するフリーハンドの線

比嘉 ここまで来て一通りカードが揃ったように思います。つぎの〈焼津の文房具屋〉でそれらが集約されていると僕には見えるのですけど、外部があって小屋根があって、ガランドウで……。

そしてここで一番特徴的なのは平面にフリーハンドの線[2]が出てきますね。これは〈湘南台文化センター〉以後に通じるものがあります。これまで緻密に組み立てられていった「距離」とその発展形としての「ガランドウ」をいとも軽々と横断していく一本のフリーハンドのライン。

また、いままではひとつのものとして認識できるようなヴォリュームのなかに距離が折

▼2…二階ショールームの大きな円弧を描くカーテンレールのラインをさす（第三章多木浩二「実態と虚構のあいだ」下段図版参照）

り畳まれているのですが、ここに至って初めて分節されたヴォリュームが出てきますね。これは単純に規模が大きくなったからでしょうか。

長谷川　ここではセクションを通して立体としての空間を考えていました。領域を立体的に構築しようという感覚ですね。まずはエントランス、つぎにものを売る部分と倉庫の部分と、立体的に三つに分節するのですが、やはり一体感がほしい。それで結果的にはこのフリーハンドのラインで全域にテントを張っています。このテントはヨットの帆を自分で縫ってチャックをつけたもので、なかなかきれいでしたよ。

比嘉　〈焼津の住宅2〉で三角形、つまりヴォリュームを発見して、それが継続されていますね。それまでは平面上の距離の問題でしたけど、ここではヴォリュームをドサッと投げ出している。二次元ではなく三次元的な計画です。

長谷川　平面計画だけでは三角形の屋根は架かりませんね。小住宅のときには平面計画ばかりでしたけど、〈焼津の文房具屋〉ではヴォリュームの断面計画を同時に進めて行きました。設計当初はほとんど倉庫だったのですが、できてくるとなかなかよいので大きな売り場にしようということになったのです。ものを売るならもう少しインテリアをつくってもよいだろう。〈柿生の住宅〉の白い曲面のやわらかい質がとても気に入っていましたし、インテリアの重要性をそこで認識していたのです。ここでは〈柿生の住宅〉のような壁面ではなくて、仮設的に幕を張っても建築の空間ができるのではないかと考えたのです。幔幕ですね、このテントは。

比嘉　このフリーハンドで描かれたテントはのちの軽い建築とか仮設性、透明性といった潮流を先取りしていると言えますね。

もうひとつこの文房具屋ではマテリアルの問題が出てきます。これまでは抽象化された

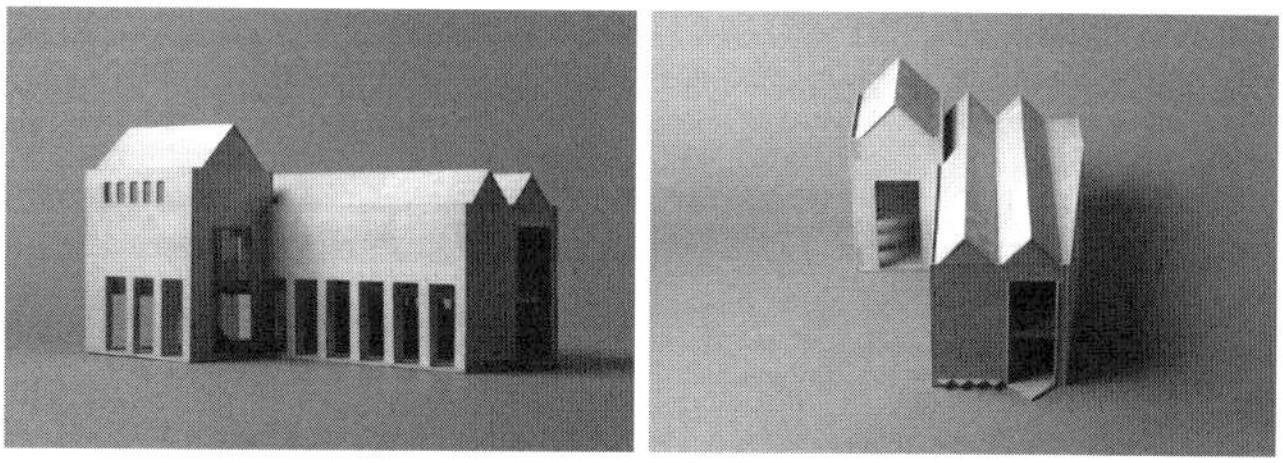

〈焼津の文房具屋〉
模型（設計当時、次ページも）

外観で、物質性をあえて消去してゆくような方向でしたが、ここでは積極的にアルミの質感を外観に出していますね。

長谷川 アルミという材料を初めて外観に使いました。その材料のもつ不思議さをここで知りました。非常に軽いものでもあり、まわりの色を反映して染まります。周辺を映し出すことによってその存在を消すのだとも言えます。ここで使っているアルミと幕のふたつの素材はその後もよく使ってきました。インテリアでは工業製品のネットやパンチングメタルに似た製品もここで使っています。

この頃から材料を新しく開発したいという関心がありました。発表はしていませんが、その当時の焼津駅前のビルの計画では中空の成型板（アスロック）を使いました。その後もこの材料のテクスチャーが気に入って使っています。いまでこそアスロックは鉄骨の建物によく使われますが、焼津ではその頃、豚舎や海岸の塀をつくるような材料だったのです。

このほかにもローコストで仕上げるために、〈湘南台文化センター〉では、金属パウダーを溶射する方法をアメリカのアート作品から着想して劇場である宇宙儀の仕上げに用いたり、ガラスのパウダー入りの床を子ども館に採用したりと、素材の開発を色々と試みています。一方で、大学のときには松井源吾[3]先生の光弾性実験に惹かれて構造コースを選択して、菊竹事務所時代にも松井先生の構造に興味をもっていました。

東京工業大学の篠原一男先生の研究室にいる頃も、構造家の木村俊彦[4]先生の打ち合わせの窓口をさせてもらいました。エンジニアリングに興味があると思われて、暖房機の会社や照明会社のコンサルタントとして研究をしていたこともあります。最近では鉄骨造のレポートを書いたのがきっかけで、ヘルシンキやソウルで鉄骨造についてのレクチャーもしました。家具やテキスタイル、植物など私はいろいろなことにのめり込むところがあるよ

▼3…（一九二〇－二〇〇九）構造家。早稲田大学で教鞭をとりながら、菊竹清訓をはじめ著名建築家との協同が数多くある

▼4…（一九二六－二〇〇九）構造家。湘南台文化センター、新潟市民芸術劇場などの構造設計者

うです。同郷の倉俣史朗[5]さんと一緒に材料について議論することもよくありましたし、家具はやはり同郷の大橋晃朗[6]さんとコラボレーションをしてきましたね。

都市にそっと寄り添う

比嘉 さらに〈焼津の文房具屋〉では、ファサードが分節されて、まわりの町並みに合わせた屋根も複数出てくる。これは外部への意識のあらわれですね。都市への視線というか。

長谷川 前面に外部空間を広く残したり、まわりの住宅の間口に近づけるために三つに分節しているのは確かです。ここで町にスケールがあることを意識したのですね。単純なヴォリュームは古い町のなかに置いただけで異質なものになります。焼津にいくつかつくるなかで都市への埋め込み作業という言葉を使っています。いくつかの建物を焼津の町に埋め込んでいくことで町が見え出す。それでどう配置したらよいかということがだんだん大きなテーマになってきました。

〈焼津の住宅1〉の外観は真っ黒に塗りましたけど、焼津の海岸には黒い家や倉庫が多いので、焼津というと家が黒いというイメージがあるのです。雑誌で見ると黒い外観が異質に見えるかもしれませんが、この町では馴染んでいるのですね。

〈焼津の住宅2〉では外観をシルバーにしていますが、これも周囲と異質ではないですね。鉄の建物もたくさんあって、コールタールの黒とシルバーの建物が多いのです。ですからこの文房具屋のアルミの外観も異質なものではないのですが、大きなヴォリュームを与えてしまうとこの町では異質なものになってしまう。町に異質な建物を埋め込んで、ある意味を発生させるという考え方もあるとは思いますが、新しさを異質さで表現しようとは考えませんでした。環境や行為に寄り沿わせるということだったと思います。

▼5…（一九三四－一九九一）家具・インテリアデザイナー

▼6…（一九三八－一九九二）家具デザイナー。東京工業大学で白の家をはじめとする六〇年代の篠原作品に携わる

そうした視点で町を見るようになると、ただ新しいというだけでは建物と町との関わりが見えてこないのです。町との微妙な関わりをつくりながら新しさを浮き出させていく。

比嘉 この文房具屋はそれ以前と比べて、抽象的なものから具象的なものへ、インテリアからエクステリアへと視野が大きく広がっているような気がします。のちのパブリックな計画への準備といってよいかもしれません。これまで、住宅の住み手の問題や抽象的な問題に触れてきたのですが、都市の問題についてはどうとらえていたのでしょうか。当時はメタボリズムのあとで、建築家はどちらかといえば都市の問題から手を引いていた時期だったようにも思うのですが。

長谷川 当時公共の建物はある特定の建築家がやるものだと思っていましたし、伊東豊雄さんの〈中野本町の家〉(一九七六)や安藤忠雄さんの〈住吉の長屋〉(一九七六)に見られるように、住宅をつくっている建築家は都市のなかに砦のように閉じた世界をつくり、都市と積極的に関わろうとしなかったと思います。私は砦ではなく都市にそっと寄り添うことを考えていました。

〈焼津の文房具屋〉の前に小さな広場をつくるだけでも子どもたちの遊び場やマーケットになる。小さな住宅をつくっても、施主が周辺へ視線を向けることで都市の様相が変わり出す。ひとつひとつの建物の集積が都市であるという意識があったので、小さな建物をつくることは、町に小さな場を提案し、都市を再生させるための埋め込み作業だという文章を、当時「新建築」に書いたと思います[7]。

メタボリズムが盛んに言われていた頃に私は菊竹事務所に入ったのだけど、メタボリズムの人たちは東京の密集した小さな家のスケールとはかけ離れた大きな支柱を建てる。メガストラクチャーが人間の生活する環境に打ち込まれることの異常さを、誰もが気づいて

▼7…「都市への埋め込み作業」「新建築」一九七八年六月号。第三章収録

いたと思うのです。しかしそれはメディアにのって広がっていく。そして広がれば広がるほど、人が生きていくための場所づくりから離れていくような気がしました。だから逆に、私の関心は足元にある小さな住宅のほうへと移っていきました。

菊竹事務所でも住宅を担当したことがあって、住宅を新しくつくることで、そこで生活する人が都市への視線を意識し出し、周囲の環境も変わっていくようにそのとき感じました。個人の振る舞いやまなざしを通して、都市を再構築していくことの可能性を感じていたのです。生来私が小さなものに惹かれてしまうということもありますが、建築的な思考も身体レベルで明快に立ち上げることが可能です。ひとつずつていねいにつくる具体的な建築のありようを通して、都市と関わりたいと考えていましたね。

比嘉 メタボリズムのように大きなスケールで考えることにも抵抗がある。かといって、小さな住宅の作品性に自閉していくのもやりたくない、というところが長谷川さんの独自のスタンスを表していますね。メタボリズムについては、人間を匿名性でとらえることに抵抗があったのでしょうか。長谷川さんのお話は、いつも人が具体的な人間、固有名をもった存在として出てきますよね。

モダニズムと生の声

長谷川 公共建築を人と場の関係を構築することだと考えるとき、私は人の生の声に信頼を置くのです。だからみずからワークショップを開いたり、しつこく利用者と打ち合わせをもとうとするわけです。生の声のなかに建築をつくるベースとしてのカオスが潜んでいるのです。それは、結果的に建築家の掲げる理念的なるものへの異議や差異を聞き込む行為でもあるのです。自分の不十分な思考、矛盾だらけの思考をもっと客観化していくことでもありました。決して単純に共感するわけにはいかないのだけれど、その声を捕まえたいと思うわけです。これはあまり素敵なやり方ではないかもしれませんが。特に施主側が行政の場合は、理解が得られず厳しいことも多いです。

しかし建築を組み立てるときに、その声を聞くかどうかによってできてくる建築に差が出てくると私は思います。もし私の建築がスマートなモダン建築にならずにかっこ悪くて評価されない部分があるとすると、そういう生の声と対応させながら組み立てていることが大きいかなと思います。

都市についての話にもどりますが、私が学生の頃に住宅の集合というテーマが日本でも生まれてきたのです。オリンピックの時期に原宿の清水建設の集合住宅［〈コープオリンピア〉］を見学して、集合住宅の難しさを感じていました。でもこれからは都市部に集合住宅が大量につくられる時代になるだろう、建築家はそういう難しい課題に取り組まなければいけないだろうと思って、卒業設計に集合住宅を選びました。これは非常に難しい課題で、ひとつの家をつくることと集合させることの間に潜む矛盾ばかりを認識させられました。集合住宅では、共同の領域の提案が難しいですね。住宅は単なる構築物ではないし、建築理論でつくるという抽象的なものでもない。集合住宅を考えることで、具体的に人が生きられる時間を考えることだと知りました。

大学の頃はコルビュジエやライト、ミースを学ぶ人が多かったのですが、私はアアルトの建築を研究していました。快適さを原則とするつくり方に正統性や倫理感を感じたのですね。卒業後、菊竹事務所に在職中、私はアアルトに会いに行ったのです。アアルトの建築は意識的に環境を考慮してつくってあり、その心地よさと当時の日本の建築作品との距離を感じました。そしてアアルトの、レンガ積みを真っ白く塗ってしまった壁を見て、生な素材の意味を消すことについて初めて考えました。消すことで浮かび上がる生活の美しさを知る思いでした。

比嘉「正統性」というと一般にはコルビュジエやミースを指していう場合が多いと思うのですが、長谷川さんの言われる正統性はこれとは違いますね。

長谷川 学生のときはミースの抽象性は私にとってテクノロジカルな共鳴があって研究しました。コルビュジエの住宅の分析もしてきました。しかし、たとえばアルゼンチン近郊にあるコルビュジエの建築[8]を見に行くと、施主は一度も住まなかったと言う。それではショールームのようなものです。最近ではオリジナルに近く復元して実験住宅のようにして使っているところもありますね。大学の先生が住むとか、見学のためのショールームになっています。

それは新しい生活の実験です。卒業後アアルトに会いに行く途中に初めて見たコルビュジエの住宅は、人が自然や宗教などを切り離すことなく具体的に生々しく生きるということより、時代の批評としての建築をめざすものであると感じました。私はそのとき、コルビュジエの作品がまさに時代のオブジェだという印象を受けました。そういった概念のショールームになってもよいから作品としての新しさをテーマに建築をつくろうと思えば、私のその後の建築はまた違っていたかもしれません。

比嘉 先ほどから言われている「正統」という言葉は、建築家の側から見ればコルビュジエやミースがそうだけれど、長谷川さんの場合は具体的に生きることのなかから発想されたものこそが「正統」と呼ばれるべきものであるということですね。

普通、モダニズムというのは、つくり手のオリジナリティとその体現としての作品性にあるとすると、長谷川さんのつくり方は、作品ではなくて生活装置、つくり手ではなくて

▼8…クルチェット邸（一九五三）

使い手、というようにモダンのネガを探っているように見えます。これはモダニズムに疑問を感じていたということでしょうか。

長谷川 モダニズムの時代には、使う人の論理よりはつくる側の論理を優先させるとともに、新しさが一番先にあったと思います。

それは菊竹先生も篠原先生も同じですね。菊竹先生の〈スカイハウス〉と、その後は篠原先生の〈白の家〉に憧れて私はふたりの先生のところに行くのですが、実際関わってみると〈スカイハウス〉は一回きりの作品だと思えました。一方、〈白の家〉は、非常に抽象的でどこか生活のイメージから遠くにあるもののようでも、そのヴォイドは私にとってリアリティがあった。当時〈白の家〉は本当に私の求めるものでした。大屋根や柱ではなくて、その白い空間のことです。ここに概念としての空間と生きられた空間が共存する建築の可能性を感じとっていました。三七〇〇ミリメートルという天井高の少し大きな空間です。これまで話したことはありませんでしたが、いまでもこの白いヴォイドは生活と空間が相即する私の求める建築です。この何もない白い空間、ガランドウに惹かれ続けてきました。

その後一九九二年にハーバード大学に客員教授として行き、アメリカのいくつもの大学でレクチャーをしたのですが、そのときミースの建築を実際に見て、そのおおらかさにもガランドウを見出しました。

〈徳丸小児科〉——コラボレーションの面白さを知る

比嘉 続いて八〇年代の仕事についてお聞きしたいと思います。〈焼津の文房具屋〉のつぎに〈徳丸小児科〉と〈AONOビル〉があります。これらは特にファサードのデザインが目を惹きますが、〈焼津の文房具屋〉で論じた外部への意識ということの延長として考えられるのでしょうか。

長谷川　〈徳丸小児科〉ではクリニックと住宅が入っています。道路沿いにはクリニックの前に飲み屋街があります。施主から、高い壁を立ててできるだけ閉鎖的にしながら何か町へのメッセージが欲しいと言われました。だからここでは都市的な機能を果たすための表現をファサードに与えることにしました。二階以上がアルミパネルの外壁なので、一階はコンクリートの目地で何か描けないかと考えて、芸術家の高松次郎[9]さんに曲線の目地をお願いしたのです。それは目地として描いたのですが、アートになっていますね。

同じ町につくった〈AONOビル〉のファサードでは、壊した二階建てのクリニックのシルエットをステンレスで埋め込み、町の記憶に留めました。

比嘉　〈徳丸小児科〉では、いままで住宅で考えてきたことを継続しながら、病院という新しい機能が入ることで何か異なったアプローチがあったのでしょうか。

長谷川　住宅の部分についてはこれまでと近い考え方で、大きなワンルームのヴォリュームのなかに、軽い屏風のような壁を力学的に必要なところに配置して領域を分節しています。そういうつくり方は以前から継続しています。施主が提示した案というよりこちら側の提案で、広い空間にコーナーをつくっていくということだったと思います。

上階は医師の住宅で、朝、クリニックへ行く前に外気を知りたい、それで朝食をテラスでとるというので、大きな外室をつくっています。初めて空中庭園と名づけたのが、そのテラスですね。

施主である医師は、患者との対話を通して医療を進めていくということをアメリカからもどって日本で早い時期に進めた方です。インフォームド・コンセントという言葉をそこ

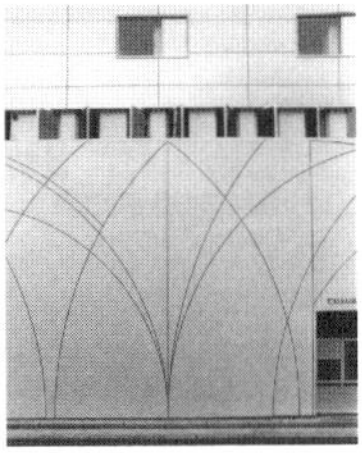

左：〈AONOビル〉
右：〈徳丸小児科〉高松次郎による円弧のデザイン

▼9…（一九三六－一九九八）前衛芸術家

で初めて知りました。患者のひとりひとりと対応するために小さな部屋がたくさんありますし、一階には自分の考えを伝えるコミュニケーションのためのギャラリーをつくる。これはそうした医療のコンセプトに基づいたものです。

こういう医療のコンセプトに私はずいぶん影響を受けました。学習することが多くスムーズに手が動かなかったですね。スケールが大きくなったということもありますが、自分の知っているクリニックと違う、クリニックの新しいありようを初めて学んだのです。

ここでは建築をつくることが医療と似ていると思いました。この施主との出会いはとても大きなことでしたね。活動のプログラムを立ち上げ、考えながら設計を進めていくことを学んだと思います。建築のソフトづくりのために施主とコラボレーションする素晴らしさを初めて体験しました。これ以前は、施主とコミュニケーションを繰り返しながらガランドウにたどり着くとき、どこかで自分の考えを表現していたと思います。西澤文隆さん、槇文彦さんが建物を見学されたときにも、このクリニックに新しい印象をもたれたようです。[10]

〈不知火病院〉でも新しい精神病院をつくりたいと考えていた施主と長いディスカッションを重ねてソフトプログラムを考えながら立ち上げ、医療のあり方と建築のあり方の一体化を試みました。敷地がウォーターフロントにあって、日々変化する水面と光が室内のどこにいても視線に入るようにプランが複雑なかたちをとり、そのことが結果的に建物全体を消すことになりました。医療的な面でも効果的でこの施設を有名にしましたし、地元の有明高専等によるアンケート調査に基づく分析でも医療と建築のよい関係を裏づけています。

比嘉 いままでの施主は若い人が多かったので余白を提案していたけれど、〈徳丸小児科〉

▼10…西澤文隆「長谷川さんの松山の仕事を見て」「建築文化」一九八三年一月号、第三章収録。槇文彦「平和な時代の野武士達」「新建築」一九七九年十月号、『記憶の形象』（筑摩書房、一九九二年）所収

〈不知火ストレスケアセンター〉

の場合、特にクリニックについては施主にしっかりした考えがあったので、自ずと相互提案的なコラボレーションというレベルに移行したということですね。

長谷川 住宅部分もそうですね。外国生活もしている施主から、まず主寝室をとても広くゆったりと設計して欲しいと要望され、プライバシーがしっかりした寝室をつくるのは初めてのことでしたね。逆にリビングのある下階は、人を接待したり食事をしたいという要望で、ワンルームをコーナー化しています。このように均質なラーメン構造のなかで、機能に合わせて各階で異なるプランを重層させています。施主に住まい方の様式があってそれをつくるという初めてのケースだったと思います。

比嘉 クリニックの部分は施主の考え方によってリードされている部分が大きい。けれど、それといままでのガランドウ的なスペースのつくり方がうまく合わさっている。〈柿生の住宅〉に近いつくり方ですね。

長谷川 〈柿生〉の施主のお兄さんです[11](笑)。

比嘉 〈柿生〉の場合は、いままでの生活のなかで引きずってきたものをコアとしながらも余白が包み込んでいます。〈徳丸小児科〉の場合は一階にオープンな余白、いわばパブリックな性格が出てきていますね。余白のもつフレキシビリティが新しい空間の質を生み出しています。

長谷川 一階は町の人たちとコミュニケーションをするギャラリーです。民間の建物がパブリックな領域を導入することがなかった時代ですから、先生のユニークな考えだったと思います。そこは患者の母親とのミーティングや子どもの絵の展示など多目的に利用されています。

比嘉 病院であって病院でない広場のようなスペース。〈柿生の住宅〉でも、余白の空間が

〈徳丸小児科〉
パブリックな性格を持つ1階ギャラリー前のアトリウム

▼11…『生活の装置』(住まいの図書館出版局、一九九九年)に徳丸小児科、柿生の住宅、桑原の住宅の施主との座談会、対談が収録されている

パブリックな雰囲気をもっという話がありました。それがここでは、ファサードによる外部への、不特定多数の人びとへの語りかけと重なってより強調されているように見えます。ところで、〈焼津の文房具屋〉に出てきたフリーハンドの線が今度は表層的にこのファサードに現れてきていますね。それ以降の長谷川さんの建築を予感させるものがあります。

長谷川　フリーハンドというより曲線が浮遊しているというイメージです。曲線のヒラヒラのリズムが都市を飛びまわっているような。このコンクリートの曲線目地は美しくてグラフィカルに都市のリズムを刻んでいます。

　構造的には三階まではＲＣ造、四、五階はS造という混構造です。クリニックと住宅を構造で分けていて、外観も二部構成になっています。異なる階高で床が五層重なっていることになります。このように用途や構造、エレベーションを分節・複合することを試みました。

比嘉　その手法も〈湘南台文化センター〉や〈すみだ生涯学習センター〉へと続いていきますね。あえて異質なものを重層させていく。

長谷川　多重構造や複合の手法は集合住宅でも試みています。その複雑さは都市建築の形式といえるかもしれない。もっと簡単にできるのになぜ複雑にするのだと批判されたことがありますが。

〈松山・桑原の住宅〉——時代を先取りした軽さと半透明性

比嘉　そのつぎに来るのが〈松山・桑原の住宅〉ですね。これは一連の初期の住宅の到達点と言ってよいと思います。これまでのアイデアをすべて入れ込んで、完成度も高い。まず長い距離＝余白、ガランドウ＝ヴォイド、アルミパンチングメタルという新しいマテリア

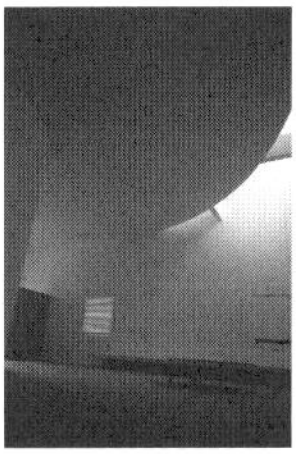
〈柿生の住宅〉

ル、また外部からの視線に加えてここでは内部から外部への視線がうかがえます。何重にも重ねられた透ける壁、膜のようなものですね。
長谷川 当時はまだ雨戸や障子などを幾重にも内と外の境界に入れるのが一般的でした。私の家でも夏はすだれ、寒くなると障子やふすまに置き換えていました。小住宅をつくっているときも開口部にはこうしたものを重ねて入れるのですが、コスト調整でいつも削られるのです。
施主が住んでいた古い家はなかなかよい伝統的なもので、ひんぱんにコミュニケーションをして積極的につき合いながら設計を進めることができました。打ち合わせに行くと、夏にはすだれをかけて生活している。私はその様子を見ていて、内と外の境界に重ね着させたいと思いました。それで一番外側をパンチングメタルで覆ってしまう提案をしたのです。もうひとつは古い家の縁側をよく使っているのを見て、内部に貼った大理石をそのまま庇の下まで貼って内外が連続した床にしています。
敷地が十分にあったということもあって、古い民家のもつ住み心地のよさにつながるような手法をていねいに考えることができたのですね。建具を入れる、縁側空間をとる、重層した皮膜を立てるなど、いままで小住宅で提案しても実現できなかったことを試みたのです。
比嘉 いままでの住宅はどちらかというと内に閉じています。閉じることによってインテリアを形成していますが、ここへ来て外へ開くという飛躍がありますね。そのあたりは意識的だったのでしょうか。
長谷川 小住宅と違って郊外で敷地が広いですから、二階部分に余裕のある寝室が三室あって、一階部分は大きな広間です。まわりの田園風景の四季折々の光り輝くさまを内部に取

〈松山・桑原の住宅〉

り込みたいとの思いから、外との連続性を積極的につくったのです。小さな頃からすだれを通して外光を感じるという体験がありましたから、それを実現しようとしたのですね。また、施主が建材会社の人だったので、間仕切りにステンレスの細かい網を用いたり、パンチングメタルをつくってもらったりしたのです。パンチングメタルは、建材屋の倉庫に行ったときに、バスの運転席の後ろに貼ってあるような花模様のものを見つけたのです。当時は丸穴のパンチングメタルは一種類しかなかったので、さまざまな開口率で穴の配列の角度を四五度と六〇度でたくさん試作し、そのなかからひとつを選びました。あとで、その試作品をもとにいろいろなヴァリエーションがカタログ化されたのですよ。

比嘉 ひとつの建築をつくるときに、素材から開発していきたいという長谷川さんの夢が実現したわけですね。〈焼津の文房具屋〉でもメッシュの工業製品を用いていますね。

長谷川 コストが合わなくてそのときは既製品を寄せ集めて使いました。〈松山・桑原の家〉の家具でもさまざまな既成の有孔メタルを使っています。

この住宅の床は国産の大理石です。知り合いが栃木で大理石が採れるというのでそれを安く使っています。居間のテーブルや屋外には大理石の塊などを置いて台に用いていますし、食堂と居間と玄関の仕切りは、ステンレスメッシュのカーテンです。そんな風にいろいろと新しい材料を試みている頃でもありました。構造についても道路側の壁をRC造にして、鉄骨の大架構を架けるという混構造にしています。

通風や採光の具合もよく、床暖房による石貼りの床からの放熱も心地よくて、エンジニアリングの計画は成功しています。

比嘉 この住宅はいまでもそのまま適用できるような新しさを内包していますね。〈徳丸小児科〉からも一段と飛躍したように見えます。半透明のものを重層させる透明性の問題や、軽いものを用いて幔幕のようなものをつくって気配だけを感じさせるなど、長谷川さんだけではなくその後の建築の変化を先取りするようないろいろなアイデアが出てきています。建築に軽さや半透明性という価値を導入したのは、おそらくこの〈松山・桑原の住宅〉が最初ではないかと思います。

長谷川 自分の生きてきた環境と体験に寄り添って建築を素直に建てたとも言い直せます。この辺の仕事までずっと一人でやっていましたから、矩計《かなばり》から何からすべて自分で描きました。ここでも相変わらず施主と対話を繰り返しながら設計を進めていきました。

第一章
・・・
「長い距離」

第一章には一九七二年から七六年までの住宅の作品解説として発表された論考のうち、〈焼津の住宅1〉〈鴨居の住宅〉〈緑ヶ丘の住宅〉〈焼津の住宅2〉を収録した。一九七二年から一九九八年までの全住宅を収録した『生活の装置』（住まいの図書館出版局、一九九九年）には、ここでは割愛した〈柿生の住宅〉ほか、七六年以降の〈焼津の住宅3〉〈伊丹の住宅〉〈金沢文庫の住宅〉も収録され、それぞれの発表が複数の媒体にまたがる場合は、それらのテキストも重複を省くなどの編集を加えて集められている。そのため、ここでは（第一章から第四章）、漢字／仮名などの表記も、明白な誤植以外は原文のままに収録した。ただし、読みにくいと思われるいくつかの箇所に、読点や改段を施し、出典の表記法などを変更している。

一九六八年に菊竹事務所を退いて、東京工業大学の篠原一男研究室に研究生として入った長谷川は、一九七〇年から助手として東工大に勤めるようになる。主たる業務は、授業の補佐や研究室の運営の補佐であった。同時に篠原の設計業務を施主との対応からディテールの開発、篠原の原稿清書などを幅広く担っていた。当時の篠原作品はバウ建設が担っていたが、その記録によれば当時の篠原作品の確認申請は研究室で唯一の一級建築士であった長谷川の名前で行われている。篠原研究室では、研究室の活動の傍ら、自分の設計の仕事を行うことを在籍者に禁止していたという。しかし、長谷川は実務経験者であり、研究室の他のメンバーよりも年齢が上であったため、特例として自分の設計活動が認められていた。ただし、週末や夏休みなど、助手としての業務のない期間に限定するという条件付きであったという。長谷川は一年に一件ほどのペースでゆっくりと、友人や知人などの住宅を手がけていくことになった。まずは「長い距離」を導入する平面を熟慮することから設計が始まった。長谷川が三十代の前半に設計した住宅は、最小限に切り詰められた簡素で緊張感の高い平面を特色としている。

七〇年代住宅の作品解説は、「もし長さの中に空白ができるほどの十分な距離があったら」といきなり抽象度の高い問いかけから始まるなど、八〇年代以降の文章に比べるとややとっつきにくい印象がある。しかし、この時期の文章の特色は、平面構成の「簡素さ」のなかに隠された張り詰めた熟慮の痕跡を示しているようにも見える。

焼津の住宅1

・・・長い距離

「新建築」一九七二年八月号

もし長さの中に空白ができるほどの十分な距離感があったら、それによりおこる分離作用によってそこにあるものの厚みを奪い、意味を停止させる機能をもった関係が生じてこないだろうか。より長い距離は、空白ができることによってそこにあるものを透明にし、分離することによってものの相対的あり方をリアルにするひとつの用意になると考える。

建築面積五四・六平方メートルという条件で四方に広がりをつくっても十分な距離感は得られない。ゆるされる限界の面積でできるだけ長い距離をつくり、敷地の長手寸法に合わせて長さを東面で折り曲げた。だから視線は西側の入口から入ると北側にある長さを通りながら、ずっと奥にある東側の壁にあたって曲がり、南側にある長さに入り、その西側のゆきどまりの壁にあたってUターンするように動く。北側の長さは二層分の高さになっており、浴室、便所、台所が入り、階段のステップを切り刻み、南側の上部をつなぐ橋をのばした箱を設置した。南側の長さの中は二層になっていて上部にも長い居室をつくった。

北側の長さの中は天井、壁ともに濃いグレーのペンキを塗り、南側の長さの中は白いペンキを塗った。面積の関係で幅が期待するほどとれず、南北の長さが接している中の壁を東寄りで抜いて視覚を拡げているが、その拡げることで見えた東面の壁は南側の白塗り、南北の長さの関係を表現した。開口部が少なく、倉庫のような表情をしている外壁は濃いグレーの面の構成である。ここに使ったふたつの色は感情的な意味を求めて選んだのではない。しかし色は感覚的なものであるがゆえに特別な意味を人は求めようとする。私は今、かくされたものをさぐり、ものに意味をもたせようとするよそよそしさから抜け出して、自由な眼で見られる透明なものとの係わりを考えている。

この小都市の郊外にでき上がった家は、私が予定していたように十分に住まわれているとはいえない。長い時間がかかるかもしれないが新しい住まい方を求めて動き出してきているることに期待している。私はここにでき上がったものを足掛かりに次の作品をつくりたいと考えている。

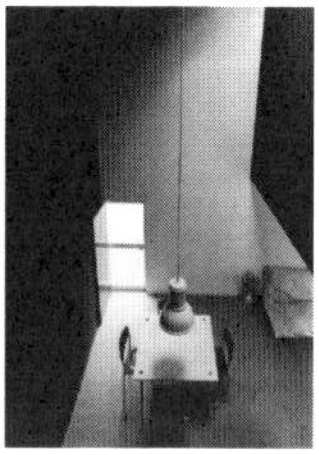
〈焼津の住宅1〉

鴨居の住宅

「新建築」一九七六年二月号

・・・物理的スケールと多視点

ほぼ正方形の敷地の奥行と間口の全長を使い、ここにある条件の中で最大のスケールを獲得することでこの住宅の構造上の長さ・幅・高さを決定する。南北軸の長さは敷地の奥行の全長とする。北面に設備部分の納まりと関係させながら最大限の幅をつくる二点を決める。そして南面に建築面積と採光面積で決まる二点をつくりそれらを結ぶ。その結果、斜めの壁二枚ができ、距離との比例関係により増幅する幅となる。全体の高さは構造上の問題と斜線制限で決定する。こうした計画の上でつくられたスケールだけがここにはある。またこの計画上でつくられた物理的スケールはプロポーションの良し悪しという問題とは別のところにある。つまり斜めの壁は特殊な操作性として導入されたものではない。ここにはもとより相対的なものにすぎない物理的スケールでつくるという発想のみがあり、プロポーションをつくるという発想はない。私には、プロポーションをつくるという主題によりつくられる斜めの壁は、そこに意味を表象するとか、非日常的な意外さを持込むことと結びつくように思われる。私はプロポーションは住宅建築の伝統がつくってきたものだと思う。それは形態と表情をつくり、ものの内容を探ることを主題化する方向にあると考える。私にとってその主題化はものを不透明にし、衣をかぶせたように見えなくさせる。適寸とか人体寸法という言葉でつくられる人間的尺度（ヒューマンスケール）というスケールにも同様なことがいえる。

「長い距離は空白ができることによってそこにあるものを透明にし、分離作用によってもののの相対的あり方をリアルにするひとつの用意になると考えた」[1]。〈焼津の家1〉を起点に、距離という物理的スケールでつくることにより、もののあり方をとらえ直す方向に向かいたいという問題提起がここにはある。

この家の西の領域には二層分の寝室があり、東の領域には二層分の容積をもつ広間があり、北側には設備部分を並べてふたつの領域をつないでいる。全体を環状にする用意があったため南の両側にドアがある。[2] これらの領域にかこまれてスロープの領域がある。

斜めの壁は領域の全体に遠近法と逆遠近法という視点を繰り返し、この住宅につくる結果となる。遠近法がつくる長い距離は私の視線をとらえ、前方で焦点をうつろにさせる。逆遠近法がつくる距離は斜めの壁が斜めであることを見えにくくするような広角化をもたらす。このふたつの視点がつくる距離は違う。さらにこの斜めの壁がつくる領域を歩き回ると幅の変化が、壁と視点の関係が、私の視線を動かす。この住宅にはいろいろの開口部があり、開口部は視線をとらえる。スロープに向く窓はスロープを横切り、さまざまな視点をつくる。今ここにある距離と全体の領域がつながる構造により、視点が多様につくりだされる。ここで人が動きを繰り返す状態の中で連続的に存在する視線の軌跡は、何ものの表象でもあり得ないような領域に変わる。ものが相対的に動いて行く中で、斜めという変形も異物感も見えにくくなる。そのつながり様と距離の印象だけを残す。視点の軌跡は表現を消し形式を浮上させる。そのことはものを見出し、もののあるがままの光景と鮮明さに近づけるのではないかと考える。

しかし今こうしてとらえ直すまでもなく、斜めの壁は特別なものにならないという私の

▼1…「長い距離」「新建築」一九七二年八月号、本章収録。〈焼津の家1〉は〈焼津の住宅1〉のこと

▼2…両棟は奥でつながっているが、道路側にも向かいあう出入口が設けられ、屋外をはさみながら全体を環状に回遊する動線が計画されている

はじめの発想が残る。ただなんでもないものが存在しているという現実がここにはある。それは、知覚の恒常性という事実に関わるのかもしれないが、斜めの壁は物理的に引かれた計画上の壁線である。私はここにあった計画上の物理的スケールを使うことでものを人間の表象観念からときほどいて向かい合うところに、もののそして住宅の新しい機能を考えている。

〈鴨居の住宅〉
左からリビングダイニング、中庭テラス

・・・

斜めの壁

緑ヶ丘の住宅

この住宅の施主は〈焼津の家〉［〈焼津の住宅1〉］を発表した時、住宅についての考えを私に話して下さったことがあった。それから随分たったある日、金融公庫が受けられたから急いで設計してほしいと持込まれた。コストは最低におさえる。架構はコンクリート壁式構造。打放しは好きである。開口部は法規が定める最小量で良い。特に書斎には大きな開口部をとらない。床は土足のままで靴は寝室に収納する。浴室便所は洋式で一室で良い。そして書斎と食堂と寝室に独立性をもたせる。食卓以外に家族が集合するような場所はつくらなくて良い。打合せの時施主から示された条件のメモである。施主にあっては、各領域の使用上の問題が主で、特に集中した中心的問題はなかった。その頃事情でつくれなかった〈作品M〉[1]をひきずりながらこの計画をつくった。各領域の独立性という条件によって、連続と遮断の関係をつくる〈作品M〉の列柱は消えた。この住宅は公庫制限に近い一一九平方メートルの床面積をもつ直方体のなかに、斜めの壁を有する点対称の四つの領域でつくられている。独立した四つの領域の位置関係の体験と全体をうめつくす行為によって出合う空間性がここにはある。それは体験とか行為に伴う身体性が出合う関係性だといい換えてもいい。ここにある斜めの壁は奥行きが長く間口の狭い敷地にあっては、現実に有効な手段となり得ていることを現場を見た幾人かの人たちが認めてくれた。しかし斜めということで、一般的で日常的なるものを問題にして行くことで生じる共有性をもち

無題「新建築」一九七六年九月号

▼1…第二章収録の「住宅建築の形式的構造の演習 1972-75」「都市住宅」一九七六年冬号で発表。第三部序章の作品Mとは別作品

〈緑ヶ丘の住宅〉(2019年)

得ないのではないかという批評があるかもしれない。私は共有性を遠ざけようとしているのではなく、近づけることを指向しているのだが、一般的で日常的なるものが本質になり得るとは思えない。確かに斜めの壁は一般的発想であるより、個人的で即自的過程でつくられた私の直感的感性と直結した発想であるといえる。表現を導くものはいかなる差異を見せても自己の属性としての位相の内にあるものでなければならないと考える。そのことは建築が物理的存在であるにもかかわらず自由に可逆的思考ができて感性に結びつく原基である。また直感的発想は共有の問題と矛盾しているように考えられるが、論理的認識の背後にあるもので、共に私の思惟に属し矛盾の関係ではなく接近した関係にある。つくる側からおしつけた共有ではなく、共有性は対応する人間の多様な関係を可能にするものである時意味をもつと考える。つまり建築は抽象的存在であるが、背後に建築家の個人的感性が支えていることで具体性の強いイメージを伴って、対応する多様な感性をよびさますのではないだろうか。そうした考えから建築とは抽象的実在であるが、一方、強い具体的なる存在であるといえる。私は感性でうらうちされた思惟から出発して共有化できるものまで高めることを指向している。関係性とか多視点を問題にしながら「長い距離」〈焼津の住宅1〉という言葉で説明してきたが、長い短いとか遠い近いという言葉は建築という物理的空間にあって単に三次元のユークリッド空間をつくる距離としてだけではいいつくせない、整合になりにくいあいまいなものまでひきずって行こうとする姿勢の説明であったといえる。時間的過程のなかで建築との多様な対応を扱うとき、シンプルな論理では捉えられない身体性に伴うあいまいなものまでひろい上げて行かなければならない。この住宅をつくりながら問題は移行し出して、建築における時間化の関係性が問題になってきた。距離の体系を持込んでコミュニケーションのない関係によって接近し対応することで新し

〈緑ヶ丘の住宅〉(1976年)
左:書斎
右:ダイニングルーム

い意味を生産する方向にある[2]ということは、建築の表現過程の関係のなかで多様に対応を重ねながら増殖して行く連続性をつくることではなかったかと考える。今、その時間化における関係性を持込み、時間過程のなかで出合う抽象としてある空間性が問題になってきた。この住宅は昨年の十二月竣工したのだが、次のいくつかの住宅の現場が動き出しているからか、随分と時間が経過したように思える。私はこの作品をつくりながら考えたことを手懸りに、さまざまなものとの出合いのなかでそのあり方を考えて行きたいと思う。

▼2…原文註「都市住宅」七六年冬号

〈緑ヶ丘の住宅〉（2019年）

直角二等辺三角形の立面

この住宅は若い夫婦ふたりのために計画された。与えられた条件から考えて、この敷地はこれまで計画してきたどれよりも余裕をもったもので外的な規制も少なかった。生活上の要求が単純で敷地も十分にあるときは、与えられた条件を越えたところで建築自体について思考することができる。つまり建築に対する思考がそのままダイレクトに計画の基本を決定してしまうといって良いかもしれない。しかし今私の建築に対する思考の基盤には複数の問題が絡み合っていて、建築を一面的に割切って論理として語り得ない状態がある。思考の基盤に不整合に絡み合ってある複数の問題の中から独自の関係性を見いだしてゆく以外に、今私がとらえてゆきたいと思っている複合という概念は明らかになりそうもない。独自の関係性を見いだしてゆくことで、複合という概念をひとつの個別なものの中に具体化することが可能になるのではないかと考えている。しかしこの複合という概念は、現実の多様な社会的問題をそのまま投影するということではもちろんない。むしろそれらを最大限に排除した時に個別な建築自体の中に展開する差異を問題化してゆくことによってとらえられるものではないだろうか。

〈焼津の家2〉では立面をそれぞれ独立した断片となるように構成することで、空間はつくられるものではなく、結果としてできるものなのだということを明確にしてゆこうと考えた。そのため大きめな直角二等辺三角形の立面が展開し、私がこれまでつくった建築と

「新建築」一九七七年六月号

〈焼津の住宅2〉

は異なった傾向の外観を見せている。これまでは全体として無機的な空間を出現させるためにつくったヴォリュームそのものを外観としてきた。そしてそのヴォリュームのスケールは、条件がもつ雑多な問題を最大限に排除した時に、相対的なるものとして残るところの敷地の物理的スケールを利用して与えた。つまり敷地を最大の平面と考え、その平面に関わる法的・工法的規制を考慮したところでできる最大のスケールを建築の平面として、それをもとにしてヴォリュームをつくってきた。それゆえ私の使うスケールは空間に意味を収斂させまいとしたのと同じように、収縮するよりも拡大するといった、いわば大きめなものになっているといえよう。

　直角二等辺三角形の大きめな立面もこのことに関わって生まれてきたといえるかもしれない。当然このように拡大するスケールでつくってきた外観は一般的住宅らしさより無表情なものになった。無機的ヴォリュームであるためには完全なシンメトリーも四五度勾配の屋根も表われてこなかった。あるものは倉庫のようであったし、またあるものは工場のような外観でもあった。このような無表情は外側の雑多な状況との関わりを希薄にさせてゆくことでその建築を自立させる。しかしこうした無機的なヴォリュームのなかにその〈直角の壁〉とはまったく異質な構造、すなわち〈斜めの壁〉〈斜めの列柱〉[1]を対立させてゆく過程を通して、斜線が全体の構成を、そしてヴォリューム自身をもバラバラに分化させていくのを見た。

　こうした様相を前にしてこの分化を進めることによってさらに床に壁に天井に付帯する意味を発散させていくという方向を頭に描いていた。そして建築の構成要素を断片化し自立させてひとつの建築全体をつくってゆくということを考えた。このような考えから自立した断片を背後になにもないものとしてとらえようとしたとき、直角二等辺三角形の立面

〈焼津の住宅2〉内観

▼1…緑ヶ丘の住宅と作品M

が感性を越えたものとして浮かび上ってきた。

これまではかつてシンボリックな意味の世界と密接に関わってきたものとして単純な幾何学的フォルムを避けてきた。というのは単純な幾何学的フォルムは感性と関わらない外在する形式をつくるもので、形式として建築に簡単に持ち込めないものだと考えたからだ。そして幾何学的フォルムを使い沈黙の世界を現象させることによっては新しい多義的意味を生産することはできない。それは語り得ない意味を放置しているだけでシンボリックな意味を空間に収斂させることに変わりないということを見てきた。したがってこの直角二等辺三角形の立面が、このような考えのもとでつくられてきたこれまでの外観とは異質なものに見えるのは当然なことなのかもしれない。が、一方で「長い距離」をつくり「距離をへだてることで距離そのものを直接見ること」を求め、さらに「もはや距離さえ残さない余白と表面」へ向かおうとしている今、この直角二等辺三角形の立面が感性を越えたものとして浮かび上ってきたというのもひとつの自然な結果だったのだろう。つまりかつてシンボリックな空間と関わってきた幾何学的フォルムを表面にひきずり出し、そのことによってそれを背後に何もないものに変質させてゆきたいという論理化できないところでの衝動によってつくってきたものである。

東面は朝日を取込むための開口部と通風のためのアルミ戸を組込んだこれらの開口部は、柱・梁・筋違いがつくるフレームの直角二等辺三角形のパターンとは整合しない形で開け、さらにこの立面がすべるような面になるように全体をシルバーペイントで仕上げた。西面は（この地方は西風が相当に強い）風通しのための正方形の上出し窓を配置し、全体をホワイトグレーのペイントで仕上げた。南北はシルバーの焼付鉄板の四五度勾配の屋根でそれぞれ入口を切り取った。この建物の東西・南北には裏表がない。それぞれが表である必要があり、四方の立面は異なった様相をなしている。

これまでつくってきた住宅には、全体の中心となり求心化するような大きな部屋をつくってこなかった。ここにも中心となる部屋はない。内部は予算の都合でできるところまで床と壁をつくり、できるところまで仕上げをするという企画であったので、現在は未完成の状態にある。北側の仕上げをしないまま残してある広い領域には将来、床・壁を張込む予定である。今でき上った内部の床・壁は全体を構成するフレームとはズレを生じているが、それらのズレはズレとして残し不整合のままにしてある。異なった構造を対立させ隣接して配置することは「直方体の壁」と「斜めの列柱」の関係のようにこれまでも問題にしてきた。不整合な関係は建築の構造化に関わる本質的なもので、構造の質の変換を可能にしてゆくことと結びつくと考えている。

この建築をつくることで多くの問題が生じてきた。それらの問題を考えてゆくことで次の計画を進めたいと思う。

第二章

・・・

「建築の多元性」

第二章には、「都市住宅」誌による長谷川逸子小特集（一九七六年）と、「インテリア」誌にも焦点を当てた。両誌とも植田実の編集になる。この二編のテキストを、長谷川は「研究室でも評判が悪かった」と振り返るが、個別の作品論を超えた長谷川の初めてのまとまった建築論であるため、表記も含めてできるだけ原文に忠実に収録した。引用の表記法を整え、読みにくい箇所に読点を入れ、明白な誤植を修正した以外は、原文のままである。「長い距離」や斜めの壁を導入して、住宅空間を構成する天井・壁・床などの要素を既成概念から解放し、新しく自分にとって確かなリアリティのある建築をつくりたいという意思は、篠原研究室における研鑽を裏付ける。また、建築における作品性との葛藤には、後の〈湘南台文化センター〉をはじめとする公共建築に向かう姿勢へとつながる。

「住宅建築の形式的構造の演習」（一九七六年）には〈焼津の住宅1〉〈鴨居の住宅1〉〈藤枝の家（実現せず）〉〈作品M（緑ヶ丘の住宅の列柱案）〉〈作品T（柿生の住宅）〉がすべて模型写真と平面図だけで発表されている。〈緑ヶ丘の住宅〉はすでに竣工していたが、ここではあえて一枚の壁になる前の列柱案が示されている。〈作品T〉も実際に竣工した住宅とは平面もヴォリュームもまったく異なる段階の案であった。住宅論と題しているが、「よごれて使われていないホールをもつ公共建築の作品」への批判がみられることも注目される。「仮説」と「仮設」の表記の混在も原文のままに収録した。

「インテリア」誌は一九七七年、巻末に「建築＝作品と方法の追跡」という連載を組んでおり、その第三回に長谷川が取り上げられ、七二年から七六年までの作品を総括する「「長い距離」から「直角二等辺三角形」へ」が掲載された。藤塚光政が竣工したばかりの〈焼津の住宅2〉〈焼津の住宅3〉を撮っている。一九七〇年代のテキストには作品名を〈焼津の家1〉とするなど「家」が多く用いられている。ここでは作品名を原文のまま「家」とした。

多木浩二が初めて長谷川作品を批評した「多様さと単純さ」（一九七七年）も「インテリア」誌の連載のために書き下ろされた。一九八五年の「SD」誌による長谷川逸子特集にも短縮した形で再録されているが、ここでは初出となる同誌の連載を収録した。篠原一男は、長谷川の作品が掲載された誌面に目を通してはいたものの、直接の批評や助言はせず、作品を見に行くこともしなかったという。したがって多木の「多様さと単純さ」は、長谷川にとって初めて受ける批評であり、自分では言語化し得なかった部分を発見する思いであったという。「盲の壁」といった表記も原文のまま収録した。

・・・住宅建築の形式的構造の演習
1972-75

一九七二-七五　住宅建築の形式的構造の演習

計画

長い距離――もし長さの中に空白ができるほど十分な距離があったら、分離作用によってそこにあるものの厚みを奪い、意味を停止させる関係が生じてこないだろうか。より長い距離は、空白ができることでものを透明にし、分離することでもののあり方をリアルにするひとつの用意になると考えた。

（「新建築」一九七二年八月号〈焼津の家１〉）

私の住宅建築の設計は、相対的なるものにすぎない〈長い距離〉に、与条件のなかで最長のスケールを与えることによって、そこにできる関係を問題にして、ものへの接近を考えた〈焼津の家〉［〈焼津の住宅１〉］から出発した。この〈長い距離〉をより確定性を備えた〈物理的スケール〉に置き換えてゆきながら、ここで見出したことを手がかりに〈計画〉をつくってきた。建築のあり方を確実なリアリティでとらえてゆこうとする姿勢の背景には、建築をつくろうとする私がまず在るのだと考える時、何も確かなものはないように感じて、安直に開き直り、自由に何でもつくれるというような漠然とした状態の中に自分を置くわけにゆかないという考えがある。

〈長い距離〉がつくる分離作用の導入は、主体的人間の存在と物質としての建築の存在と

「都市住宅」一九七六年冬号。本文中の大事な概念を強調する〈〉記号は作品名を示す〈〉と重複するが原文のママとしている。冒頭の引用「長い距離」本巻第一章収録

を自律させるために、通じ合えないように切り離して、閉じ込めることであった。そして閉じた二存在が対話のない関係によって接近し対応することで、新たな意味を生産する方向に向かうという考えである。対話には対象としてある事物から内容を読みとる意味作用がある。その内容の表象化は習慣的、経験的な素朴な感性と係わるといえる（私にとって素朴な感性の部分と係わり、印象として残っているものは、米倉に放り出されたときの薄明かりや、土間の天井裏の暗がりのイメージであって、襖に書かれていた文字でも床ノ間でもなかった。こうした印象から思考は出発するものだと思う）。今、思考の位置ではなく、建築としてのあり方を考えると対話は密閉度が高いほどなくなり、関係はより密接になり対応することで、対象の存在は主体の意識を変えるほどの意味を生産し出す。また二存在の関係性によって主体がもつ多様な機能を開放できる状態をつくる。分離作用は主体と建築を閉じ、壁で囲み、建築に閉じた箱のイメージを与える。関係性をもつ状態の中では建築は半ば開かれた箱のイメージである。

これまでの建築の〈計画〉は主題化によってつくる仮設作業の位置にあったと考える。仮説をあらかじめ決定した秩序に従ってつくり、その秩序に人間の意識を従属させてきた。代表的なかつての日本の機能主義は実生活の合理化を体系づけることを前提にして〈計画〉をつくってきた。その仮説は人間の多様な意識を喪失させ疎外するような、意識の外にある形式をつくった。その形式は関係性をつくりえないものであって、空間に客観的体系で秩序づける観念的意味作用をもたせてきた。また主体との多元的関係をもたないことで、主体がもつ多様な機能を閉じて、合理性というひとつの機能に収縮させてきた。私は意味作用する内容や、階層づけたり秩序づける観念的意味作用に変えて、関係性を持ち込むことで意味を生産する位置にある〈問題化〉で〈計画〉をつくることを考える。また関係性を持ち込むことによって、人間の多様な機能と係わり、そして人間の生な意識を放つことが可能な状態を見出そうとする方向に私の意識が動き出しているといえる。

ここにある〈五つの住宅建築の計画〉は自分と同世代の人たちのもので与条件は厳しいものである。が、これらの〈計画〉は現実の条件から何かを抽出したり除去したりしてつくることとは明らかに違う。敷地から〈物理的スケール〉を決定するときも条件が厳しいからということがすべてではない。もし十分すぎる余裕があっても、その〈計画〉を持ち込むことは可能である。私は〈計画〉をつくる時、スケッチの下敷きにチェックのため敷地図を置くが、最終的には敷地の輪郭は残さない。つくり上がった計画はそこにあった敷地から離しても存在できるという考えがあるからである。だから〈計画〉するというより〈計画〉をつくるという方が明確である。しかし〈計画〉をつくる時、具体的条件に対しても無関心であることとは違う。安易に係わっても〈計画〉をつくるための次の問題はできてこないと思う。現実に密着してあらかじめある仮設を抽出するのではなく、自分の存在を具体性にぶつけることで、そこにある日常的現実の網目をぬけてその背後に超えてあるものを現出させてゆくことで〈計画〉はつくられる。建築が自律した存在となって、実感と結びつくためには、〈計画〉が私の思考と係わるような直感的感性と直結した発想でありながら論理的展開が可能になった時である。つまり人間の感性と関わる認識作業の増殖が〈計画〉をつくるといえる。

そして〈計画〉は自分にとって新しい現象となって実現しなければならない。今ここに持ち出した〈計画〉はこうした意味から主題化による仮設作業としての〈計画〉ではなく、存在論的認識作業による展開を通じて出現した問題を〈問題化〉することで〈計画〉はつくられる。

物理的スケール

ここに物理的領域の関係をつくるためにある〈斜めの壁〉〈斜めの列柱〉〈対角線の壁〉は、領域の中に距離と視点をつくることで、全体の構造を浮かび上がらせようとすることから出現したもので、特別な感情的意味をもたせようとする操作性によるものではない。人が特別な内容を読みとることがあるとすれば、ものに表象性をもたせようとする習慣や経験がそうさせる。意識的に素朴な感性の部分で建築と主体とを通じ合えなくさせるために、相対的なるもの、スケールに物理的なる確定性を与えてつくるという発想がある。〈物理的スケール〉によってつくられた斜めの壁と柱は、物理的領域の即物的断片としてあり、物理的領域の関係をつくるものである。建築を即物性で埋めつくそうとすることは、ものを人間と融合させ、人間をものと融合させてきた部分を不連続にさせてゆくことで、ものと向かい合いたいと考えたからである。人間化、もの化という表象観念から人間、建築を解き放したとき、機能がなくなることはない。関係の状態のなかに機能が残る。斜めの壁という即物的断片は領域と領域の関係をつくることによって、機能的状態をつくる。その裸の骨格として〈物理的スケール〉はある。

表現を与えるためのプロポーションを主題にしてつくり出された斜めは、定形に対して不定形であるゆえの歪みがもつ特殊性を表現する。形態と表現を唯一主題とする時、内容を表象する方向に向かうものなら、ここにある斜めはそうした表象性を期待してつくられたものと違う。私はプロポーションは住宅建築の伝統がつくってきたものであり、またひとりの人間がものをつくり続けることで、その人のプロポーションとしてつくり上がってゆくものだと思う。プロポーションは全体の中に正しい尺度を導入することが前提としてあり、建築に整合性のある美しさをもたせるひとつの手段となる。人工的プロポーションともいえる技術の分野が居心地の良さと結びつけているヒューマンスケールという疑似的尺度がある。人体寸法という尺度は、人間の欲望とか感性の日常的安定性に結びつけようとするスケールである。ここにある〈物理的スケール〉という無機的スケールは不整合で不安定な対応も含むもので、その部分まで飛躍できるスケールである。かつての日本の機能主義は機能の一断面でしかない合理性を取り上げて、人間の行動分析から決定した構成や配列の序列に従って空間のスケールを扱ってきた。そこにあった形式主義は機能の概念を合理性という仮設でとり上げ、いかに便利で実用的に使用するかという考えだけでスケールをつくってきた。またいかに合理的美しさを表現するプロポーションをつくるかを主題にしてきた。ものに内容を表象させるような素朴な感性や人間性の部分に入り込まないために導入しようとする〈物理的スケール〉であるが、しかし主体的存在と一元的にしか関係しないような形式をつくる位置にはない。

〈計画〉にあって単純化を持ち出す時、単純化ということばの魅力と同時に危険な効果がいつもつきまとうと考える。すべてを単純化してゆくことはローコストにつながるというひとつの解があるかもしれないが、複雑で凹凸のある面を仕上げるより、単純な平滑面を仕上げる方が高くなるという事実もある。単純化とはもののあり方を明確化し、全体化するために表現を最小限に切りつめることである。また表現性とはひとつの存在の内容のことである。単純化により表現を統一したり削り落とした形態は内容も希薄化することになる。だから表現量で構造を問題にすると、単純形態はその閉鎖性と確定性によって全体化し、構造性が明確になる。複雑な形態は建築の具体性と結びつく表現性に落ち込み易いという解ができる。表現量で構造をとらえるのに対して、距離と視点でとらえると、不調和な物理的断片がつくる視点の軌跡と、その展開がつくる構造性が浮上する。それをとらえてゆくところに形式と係わる構造が見出せると考える。その構造を見出す時、複雑な構造を単一の構造の集合と解釈したり、単一構造を複雑な構造の一部という解釈をしてみても、形式と係わる構造をとらえてゆけない。つまり物理的領域と領域の関係をとらえてゆこうとすることで構造が見出せるのではないかと考える。この構造の内部において意味スルものと意味サレルものは価値をもつのであって、構造によって条件づけられてある。建築における構造とは架構全体の領域の関係、つまり物理的構成と組織の全体であって、その全体の投象としてある形式が今問題になる。

幾何学的形態、たとえば円、正方形、多角形などの平面構成を使って、宇宙、神、権力などを象徴する意味の世界がかつて外国につくられてきた。そこにはその形態がもつ中心点、シンメトリー、軸線などがつくる形式がある。そこでは形式より内容と係わることが主題であって、内容は主体的存在との対話によってつくられた。しかし今、幾何学的形態を引用してつくるとき、表象すべき内容をもたなかったり、またその内容を何でもないアノニマスなものにしてゆくための引用なのかどうかとらえていない時は、形の実験をするようなものである。また形式を内容に転化することからも新しい意味を生産する方向には向かわない。私は内容つまり意味を表象するために緊密な対話を求めようと思わない。かつて権力と結びつくため、建築は内容との対話を重視してきた。そしてかつての機能主義建築は合理的体系をつくるために形式との対応を重視してきた。その形式は主体との関係性がつくれないもので、主体に対して外在する形式でしかなかった。このように主題化によって一方向に飛躍してゆくような形式主義になろうと思わない。今、形式に対して内容の位置を示すことにより形式は明確になると考える。私は〈長い距離〉〈物理的スケール〉

という空間的ではない距離の体系を持ち込み、内容との対話を切って、内容をその距離の中に包み込むことによって形式を浮上させようとしてきた。それは形式を物理性と即物性でがんじがらめにすることによって、その内部に内容を動かし隠し、固め込んでしまうことであった。そして建築の構造には確定性と閉鎖性を与えて閉じた箱のイメージを持ち込む。そして建築としての物質に自律性をもたせる。架構全体としての形式的構造は確定的働きによって、人間の不確定な意識と隣接させ対応することによって、機能する新しい意味を生産し出す。言い直せば、その不確定な意識が現実と出合うための確定性を〈物理的スケール〉に与え、即物性をもつ物理的断片を決定し、断片を組織づけることでできる物理的領域の関係と架構の全体を、ジル・ドゥルーズが『プルーストとシーニュ[1]』のなかで用いている形式的構造を引用して、建築の形式的構造を考える。その形式的構造は人間の主体的存在と隣接する状態の中では、半ば閉じた箱のイメージをもつものとなる。透明化させる〈問題化〉でつくられた建築としての物質は、生産の状態の中では半透明化した存在となる。また形式的構造は、形式が共通の尺度をもたない内容を含むことによって特殊性の面をもち、全体が機能と関わることによって一般性の面とをもつ。

問題化

真実とは、哲学であれそれ以外の領域であれ、問題を発見することが重要なのであり、従ってそれを解決することにもまして、それを提起することが重要なのだ。

（ベルグソン）

問題というものは、それがどのように提起されたか、いかなる条件のもとに問題として

▼1…『プルーストとシーニュ　文学機械としての『失なわれた時を求めて』』宇波彰訳、法政大学出版局、一九七四年

自己を規定したか、またどんな手段と用語とで問題化されているかといったものとの関係で、きまってそれにふさわしい解消がそなわっている。［中略］
問題体系というものは、われわれの知や知の欠如からなる相対的で一時的な状態ではなく、ひとつの客観的な安定性を持っていたという考えです。しかも、科学にあっても実践にあっても、問題の設定は解決法を指令的に操作し、それを超えるものだという考え方なのです。数学にあって重要なのは、問題と、問題が暗に含む象徴的システムであって、定理でも証明でもありません。新たな解答が必要なら問題と、領域と、問題の与件をまず変えねばなりません。

（ジル・ドゥルーズ『マゾッホとサド』[2] 蓮實重彦訳より）

印象的で一回性を秘めたような建築をつくりたい。そしてそれを持続的につくってゆく方法を私は住宅建築の学習をしながら考えつづけてきた。その方法がここにある問題の概念の方向に見出せるのではないかと考え、〈問題化〉をここにとり上げた。〈主題化〉によって建築をつくることとは、人間と建築との多元的関係性を一元性に収縮してきたといえる。また人間と建築の対応によって一義的機能と係わり、不透明化する領域を残してきた。それに対して〈問題化〉は関係性によって多様な機能と係わる透明化した領域をつくると考える。
〈主題化〉は内容と形式とのどちらかに重点を置いて、秩序化する意味のある内容が、観念的意味を抽出してきた。〈問題化〉は意味作用をする建築の形式的構造と関係性によって、人間と隣接することによって新たな意味を生産する方向にあると考える。
つまり仮設によってあらかじめ考えた決定に基づいた解答をつくろうとする姿勢に変え

▼2…晶文社、一九七三年。引用は前出ベルグソンの言葉とともに訳者解説より

て、その解答を強要しながら問題そのものを〈問題化〉してつくってゆく姿勢である。仮設をつくることが解答の概念なら、それに変えて問題の概念を持ち込んで建築をつくろうとするものである。しかし主題をもたないことで建築を無的存在、無色無明化しようとするものではない。〈問題化〉は無性格で透明化した領域をつくり、半透明化した生産の状態をもつものになる。

今まで解答を強いることでつくられて残されてきた建築の代表が、よごれて使われていないホールをもつ公共建築の作品ではないだろうか。建築が社会状況と密着した主題でつくられた時、建築は社会の相対的一時的現象となって、社会状況の中にともすると組み込まれてしまう結果になる。社会構造の中には相対化する状態と、同時に建築として自律した存在がもつ思考に向かわせるような効果まで失せさせる動きとがある。建築全体の存在にとってはその効果が必要である。今、建築の主題を社会構造から抽出できないことが問題ではない。社会は、以前も今日も構造を形成して在る。社会構造の中から建築の自律性まで失わせるような、一時的主題を抽出する認識の展開過程が問題であったのではなかろうか。社会構造の一断面と係わってきたかつての機能主義、そして技術主義、技術性を否定する感覚主義への飛躍、その一辺倒な建築のあり方は一時的現象になり易い。変動する状態の中に、ある主題でつくられたなら、建築が存在の問題としてありつづける限り、建築としての存在は社会構造の中では、存在まで不明瞭になり易いと考える。

問題を超えるような考え方で問題を〈問題化〉してゆき、次の問題を提起してゆくように建築をつくってゆくことが可能ではないだろうか。〈新しい解答が必要なら問題……を変えなければなりません〉。〈問題化〉によって建築の形式的構造を提起してゆくことは、一回性を秘めたような建築の存在になる。また問題を抽出してゆく認識展開をしてゆくことによって論理的持続性をもつ建築のつくり方ができるのではないだろうか。つまりつくり上げた建築は一回性を秘めるような強い現象となる。そしてつき離してゆくことでつくられた建築は次の問題の投機となってゆく。一回性を秘めたものを持続してつくっていく状態とは、つくり終えてあるものが、次の問題化によって確実な位置を占めることでもあろう。それはマチスなどの絵画の世界に見るような、多分ひとりのつくる人間の認識展開図となって現われるものであろう。それはスロープを一度にかけ登るよりむずかしそうで、階段を一段一段つくって登っていくことに似ているようである。持続してつくるということは大変な作業であろうが、ひとつひとつ自分の中で確実な位置をしめてゆくような作品をつくってゆけたらと思う。

建築を実体論だけで捉えることも、観念論だけで捉えることもできない。自分でリアリティがもてる作品をつくってゆく以外にないと思う。私にとって文学をはじめ、ことばの世界で新しい魅力と新鮮さをもち得るものは、今まで使い古され、何でもなくなってしまっていることばの構造を、別の新しい構造につくり変えているようなことばに出会う時である。今、〈問題化〉を持ち出したが、安直に問題提起して疑似的確認をくり返していっても、新鮮なる効力を発揮するものにはならず、事態を変えられるものにはならない。思考を含めた特異さが作品に表われるものならば、そして建築が人間や状況との係わりが不可避である以上、設計者の思考に関わる特異性も強力で、そこにある具体性とも厳しく伝わってゆかなければ、特異なものをつくることも、特異さを無化することさえできそうもない。同じように特異さが顕著で強力であればあるほど係わりも激しいものになるが、回避したり安易に処理してみても次の問題がもてない。建築ばかりでなくあらゆるつくる行為は何ものからも自由なはずがなく、係わりの中でしか次の問題は見出していくことはできないと考える。建築としてのあり方と同時に主体としての人間の存在についても考え、その関係性のなかに問題を見出してゆきたい。

ここにある住宅は〈焼津の家〉をつくったことがきっかけとなって、妹や友人たちの住宅として計画したものである。このうち〈焼津の家〉〈鴨居の家〉に加えて、昨年末に未発表の〈緑ヶ丘の家〉が竣工した。事情で実施できないままの作品は今年から改めて〈計画〉しなおすことに決め、さっそく〈作品T（柿生の住宅）〉の計画を始め出している。

初めての建築論

菊竹清訓事務所を退職して東工大の篠原研究室に入ったとき、はじめて建築家を目指そうと考えるようになりました。それまで私は多趣味で目指すものを絞れずにいたのです。個展も開いてきた画家の道、植物学者やテキスタイルデザイナーなど右へ左へと忙しくしていました。

篠原研究室に入ってまず篠原先生の「民家はきのこ」という言葉にひかれて、東北から沖縄まで車を走らせました。その一人旅は各地の祭りや行事、伝統や生活などに出くわすものでもあり、フォークロアを学ぶ旅でもありました。旅を続けながら住宅の建築論をちゃんと組立てなければと考えるようになっていました。

東工大に来てすぐにヴィオラを手づくりしている数学専攻の学生グループと親しくなって、地方でボランティアの音楽会を開くといったことを繰り返します。そのときに、彼らと音楽や芸術、建築などについてよく議論していて、この文章を書いたのです。

「長い距離」をもっと数学的に科学的に説明することを試みた文章でした。研究室で発表すると批判しかなかったのですが、都市住宅の編集長の植田実さんに読んでもらうと、面白いと言って頂いて雑誌に発表されました。

（二〇一八年）

・・・「長い距離」から「直角二等辺三角形へ」
1972-1977

「インテリア」一九七七年六月号

スケールの拡大

建築のスケールの決定は、ひとつの認識と整合させることで建築の傾向をつくるということに関わって来たと思う。——近代建築が科学的合理性に基づいた人間の行動分析に従って空間のスケールを決定して来たように——私の建築に対する認識は未完成で、これまでの計画を明解な論理を据えてつくって来たとは言えない。つまり私の建築を思考する基盤には複数の関係が不整合に絡み合っていて、建築をダイレクトに論理化しえない状態があるのではないかという気がする。それゆえ個別な計画のたびごとに、複数の問題のなかから独自の関係性をつくり具体化してゆくという方向しか持ちえないでいると言えよう。その個別の計画のスケールは直観的に決定して来たと言う方が正しいが、ここでこれまでの計画の過程を見直すことは、今度実現した〈焼津の家2〉との違いを見出すことになり、私のつくる建築の傾向を整理してみることになると考えた。

まず〈焼津の家1〉では全体のヴォリュームをつくるスケールの決定は内側に「長い距離」をつくるという発想からはじまった。「意味を固定させるような」「意味のたわむれを透明化してゆくような」長さが必要だった。この長さを得るため敷地の奥行を最大限に利用し、さらにそれをUターンさせることでダブらせるという方法を平面上で行った。〈鴨居の家〉は〈焼津の家1〉にくらべ、広い敷地であったが、このほぼ正方形の敷地の全体を建築化してゆくことを考えた。ここでも敷地の奥行の最大の長さを持つ三つの領域を間口いっぱいに使って展開させた。その三つの領域をつくる内側の二枚の壁をさらにのばすため平面上に斜線を導入した。この斜線の壁は「眼にあまりに知らされたもの」すなわち遠近法が繰り返しあらわれることで視角的にさらに長さをのばした。その後の〈緑ヶ丘の家〉は間口の狭い長方形の敷地であった。間口の全部を利用して建蔽率いっぱいのコンクリートの直方体のヴォリュームをつくり、その内側に平面上の斜線を導入し、斜めの面をもった対称形の四つの領域をつくった。そこにも遠近法が繰り返しあらわれた。〈焼津の家3〉は海に近い旧街道に面した古い町屋を壊してつくったもので、間口三間奥行十三間という敷地にあったこの町屋の内側は昼間でも暗かった。そこでこの計画は、一番奥の古い樹木の部分を残して、明るさをつくるという企画で始まった。道路に面したフラットの二枚の屋根の部分は車寄せである。次の道路に平行にかけた切妻の屋根の部分は老主人が家具をつくる道具の収納と作業のための領域であり、一番奥の道路と直角にかけた切妻の屋根の部分が住宅としての機能をもった領域である。その間にほぼ正方形の床をもったライトコートがある。隣家の視線を遮断する高い壁をもつこのコートは、ぬけた空から入る光が拡散する領域である。こうして長い奥行に各領域を埋め込んでゆくことで敷地を建築化していった。

これらはいずれも条件のなかで最大の平面としてある敷地から法規上、工法上できる最大のスケールを取り上げて建築の平面スケールを決定して来た。あるいは敷地がもつ雑多な問題を最大限に排した時に相対的なるものとして残る敷地の物理的スケールを利用して来たと言っても良い。だからこれまでの計画で決定して来たスケールは、敷地から自立しても存在するものだと考えている。

〈焼津の住宅3〉
左：模型（設計当時）
右：中庭

こうした決定の進め方は建築の内部に広間というような全体の中心となり、求心化するような空間を意識的につくらないということにも関わっていた。意味を収斂させるような中心的空間を避け、全体の中に対称形であったり、同形であったりする領域を並列させてゆくとか、〈焼津の家3〉のように広さの異なった領域を比重を置かずに埋め込んでゆくといった方法をとって来た。また断面の高さについても法的制限の中で高めのスケールを決めて来たが、〈焼津の家1〉〈鴨居の家〉のように二層部分と一層部分を並置した構成の場合は一層の高さとして自分の経験の中から特殊なものにならないスケールを選択し、斜線制限と関わりながら、二層分重ねた。一層部分はほぼ二層分の高さとし、そのため一層部分は高くなりシンボリックな垂直空間に近づきやすいため、その垂直性を弱めるため、一層分の水平な床を導入して単純に二層分あることを明らかにしたり、またその壁には出来るだけなんでもない普通の高さの開口部を埋めてゆき、壁をフラットなものにするといった方法をとって来た。〈緑ヶ丘の家〉は総二階であるが天井高は高めの二九〇〇である。こうして平面の広さとは関係なく断面の高さとしてスケールを決めて来た。こうして決めて来たスケールはいずれも大きめなものとなり、シンボリックな意味が空間に収斂することを避け、逆に、拡散させるように働いているといえる。〈焼津の家2〉は敷地は広く、諸条件から考えてもはや敷地のスケールは関わって来なかった。ここでは私の建築に対する認識作業の中で、またこれまでつくって来た建築との関わりの中で独自の自立した物理的スケールを持ち込む以外になかった。木造のスケールである二七三〇というフレーム（柱・梁・筋違で構成）で骨組を構成することにより、全体の平面・断面のスケールが決定された。木造としての屋根の勾配をどうするかということと同時に、骨組を単純に接続することが問題であった。その結果フレームを一二〇角の均一メンバーにしてV形の四五度の金物をつくり、全体を接続してゆくことによって大きめな直角二等辺三角形の立面をつくることになった。内側の床・壁そして仕上げは出来るところまでやるという企画のもとにつくられたため未完成の状態にある。今、北側に大きな空間を残しているが、将来は全体に床・壁を張り込んでゆく予定である。現在出来上がっている内側の床と壁は二七三〇のモジュールのフレームとはズレを生じている。床・壁のズレはズレとして不整合のまま残してある。不整合な関係は建築の構造化と本質的に関わっており、そこから新しい構造が見出せるのではないかと考えている。

斜線

私は建築の中で水平方向に流れる長さをつくることからはじめて、スケールを拡大するという傾向をとって来た。それは垂直であることによってシンボリックな意味を付着しやすい壁を、長くのばすことで意味のたわむれを透明化してゆこうとするものであったが、どんなに長さをのばして行っても、ものに付着して来る見えない意味を引きずってしまう。そのあいまいなるものをさらに稀薄にしなければと思ってきた。「距離をへだてて距離そのものを見ること」から「もはや距離を残さない余白と表面」へと移行してゆくことを指向して来た。〈焼津の家2〉の施主のためにはじめにつくった計画は、直方体のコンクリートのシェルターの内側に斜めの列柱を導入して点対称の三つの領域をつくった〈作品M〉である。水平に壁をのばしてゆくことをさらに斜めの線としてのばしてゆくことで長さを増そうとした。〈作品M〉はこうして生じた斜めの壁を斜めの列柱に置き変えてつくった作品である。

〈鴨居の家〉において「斜めの壁は比例関係により増幅するような距離をつくった」。そ

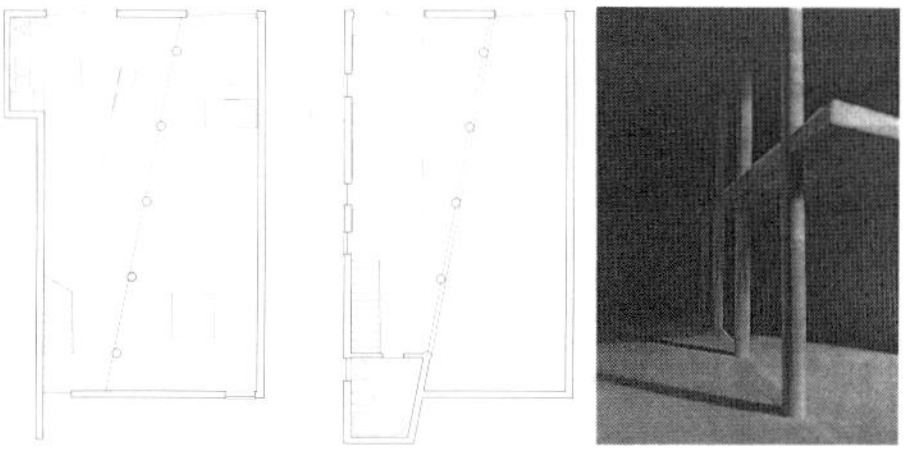

〈作品M〉
「都市住宅」1976年冬号掲載

して増幅する距離が、平行線の一定の距離が与えるのとは異なった視線の動きをつくるのを見た。私はその増幅する距離を明確に残そうという考えから、壁に変えて点のつらなる列柱というものを持ち込んだのだ。斜めの列柱はつらなっていることで壁に近いものとしてあるが、今までのように壁で領域をつくるのとは異なった領域の遮断と連続をつくるものであると考えた。そこには直方体のコンクリートの壁と斜めの列柱とを対立させて並べ置くことにより、異質としてとらえられてきた壁と柱をむしろ異なったものの同一の側面として改めて共存させ、全体をつくるという展開があった。こうして斜線を繰り返し問題にして来たのは、斜線を導入することで、それがそこに関わる床・壁・天井という構成材をばらばらに分化して行くという様相を見たからだった。そしてこれまでつくって来た空間のヴォリュームを分解し断片化し、それを面として自立させてしまう力が斜線にはあるということに気づいた。こうした中で自立した断片をさらに背後になにもないものにしてしまいたいという衝動から、感性を超えてあるものとしての表面を考え出していたが、それはメルロ＝ポンティの言葉を借りれば「見るものが見えるものに、語るものが語られるものになる」という方向へと展開してゆくための手さぐりだったのかもしれない。このような段階を通して直角二等辺三角形の立面が〈焼津の家2〉に表われた。これまでは立面をつくるというよりはむしろ空間の意味を固定してゆこうとすることで生じた閉じた無機的ヴォリュームとしての外観を立面と見て来たと言える。それゆえ外観としては無表情なものとなった。そして無表情な外観により外観の雑多な状況との関わりを希薄にさせてゆくことで建築を自立させて来た。そのためにはここにあるようなシンメトリーも四五度勾配もシンボリックな強い意味を収斂するものとして持ち込めない要素であった。つまり直角二等辺三角形の立面の出現は、これまでつくって来た外観のあり様とは相反するものである。しかしこれは未完成な認識の下で建築に付着して来た意味を、とにかく変更させてさらにあいまいなものにしてゆかなければならないという論理を伴わない思考に動かされながら、これまでシンボリックな意味と関わってあった幾何学的フォルムを感性を超えたところにある表面として、その背後になにもないように見える表面として、引きづり出してゆこうという考えによってつくられたものなのである。直角二等辺三角形の立面は、これまでの外観としての希薄さに反して明解な立面である。この立面は明解な表面として自立することで外側との関係を断ち切ろうとするものになるだろう。

南北の立面はシルバー焼付鉄板の四五度勾配の屋根でそれぞれ入口を開けた。東立面は朝日を取り込むための開口部と通風のためのアルミフラッシュ戸を開けた。これらの開口部はフレームの直角二等辺三角形との整合性を無視して開けられている。そしてこの立面を堅くてすべるような面にすることを考え、東立面全体にはシルバーペイントを塗った。西立面は、この地方は西風が強く目差しも強いので、風通しのための四五〇角の上出し窓を配置して面全体にホワイトグレーのペイントを塗った。この建物には東西・南北に裏表はない。四面は全て表であり、四面はそれぞれの面として異なった様相でここにある。

・・・多様さと単純さ

多木浩二

「インテリア」一九七七年六月号

1

〈焼津の家2〉の内部は、半分は未完成である。これは単純に施主の資金の程度、現在の家族構成に見あった処置にすぎず、未完成の部分を内に含んでいることに意味があるわけではない。ただそのことから、この家はまず個別の条件にもとづいた個別的な計画という性格が強いことがわかる。問題はその出来事としての偶有性をどのように一般化できる方法で実現しているかということになる。木造のフレームとパネルによる構成の合理的な解決が、結果として三角形の強いかたちをテザインすることに導いた。ここで長谷川逸子がとった現実との対応は納得のいくものである。と同時に、そこに建築という形式の次元があらわれてくる。

全体の形態から、この建築がひとまとまりの完結性を問題にするものではないことが読みとれる。内部に未完の部分がのこっているよりも、むしろ、全体がたまたまそこで切断された三角形の薄いスライスであることの方が、この建築の形式についての考察を促すものを含んでいる。この「三角形の家」には、暗黙のうちに断片としての建築の概念がひそんでいる。建築家のもっとも配慮を必要とするのが、むきだしになったサイド・エレヴェーションの性格になるのは当然である。

事実、この家を訪れたときには、充分説明のつかなかったにしろ、心に残ったのは大き

〈焼津の住宅2〉
内観

な三角形の表面のデザインであった。あいにく私が訪れたのは雨の日だった。あとで晴れた日にとった写真を見せてもらったら、雨の日ではとうてい感じとれない性質があらわれていた。それは深さと影をもたない銀色の被膜なのである。写真はたしかにドラマタイズしすぎているかもしれない。不正確ないい方だが、この面はもっと中性的なものだ。

たとえば同じ焼津に同じ時期にできた〈焼津の家3〉の場合と比較してみるとよい。既存の町並みのなかにはめこまれたその「長屋」の場合は、ファサードは既存の町屋との差異を生じる。異質であることがあらかじめ目標であるというより当然そうなったのだが、いずれにしろ隣接するものとの対比のなかでいっそうの効果を産出している。それはほぼ正方形の面でとじ、内部を外部から断ち切っている。前屋の背後には中庭があり、そのあとに本屋がつづく。したがってファサードは背後につづく建築の全体を代表し、同時に陰蔽し隔離する。しかし真空の中にあるような「三角形の家」のサイド・エレヴェーションは、このように物＝記号化して外部と対峙してはいない。

もともとこの建築には入口はあるが、正面というものはない。というよりこの建築には極性がなく、分散と複合化を繰返す。サイド・エレヴェーションもそのような建築のある切断面なのである。ほんらい見せるための表現というより、仕上げられなければならないが、全体を集約したりそこに完結の要石をおいてしまってはならないのである。

もっとも長谷川逸子の建築の思想は必ずしも明確ではない。しかし、たとえば、簡単なレヴェルでいうなら建築を建築家の内的な表現とも考えていないし、完結した象徴的な空間とも考えていないことはたしかである。それはもっと中性化し、機械のようにわれわれの情感からは切りはなされ、同時にあらかじめ意味や概念に汚染してしまわないようなものという、物や空間のあり方についての認識をもっていると思われる。

ともかくこの建築のデザインのなかで、中性化し、分散と複合という位相にこの物としての建築が存在することを確実に示しうるのは、サイド・エレヴェーションにほかならない。フレームはすっかりあらわれている。しかし、それは深さのない面のようにあつかわれる。骨格も壁も窓さえも、銀色の膜によってこの面に同質化され、影と深さをもたないものになる。おそらくもっと無機的でメタリックであった方がよかったのかもしれない。

長谷川逸子の建築は、かつて雑誌の写真で見ていたときに想像したより、はるかに乾いており、充分に日常的であり、ある種の健やかなひびきがある。たぶんそれは彼女の建築が、どんなに複雑な思考と錯誤を経ていようと、ポジティヴな性格をもっているからであろう。ポジティヴというのは奇妙ないい方だが、建築についての建築、つまり常に自らを二重化する鏡を含んだメタ・アーキテクチュアという性格が露骨ではないという程度に考えていただければよい。だから、そこにはちぢこまったところがなく、のびのびしている。これはある意味で長谷川逸子の建築はラショナリスムからなっているということになるかもしれない。

このことも、物や空間の無極化し中性化したあり方と関連している。中性化したレヴェルとは、完全に客観的でも、主観的でもないということである。そこに建築がまだ意味に結びつかない具体性をおびてあらわれるのである。それは彼女の建築の操作的な性質とも結びつく。たとえばスケールを検討してみればよい。つねにやや大きめである空間の寸法は、一面では建築を身体からひきはなし、中性化したレヴェルに出現させる。明らかに慣習化したもの、標準的なものからの偏差に依っているわけである。しかし極端にも大きくならないこのスケールは、他面、決して空間の中心を象徴化するために用意される高さや長さではない。つねに建築というヴォリューム全体にわたって働き、建築を分節化する操作にともなっている。この非象徴性は、建築がひとつの主題に絞り切れない多元的なものであるという認識の支えでもあろう。いまのところ、長谷川逸子の建築の基盤は、充分整理され、秩序だてられていないにしても、建築の多元性という概念であろう。

このような認識は、形式をもはや情感なり象徴なりに依存させることはできない。長谷川逸子が意識的であるかどうかはともかく、そのようなものの排除が結局、文化のなかに未知なものを喚起する異化作用をもたらしうるはじめての空間のような新鮮さをおびるかどうかが問題になる。デザインが個別の出来事の偶有性を普遍化しうるのはまさにこの点によってである。

2

しかし、長谷川逸子のデザインは、明確な目標を見すえて概念を詰めていく知的操作としては充分ではなく、ぎりぎりにボキャブラリーを限定するなり、選択するなりによって、未知なるパラダイムを獲得するというような性格のものでもない。かといってイメージのためにあらゆるものを集中させるというのでもない。仮象のたわむれを自分にそれほど許してもいない。長谷川逸子のデザインはもっと具体的なレヴェルで生起している。求心的に作業を積み重ねるというより、放射状に多様な方法を試みる。それらの方法は、確実に独自なものというより、彼女は自在に建築のさまざまな構成法、表現法を手にいれている。さまざまな建築の影響がはいりこみ、肉体化されている。それらを出来事という偶有性のなかで組立てる。私は彼女の建築のなかにビルダーの面影をみないわけにはいかない。だが、ここではそれらがいかなる形式化の実践をとおっているかだけを見ればよい。たしかに、面白いことに、彼女の建築には日常的なものと、ほとんど荒々しいといってもよさそうな形式の強引さとが同居している。程度の差はあれ、どの住宅を訪れても、物や空間のありようには、この種の相反する印象をよびさますようなものをもっている。彼女のデザインは、目に見える方法として必ずしも一貫した脈絡はない。しかし、いくつかの異質な印象を同時に味わうとき、たぶん、彼女の建築のもっとも独得な、ある意味では説明しがたい形式性にふれているように思える。それは、ラショナリズムに違犯することだろうか。

彼女のデザインは、ひとつの作品に限ってみれば、決して多様な異質のものを脈絡なく、イロジカルに共存させる折衷主義ではない。目に見えるレヴェルで、異質な要素がぶつかりあい、多元化しているのではない。いつでも、かなり単純できっぱりした方法ひとつとりだしてくるのである。してみると、抽象的なレヴェルでは、おそらく無秩序にちかいかたちで存在している多様性、多元性と、可視的なレヴェルでの単純な形式の対応が、彼女のデザインのなかに、つねに働いている深層と表層の関係であろう。そこから、単純な形式には直接あらわれてこないものを味わう理由も説明できる。

たとえば〈緑ヶ丘〉の住宅には、平面を斜に横切っていく長い壁がある。この壁を含んだプランは彼女のプランのなかでもっともすぐれたものだ。実際面としても、たしかに細長い空間を二分して、ふたつの異なる領域を設ける、きわめて巧みな方法である。しかし、それならば、普通の直交する壁をいくつか組合わせても可能であろう。ユニークさは一本の線をこの細長い平面の長手方向に引くという単純な、しかし、斜めの壁という特異な性格をもった形式をひきいれるデザインをすることにある。この斜めの壁は、さきにいったように、日常性と大胆さのいりまじった不思議な質に、われわれをむきあわせるのである。

おそらく、彼女のデザインを特性化しているのは、このような空間の質を生む修辞法であろう。この壁の角度が、あまり誇張されたものでないこと、そのために空間は決して日常的な質を喪ってしまわないことは注意しておく必要があるだろう。また、そのことは、そこに生じる逆むきのふたつのパースペクティブを修辞的な技巧として利用してはいないことを示している。パースペクティブの技巧的修辞は、実際には知覚的な現象であるものを、物の例に転移させ、知覚を逆さにながめるたわむれであるが、長谷川逸子は、このように特異にマニエリスティックな畸形の手法は決してうけつけない。あらゆる要素、形態は、なるべく、もっともあたりまえな、本当はレディメイドではないが、レディメイドのもっているような性質に属さねばならない。しかし、ともかく、空間を斜に分割することは、標準化されたものからの偏差によって成立っている。それは、囲むものとしての無性格な壁が、横切り、分割し、ふたつの空間相を隣接させる操作の側へ移行することである。斜めの壁は、いくらか重さと不透明さを喪って存在している。それは、もう完全には盲の壁ではない。これは日常的な空間に侵入する異相のものである。こうして、ふたつの質に織りあげられた空間は、一枚の壁という単純な形式によって発生する。このような単純な形式と意味の複合性の関係は、もう少し敷衍することができる。つまり、建築の空間の質(つまり意味)とは、実際には考えうるかぎり多様にある。それはまるで、人間の無意識のように直接はつかみきれない。可視的な要素、形式は、たまたまこの厖大な意味のどこかに投錨するにすぎない。形式はそれを浮上させる。とすると、形式とは一種の隠喩的な機能をもつことになる。単純な形式とは隠喩を目に見えるあからさまなものとしてではなく、構造化されたものとして機能させるものである。

彼女が多様な方向でデザインするということは、つねにこのように不透明な下地の上をただよいつつ、どこかに投錨しつづけているということであろう。(もし、この関係をこわすとすれば、複合化を形式そのもののなかにもちこむか、概念を少くとも戦略的には単純化するかしなければならなくなるだろう。）長谷川逸子の作品全体を通じて、もっとも印象的なのは、この投錨の本質的な不確かさであり、そこから生じる多様な意味である。個別性、あるいは偶有性は、もともとこのような構造のなかで、より一般化される契機となる。

3

ところで、このように長谷川逸子の作品の印象を整理しながら、デザインや空間の質の分析に立入りながら、ふと気がつくと、私は格別に「住宅」という視点をそこにほとんどもちこんでいなかった。〈焼津の家2〉にみる中性化し、分散化した物の位相、あるいは〈緑ヶ丘の家〉の構造的隠喩など、それらは決して住宅だけのものではない。

だが長谷川逸子は明らかに住宅をデザインしている。住宅という規模だから、複合する形式ではなく、単純なひとつの形式を適用するのである。住宅だから、その個別の条件への個別の解からはじめることになるし、結果があれこれちがった形式に発散することになる。しかし、それらの方法のなかに、果してとりわけ「住宅論」という視野が「建築論」的思想以上にあるのだろうか。あるいは、いま「住宅論」がどのように可能なのだろうか。もちろん、この場合の「住宅論」というのは、計画論や生産論をさすのではない。そんなことを考えていると、結局、篠原一男の住宅論にまで遡らざるをえないのではないかと思えてきた。篠原一男以後に、果たして住宅論といえるようなものがあらわれたであろうか。篠原一男のように、住宅を設計する思想を根本的な次元で語りかえした住宅論、という意味である。

篠原一男の住宅論は、住宅という小さな空間から、それ以外のマクロな空間の理論には存在しなかった空間の論理をひきだした。それはあくまで住宅からひきだされ、住宅を設計する思想として描きだされはしたが、明らかに建築についての思考の秩序を逆転させようとするものであった。かれは決して同時代の他領域の成果をそこにとりこもうとしたのではない。しかし、住宅の可能性を問うばかりではなく、住宅の理論的な枠組（パラダイム——それは最初「芸術」といいあらわされた）を問い、さらにより一般に空間のパラダイムを組みかえる可能性を問うことであったから、それは必然的に現代における一般的な理論の探究とパラレルであった。最近になって篠原一男が、現代の知的な問題と交差しはじめたというより、住宅論の理論としてのあり方を見直してみれば、はじめから他領域の知的な探究の場合とも共通したパターンをもっていたことがわかってくる。ただそれはかれのディスクール独得の文体やレトリックによってかえって見えにくいものになってはいた。もちろんそれは篠原一男の住宅論が、あきらかに住宅がおかれていた状況と関連している。住宅は建築の思想からみればマージナルなものであった。しかし周辺にこそ、その時代の文化にないものがかくれている。かれは変えるための闘争をしなければならなかった。ディスクールの性質はそのことの反映である。しかし住宅論は、住宅に強力な価値を確立はしたが、それ以上に、建築のパラダイムの逆転までそれを拡張することになっている。ということは、きわめて逆説的なことだが、住宅だけを特性化し、あるいは住宅の思考を理論化するリアリティを消すことになるわけである。もちろん、かれが依然として住宅だけを設計するのは当然である。しかし、理論としては住宅論は、住宅の理論自体を解体するほどの視野をもつものであったように思える。こうしたパラドクスをとりだすやり方は極端にきこえるかもしれない。しかし、私のいいたいことは篠原一男の住宅論は、その影響のもとにあった住宅作家たちにもはや創作論としての住宅論を理論化して自らを武装する必要をとりのぞいたということであり、同時にかれの住宅論の視野が、それらの作家たちの住宅をこえた活動領域にもひろがっているということである。
　長谷川逸子も篠原一男の強い影響のもとに建築家になった。それは二重の意味で影響をうけている。ひとつは篠原が住宅からひきだした空間の理論――それは決して象徴空間ということではない。象徴空間をも含め、技術論、生産論、計画論などの格子には決してとらえられない空間の質についての理論である――の影響である。もうひとつは、もっと具体的なデザインの手法である。つまり、決して畸形の修辞法や、あからさまな折衷主義などをとらないことである。しかし長谷川逸子のような次の時代の建築家にとっては、住宅はたたかいの拠点としての危機感をもったものではないようである。住宅は空間を設計するという行為の偶有性であり、出来事の次元となっている。住宅はそれ以上になにかであるのか。おそらく複合性そのものの可能性も、篠原一男の理論の視野に生じてきている。次の世代は、少なくともそれを明らかにすることが出発点になるであろう。危機は別の位相に生じてくる。それを認識として拡大しどのように方法化するか、それが文化に異化作用をもたらすものとしての建築をつくる感性と論理の課題になっている。

（たきこうじ／評論家）

第三章

・・・「軽やかさを都市に埋め込む」

第三章には一九七八年から一九八二年までの〈焼津の文房具屋〉〈徳丸小児科〉〈松山・桑原の住宅〉〈AONOビル〉の作品解説と、多木浩二、西澤文隆による批評を収めた。同時期の批評に、槇文彦の有名な「平和な時代の野武士たち」(一九七九年)もある。早川邦彦、土岐新、相田武文、富永譲、長谷川逸子、石井和紘(以上掲載順)ら四十歳前後の若手建築家たちの作品を、槇が訪れて批評するという新建築社の企画であるが、書籍化されている(『記憶の形象』一九九二年)ため本書への収録は見送った。収録したテキストはいずれも、一部の読点や誤植以外は原文のままにしている。

〈徳丸小児科〉の敷地のコンテクストは文中には出てこないが、松山城麓に広がる道後温泉とともに栄えてきた観光地の一角で、飲食店街が広がりにぎやかであった。前面に高松次郎の描いた重層する円弧をもつファサード壁が置かれ、その壁を通り抜けると三層吹き抜けの半屋外のアプローチ空間があり、都市との干渉空間をつくっている。この作品解説のなかで、長谷川は「複雑さ」と「曖昧さ」について繰り返し触れている。篠原一男から学んだ「建築は思考するもの」(第一部第七章)をもって、工学的論理的厳密さを探求してきた七〇年代の住宅における思考と実践の蓄積から、イメージや感性がもつ批判力も必要であり、「イメージと概念」の総体から生き生きとした建築のありようを捉えたいとする長谷川の肉声が聞こえてくる。

〈徳丸小児科〉以外の三編の作品紹介はそれぞれ敷地の置かれた環境に関する言及から始まる。〈焼津の文房具屋〉は〈焼津の住宅1、2、3〉と焼津市内に建てた四件目の作品であった。〈焼津の住宅3〉と同じように、焼津の旧街道沿い、民家の瓦屋根と新しいコンクリート造のビルが雑居する市街地にあり、古い民家を取り壊しての新築であった。街の姿が大きく変わっていくなかで都市との関係が主題になった初めての作品である。〈松山・桑原の住宅〉は松山市郊外のゆったりとした敷地で、東西に長く、諸室が南面し光と風を十分に受けられるように計画され、天井の高い平屋部分にリビング兼レセプションルームでもある居室の前面テラスにアルミのパンチングメタルによる皮膜が用いられた。

〈AONOビル〉は、松山市中心部商業地域の目抜き通りに面して建つ。このテキストは口語体で書かれ、概念的な記述をあえて避けるかのように各部分の即物的な記述で貫かれている。松山市にはその後も〈菅井内科クリニック〉〈ミウラートヴィレッジ〉〈黒岩の別荘〉〈徳丸病院2〉〈Tフラット〉が建ち、長谷川の建築がもっとも数多くある地である。

都市への埋め込み作業

焼津の文房具屋

「新建築」一九七八年六月号

変貌しながら常に新しいひとつの眺めを存在させ、記憶がその記号を繰り返し、厚みのないまま表面的で現象的であることが、都市と名づけられた空間なのだろうか。

〈焼津の家3〉のときと同じように、この文房具屋は都市《まち》の一区画に残っていた古い町屋を壊してつくり変えた。取り壊す前にあった町屋は、暗く、古いものの臭いがたちこめていた。黒く光る架構、塗りのはげた箱階段、踏み込まれたいびつな土間など重く押し込まれていた。そしてその家がこだわりもなく壊された時の両方の施主の軽い身振りにはおどろかされた。軽くふるまっていたその無言のしぐさや、無意識のうちに発せられる言葉の中に、壊された家の中で現実と向き合って生きてきた姿をかい間見た思いを残した。

表相からは見出せない都市の深層、都市の中で生きているという厚みは、このとき壊された家の中にあった重い事物にあるのではなく、その軽がるとしたしぐさの中にあるのを見た思いがした。いま、東海地方にあるこの地方都市の中に住宅建築を三戸つくり、今度この文房具屋が竣工した。つづけてこの都市に設計を終えた建築をつくる予定がある。これまで東京や横浜の郊外などにも建築をつくってきたが、そこにあった都市の様相は、この地方都市にあっても同じく、田畑をきれぎれにしながらつぎつぎに細分化された宅地がつくられていて、荒涼とした都市現象が希薄に広がってきている。この都市は高速道路ができたころから急激に変わり、その表相からは文化の地域性とか周縁性を見出すことをむずかしくするほど、色褪せた特色のない都市になってきたように思われる。

都市の状況の貧しさに何の期待ももてないことから、なぜ建築が都市であり、都市住宅であり、都市生活でなければならないのかと自問しながら、実体としての都市を重ねた時、都市はイメージの形式ではつくれないことをはっきりさせてきた。そして建築を都市のデザインという主題から切り離して、ひとつひとつ建築における個別な具体的レベルで生起することを扱いながら、建築の自律性を問題にすることで構築させてゆこうとしてきた。

建築固有の問題によって計画された建築はその置かれる敷地や都市から喚起されるものではないということからすれば、実現しなかった建築には、その都市の名称を付けることはなかった。たとえば〈緑ヶ丘の家〉ではなく「斜線の埋め込み＝embedding diagonal」でよかった。それでも私が建築の名称として〈焼津の家〉というようにその都市の名前をつけてきたのは、建築は実際に竣工し、人が住み生活をはじめることによって虚構としての建築が、都市との関係の中で実体として生きられる家となり存在することになるという考えからだった。

物理的都市にひとつの建築が向き合うのは、建築の内と外を分節している外側の面によってではないだろうか。この外側の面はひとつの建築の構成の仕方に関わって、そのあり様は決められていると考える。

〈焼津の家1〉を出発として建築を壁つまり面によって構成してきた。木造なら耐震壁に近い大壁構造を使い、鉄筋コンクリートなら壁構造を使って構成してきた。面構成である

〈焼津の文房具屋〉外観

ことは、小規模な建築であることからも選択してきたことだが、構造計算上は壁の量を問題にするため、柱・梁の線材によるラーメン構造より構造上厳密さがなく、曖昧さを残す。その結果として面構成は情感をともないやすく、また平面としての形が残り、形が直接的意味作用と関係しやすい。

この全体を面構成によって、内と外を分節する外側の面をつくってきた時は、できるだけ無表情さを失わせ、無機化するように仕上げ、無性格な開口部を埋めてきた。また内部を構成するために埋め込んだ面には「斜めの壁」などできるだけ軽さと薄さをともなう単純なひとつの形式を選択しようとしてきた。しかしそれらの面には消去しても残る、表情と形、いくらかの厚みと不透明さが、曖昧さを持っていた。

〈焼津の家2〉は木造の柱・梁・斜材の線材を組んで、そのすき間を壁面で埋めた真壁形式の建築である。その面には線材がつくる三角形と対立する矩形や正方形の開口部を埋めた。木造の均一メンバーで架構するという結果が三角形の面をつくることになった。その面を無機的なシルバーやホワイトグレーに塗ったのは、その形がもつ直接的な意味やパターンとしての装飾的意味がここではテーマではなかったからである。この家を見て下さった知人は「真空のなかにあるような〈三角形の家〉のサイドエレベーションは物=記号化として外部と対峙していない」と読んで下さった。私はこの真壁形式の面を外と内にもつ建築をつくり、線材と面と開口部の関係によって建築を構成するひとつの切断面を見出すことになり、この文房具屋をつくった。しかし今のところ私は線材構成が形成する意味作業を考えると、線材だけを外面に持ち出せないでいる。

〈焼津の文房具屋〉

この〈焼津の文房具屋〉は鉄骨の柱・梁架構を建て、次に三枚の鉄筋コンクリートスラブを打ち、そのスラブの先端に木造の間柱を立ててゆき、板を張って内と外を分節する面をつくった。内部ではその分節させる面を白い有孔合板で仕上げ、線材をシルバーで仕上げた。それは三角形の家と同じように線材と面と開口部によって構成されたガランドウといえる空間である。

外側の面は架構から分離した軽くて薄いスクリーンであり、表面には鈍く光る無機材としてのアルミ板（アルポリック・既製寸法）を張り、グリッド割の開口部が連続するように埋めてあり、角地なので妻側、平側の二面が正面となるようにつくられている。この建築においても外側を面にしたことで、形につきまとうある種の曖昧さを生じている。建築を都市という枠の中に据えて見ると、このメタリックな面で仕上げた形は断片となって消え、透けて、真空の中にあるような建築になるのであろうか。都市に埋め込まれる建築の形のリストは無限につづく。それぞれの形がつくり出された都市は現象と化してつづく。形があらゆる変化を試みつくして、消滅しはじめなければ都市は見えてこないかのように。

古い家が壊されたときに見た、あの厚みを裏に隠した軽やかさ、あの軽やかさを今都市に埋め込んでいったなら、真空の中に、見えない無秩序に近い深層を探り出せるものなのだろうか。建築の構成によって、切断面を見出しながらつくってきたひとつひとつの建築が都市に埋め込まれた。建築を実現させるということは同時に都市に埋め込む作業であり、都市との対立点や接点をつくることであった。この小さな地方都市にひとつずつ建築を構築し接点を増やしてゆく作業を論理化できたら、都市の外延を見出してゆくことになるかどうかはこれからの課題である。

実体と虚構のあいだ　焼津の文房具屋

多木浩二

長谷川逸子の作品はいつ見ても小気味よく威勢がいい。同じ焼津の町はずれにある三角形の家〈焼津の住宅2〉の、いささか度はずれな強引さとは違うが、今度の文房具屋も、単純な建築ではないが強い表現力である。しかも不思議なことに、当然周囲の建物と異質になってもよさそうな建築が、小学校の前の文房具屋さんというイメージとそうちぐはぐではない。そんな印象を整理してみると、彼女の建築が発生してくる根底に、彼女と町のひそやかな関係があるように思えてくる。この町には、さほど明瞭な可視的特色があるわけではない。どちらかといえば、曖昧な表情をもった、色にも形にも、格別のメリハリのない町である。長谷川の小さな文房具屋は、普通なら見逃してしまい、記憶にも残らないような都市にひとつの可視性を与えている。都市はそのときから少しずつ眼に見えるようになり、その眼でもういちど従来からの環境を眺めるようにしむけてくる。

おそらく、こういうプロセスに長谷川が意識的だとは思えない。むしろ作品をつくる意識的な方法、概念などとは関係なく、どこかに滲み込んでいる記憶の働きがあると考えるべきだろう。界隈には、どこか似たような家のかたちがある。だが、それを引用するような仕草ではまったくない。おそらく、このような記憶を意識的に方法化することも必要かもしれない。それは建築と都市の関係の再定義という、きわめて意識的なやり方であり、それは思想の問題にまでつながっていく。長谷川の建築をつくる方法、あるいは建築の現

「SD」一九八五年四月号。初出は「建築文化」一九七八年六月号

われ方は、決してそのような視野で営まれてはいない。生まれ育った町で、ほとんど本能的に生じる場合にしか、現われないのである。だが、それにしても、このような記憶の深いつながりのある都市で、しかも都市を意識することなく、一つずつ家をつくりつづけることは、建築家としては望ましいことのように思われる。これは間違いなく、人間によって経験された、複雑な都市をつくりつづける営みであるからだ。

長谷川逸子の建築には、どこかにこの場合のような無意識な部分がある。しかし全体としては、まったく意識化され、新しいものとして現われてくる。たとえば、この建築を形どっている線の強さは意識的な力みでも、強調でもない。奇妙な比喩だが、一種の筆蹟のもつ調子に似ている。字が巧いか下手かはともかく、そこには勢いがある。それは意識的に制御するものではない。彼女の形態のプロファイルにはそのようなものがある。これはむしろ、いまの建築家には珍しい。もう一つ興味のあることは、彼女は多くの建築家の作品、建築的でない場所や空間や物などから夥しいものを汲みとっている。注意してみると、誰かの語彙があり、用語法がある。しかし、それはまったく引用ではなく、むしろ一般化して使える用法になったうえで、彼女の建築に融け込んでしまうのである。

だが、以上のようなことは、この建築を考えるうえで末節的なものかもしれない。この建築が、強い存在感と虚構性をもつのは、なによりも建築という実体に対する認識に原因がある。これまでの彼女の作品では、空間というパラダイムで建築が考えられていた。空間、あるいは空間性が彼女の念頭を離れていない。内部を二つの領域の対立として構想するのも、その一つの現われである。空間を分節し、その対立あるいは統辞法のなかでより複合的なものを語らせよう。しかも、それぞれの空間は決して求心的であってはならぬ。そうしないと、完結しないリアリティは出てこないのだ――そんな志向が、いろいろ強引ともいえる空間の扱い、斜行する壁や、ひらいた両翼などになって現われた。これは不整形を目差すというより、複合したものへ向かうことではなかったろうか。

〈焼津の住宅2〉が占める意味が、それだけに大きくなる。ここでは一切の空間的意味を断念しなければならない条件だったが、空間がそれ自体に意味を持つヴォリュームから、いやおうなしに要素の関係として捉えざるをえなくなったときに、建築という実体的なものが関心の対象になることになった。〈焼津の住宅2〉では、開口部の取り方が特徴的である。間口はそれ自体の形なり、位置なりだけが問題になっているというより、むしろ壁と柱という二つの異なるシステムの関係のなかに織り込まれている。彼女は、建築をひとまず、空間という意味論的なところから考えるよりも、壁と柱というシステムの干渉や戯れとして考え始めたように思える。文房具屋は鉄骨で組まれた構造に、屋根と壁を含んだ覆いをかぶせたものだといってよい。壁の上半分が盲であるのは、このようにかぶせられた手法を示しているように思える。もし空間が問題なら、あとから考えればいいとでも言いたげなカーヴをなす布の間仕切が内部を横切っている。一般的な議論として、いま空間よりも建築という実体が重要な主題だとは言い切れない。ただ複合的なものを空間の構成法のなかに見てきた長谷川が、そこから必然的に、建築を構成する基本的な架構に関心を移動させてきているというだけのことである。だから建築をそのような面から捉え、その実践を何度か繰り返したなら、再び空間が戻ってくることは間違いない。

しかし、さしあたり、この長谷川の方向が建築としての現出の仕方を、きわめて新鮮なものにしていることは興味をそそられる。別の言い方をすると、架構を練り上げることだけに関心があるのではなく、長谷川に関心があるのは、物の在り様である。彼女はデザインにあまり多くの期待をいだいていない。イメージで語りかけること、装飾化すること、

〈焼津の文房具屋〉
カーブを描く布の間仕切り

あるいは独特の形をひねり出すことなどが、それほど新しい世界を開くとは思っていないのである。建築は消費の対象でもないし、おそらくもっと根本的なことからだけつくられていいのではないか。長谷川の建築は、物として現象する仕方をとおして、むしろ現在のもろもろの社会的な現象を批評しているといってもよい。彼女の建築から受ける〈強さ〉の印象は、本能的な、ポテンシャルなエネルギーの強さだけではなく、物と人間との関係の再発見を考えるところから出てくる。以前からそうであるが、工業製品としての金網をそのまま、二階の手摺りに使うが、鉄骨を銀色に塗装すること、外壁にアルミの質感を使うことなど、いずれも、物それ自体の性能や属性ばかりが利用されているのではなく、〈物〉についての認識をもたらす使用をもっている。したがって、きわめて現実性の強い彼女の建築は、同時にきわめて観念的な経験を味わせるようになる。

いうまでもなく、問題は材料や架構だけではない。この建築は、前庭からみると完結しているが、実際には内部で古い隣家とつながっており、また背面は、敷地に沿ってふくらみ、二本の直線的な屋根の繰り返しの下からはみ出ている。してみると、この単純明快な形態は、建物の内包するものといささかずれた形式だといってもよい。つまり柱梁の組織とそれにかぶせた被覆という関係だけが問題になるのではなく、こうした関係を形式化することで、虚構として語りかけ、あるいは意味の開始を予告すること、そこに長谷川の建築の刺戟的な魅力があるといってよい。

（たきこうじ／評論家）

ひとつの形式から複数の形式へ

徳丸小児科

「建築文化」一九七九年十月号

〈徳丸小児科〉は、これまでと同じように、建築の構成という実体的なものを、繰り返し問題にしながら設計を進めてきた。住宅に単純なひとつの形式を導入してつくってきた空間の質とか、〈焼津の文房具屋〉のように、構成が裸であらわれた建築のあり様を引き続きもち込もうとしてきたのに、この建築は、いままでとは違う質とありようをただよわせているかに見える。そのことについて、ここで自分なりに整理してみることが必要だろうと思う。

これまで建築の構成要素としての柱梁、壁面、開口を取り上げ、力学的性質が異なるこれらの体系の関係がつくる、さまざまな実体的あらわれ方を関心の対象においてきた。たとえば〈鴨居の家〉では、外壁面をつくる柱梁は大壁として包み込み、内部に構造上必要な柱梁は裸のまま露出させ対比させた。また一部に外壁面をつくる柱を残して、その外側に開口をつくり、内と外で見え方の違う開口をつくった。〈焼津の家3〉では構成要素が断片化するように納めた木造の三角形のフレームと壁パネル、そしてその三角形とは異なる矩形の開口を埋め込んだ。〈焼津の文房具屋〉では内部に鉄骨の柱梁の組織を裸のまま残し、被覆する外壁面はそれと分離し、自立させた木製下地のアルミパネルとし、そのアルミパネルに正方形に整えたいろいろな大きさの開口を埋め込んだ。これらの建築は住宅という規模で、複数の機能が導入されているような大規模建築ではないこと、また住宅をつくるという具体的出来事そのもののなかには、外部を掘りおこしていくことより内部を掘りおこすエネルギーが内包されていたことなどから、個別な条件のもとで単純なひとつの形式を導入してつくってきた。そのひとつの形式は、四五度という三角形を完結する線ではなく一〇〇度という鈍角の斜行する線を、その曖昧ともいえるものによって空間に分散化をもたらすものとした（緑ヶ丘の家）。また二等辺三角形という完結したかたちの組合せの場合は、構成要素を自立させバラバラにして、空間に断片化をもたらすものとした（焼津の家3）。このような分散化、断片化は複合性の質を空間にもたせるためであった。内部にはこの複合性による多様さを、外部にはひとつの形式がつくる単純さをもたせようとしてきた。

そうしたひとつの形式をもつ建築に対し、この建築は各階で異なる形式が重層化され、全体として複数の形式をもつものとしてつくられているといえよう。一階は子どもギャラリー、二階はクリニック、三階は看護婦宿泊室とクリニックの付属部分、四階が住宅の居間、五階が住宅の寝室と、各階に異なる機能がもち込まれている。そして各階ごとに柱梁架構に対して外壁面と開口部の関係が異なるシステムとなって組み込まれている。内部を分節する壁面は円・三角形という基本図形に従いながら、視覚的にはその完結さを失うような角度をもつ曖昧ともいえるかたちを選択した。一階にはゆるやかなサインカーブ、二階には仰角六〇度の浅い円弧が連なった面、三階にはその連なった円弧が反転した面、四階には半径が違う独立した仰角六〇度の円弧の面、五階には二分節する天井面に、円弧と六寸勾配の斜面の組合せを埋め込んだ。また垂直方向の天井高、ドア高なども各階の機能に合わせて、異なったスケールとなっている。外壁面は下層部分がコンクリートラーメン構造、上層部分が純鉄骨ラーメン構造になっていることが表面にあらわれて、コンクリー

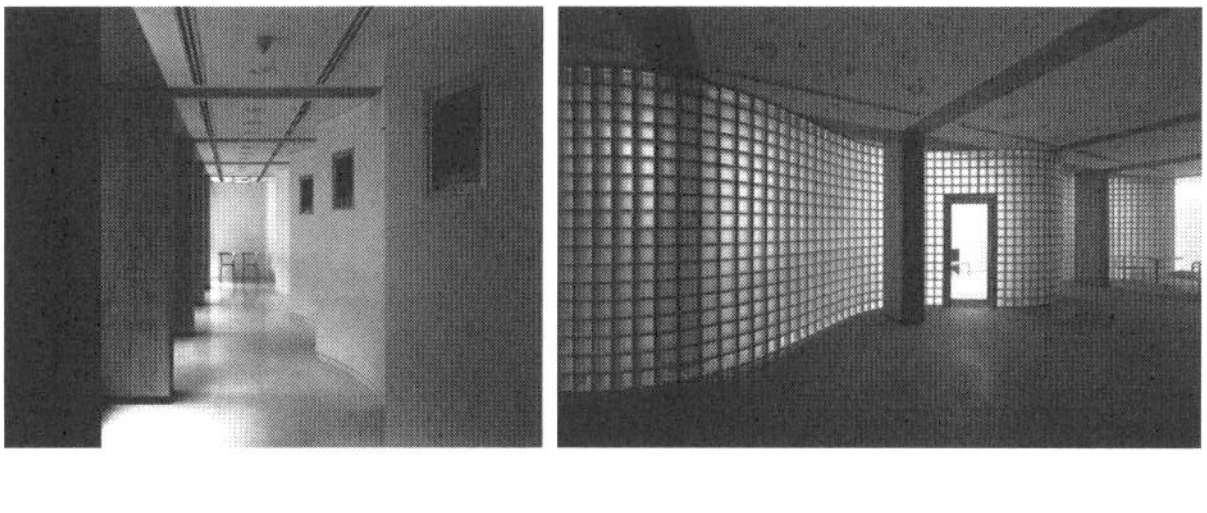

〈徳丸小児科〉
左：2階待合室　右：1階ギャラリー

ト面とアルミパネル面の二部構成になっている。ファサードといえる道路面は建築の本体の前に建てた、コンパスで描いた曲線目地をもつコンクリート面と、工業製品としての直線目地をもつアルミパネルの面との構成になっている。この建物全体にこのような目地の対比、構造の対比、テクスチュアの対比、そして三階と四階のテラスと二階のキャンティレバーで突出している部分の円弧と矩形、五階の天井面の円弧と斜面というかたちの対比がみられる。このふたつのものの対比は、全体の構成とあり様を表徴していると見ることができる。全体が分散し混在している内部は複雑さをもち、全体が大きくふたつのシステムでつくられ、抽象的にあらわされた外面は単純である。ひとつの形式を導入して隠喩的機能によって複合化と対応しようとしたこれまでの建築に対し、ここでは複数の形式を導入して、直接分散化と複合化に対応する空間性をつくろうとしたといえる。この複合性は意味が重層化し構造化している現実の「場」のあり様を映し出しながら、対応する人間の多様性・曖昧性を従えて、緊張した関係をつくるという二重の働きをするものといえる。複数の形式によって、これまで私がつくってきた、ひとつの形式でつくられた表現がもつ単純さの強さとは違った、複雑さと曖昧さを直に空間にただよわせる結果になったのだと思う。

　この曖昧性は具体化してゆく段階でもさらに加わってきた。たとえば全体の構造として二種類のシステムを使っていることを明快に出すためには、外壁面の上層部分が鉄骨構造であることから、無機質でメタリックなアルミパネルで被覆したように、下層部分もコンクリートの裸のままのほうが明快になると考えた。しかし子供のクリニックであるというイメージに照合させることで、打放しのテクスチュアを消していった。また内部を分節する円弧の壁面にあって、表面性という質を強めるため、なめらかさと同時に薄さをもたせ

〈徳丸小児科〉住宅
左：外室
右：エントランスロビー

たいと考えたが、亀裂防止ということから二重張りにしていくことで厚いものになった。この建築は、こうしたコミュニケーションを行う過程に照し合わせてつくってきた。それは自己と他者との分離点や境界線に浮遊してくる対立とずれを、自分の内部におこった出来事として捉えていく作業であった。それゆえここに生じた曖昧性は、単に妥協することではなく、実際自分の身体に抵抗物を受け止めるような経験を通してあらわれた。

私たちは日常、安定し固定することを、ときには権威づけられることを望むという惰性化した傾向と、その惰性化を解体しようとする違犯の傾向とをもっていて、その矛盾するアンビバレントな指向を内包して生きている。出来事とは現実と緊密に関係しながら、この両義的指向がつくる曖昧性を浮遊させ、捉えていくことだといえる。

建築をつくるという出来事の過程で、建築を含めものがもつ偶有性〈それがなくても差支えないような性質〉や人間が住むことに対してもっている逞しさ、さまざまな感情の異なりなどを投げかけてくる。そのことは本来、人間はきわめて曖昧なる前提を携えていて、そして曖昧なる結論をもつことができるのだということを証明することでもあるといえる。

出来事の次元で建築を捉えていくということは、少なくとも状況をコピーしていくことではないことははっきりしている。状況はいつでもはっきりした実在感や輪郭をもってあらわれはしない。出来事を通し、日常、判りきったこととしてあるものの根拠を問い、さらに他人と共有しようとするとき、状況のなかにある反対物や、不透明で説明しにくいものを意識的に捉えていこうとするとき、現実はその輪郭をみせるのだと思う。拡散している状況は、判りきったことと、異なるずれを生じさせる余白を残し、差異を成り立たせている。その差異があることで新しい知と豊かなイメージに結びつく力を秘めている。建築を出来事の次元で思考するということは、生きていくことに係わる基本構造と現実という

〈徳丸小児科〉住宅
左：廊下　右：主寝室

二重構造に対して、デリケートに直観と認識力を働かせ対応していくことである。そのためには主体的立場に立ちながら、同時に自分の外部も思考してゆき、客観化する操作を積み重ねて論理をつくっていかなければならない。こうしてつくられる建築の論理は、感性的なイメージと、抽象的な概念の両方を含む言葉で語られるものとなると思う。

これまで概念を優先させていたために、その厳密さを損なうものとして、感性に根ざした空想や神話をつくってきたイメージは排除されがちであった。しかし、本来、イメージの積極的な働きは、イメージが批判力をもつことで、反建築をさえ取り入れて、新しい関係性としての建築のあり様を捉えなおす力をもつ。また、現実の惰性化した部分を解体する力と自己を解放していく力をもつ。そして、現実から表層と深層の二重の働きがつくる緊張関係をデリケートに捉えていく力をもち、その両義的意味を同時にひろい上げていくことができるといえる。出来事の次元で語られる生々とした普通のことばは、イメージと概念を縦軸と横軸にとらず、並列させ総合的に含んでいるものである。それゆえ出来事の次元にある建築とは、このイメージと概念の総体を書き刻む行為そのものであると考える。このイメージと概念を含む建築の新たな論理は、多義性を開放しているもので、いまある建築とは異なるレベルにある通俗性を、空間にただよわせたものになるであろう。

建築のあり様という実体的認識から発想してきた建築が、出来事という次元をオーバーラップさせてつくることで浮遊させた曖昧性を捉えてきた。この曖昧という具体的なるものは、一見してこの建築が、こだわりもなく自在につくられているかのような様相をただよわせ、建築の論理をもって読まれるというよりイメージと概念を含む、生々とした日常の言葉で読み取られる質をつくっているように思われる。

松山・桑原の住宅

「新建築」一九八一年三月号

この建物はまわりにまだ田畑が残り、この街の周辺に拡がる山々が、そして冬には雪をいただく遠くの山々が見わたせるような松山の郊外に位置している。敷地の三方に道路を有している角地で少し高台になっているので、アルミパネルの南側の立面と打放しコンクリートの東側の立面、そして西側のガラスブロックの立面を幸運にも遠望することができる。

この建物の玄関と車寄せの間に雨よけのため建てた四本柱の鉄骨ドームの下には、クライアントが設計当初から決めてこられた「SCHILD WOHNEN」というネームが取り付けてある。「SCHILD WOHNEN」とはドイツ語で甲羅の家つまり亀の家という意味だそうである。クライアントは鉄骨、屋根材、外壁材、サッシュなどの建築材料を主に扱う会社の経営者である。そこで取り扱う鉄や非鉄金属の資材を積極的に使用してショールームとしての建物をつくり、接客の多い施主のために広間は会社のレセプションルーム的な機能を持つものとしたらどうかという提案に同意を得て、私は設計を始めた。

住宅にあっては施主は多くの要望を持って設計を依頼してくる。そしてそれは当然のことでもある。要望が多いほど相互の思考の差異が浮上してくるものだ。その時私の場合、設計するこちら側が持っている、いわゆる建築的なる思考を持って立ち合うことになる。ところがこの住宅のクライアントのように要望があまりないと、逆に必死になって施主の日常生活を観察したり、何を考えているのか無意識の内にも引き出そうと動くようである。納得してくれているだろうかという不安にかられることがあり、詳細なことまで説明したり確認することになった。いつものように現実的なレベルのことを話し出すと最終的には「まかせよう」と思っている相手を前にしているので、私はまるで幻影を、結局は幻想なのかも知れない現実を、解明しているような立場に立たされるのであった。日常の思考の対立や交錯があっても、ものの二面性に他ならないのではないだろうかと判断されてしまうことになる。また人間は本来両義的思考がつくる曖昧性を前提として携えていて、自我というものもひとつの実体としてあるものというよりは関係性のなかで成立していて流動的なるもので、生成変化しているのではないかということを最終的に確認させられるのだった。

　またこの施工の現場においてもクライアントの関係と似たような経験をした。遠方であるから図面で施工現場が動けるようにしたいと考え図面を十分用意したこともあって、現場から打合わせを要求してこないので、時々心配して出向くことになった。ところが現場に行くと図面通り進行していて、あまり打合わせる必要がなかった。だから私は現場を歩きながら「コンクリートをプレキャストコンクリートのように打上げたい理由」や「異なる形状の鉄骨柱を自由に組み合わせることを考えた構造について」、「外壁が二重になっていて、そのなかの壁は亜鉛溶融メッキした鉄骨フレームが露出している壁で、外の壁は北側はコンクリートの壁、南側がアルミパネルの壁であるその構成について」、「さまざまな開口が集合する南面について」、「丸柱と角柱の対比について」、「天井と床に導入した斜線について」、「鉄骨ドームの四本柱が振ってあることについて」、「内部のステンレスメッシュのスクリーンの導入について」など、この建築に私が持っている考えを抽象化した言

〈松山・桑原の住宅〉
ショールームを兼ねたリビングルーム

〈松山・桑原の住宅〉テラス（1998年）

葉で語りながら現場で人と接している自分に気づきおどろいた。具体的な納まりのことを越えてある、ものの組合せがつくる技術的なるもの、つまり抽象としてある建築のあり様のレベルのことを時々語っているのであった。自ずから建築を読みとり意味について考えるという作業の繰り返しの中で実際に建築はつくられて行くのだが、設計し施工するという現場の段階における建築的なる思考というものは実は未整理で不明瞭なままで言葉になりにくく、時々感覚的な決断をしていることが多いのではなかろうか。

この建築の設計と施工の現場で日常建築的価値と関わりない人と語ることは、建築という足かせを時には取りはずして、現実の中にストレートに入らなければならなかった。このため自ら批評するようなハードな作業になった。現場でのことが原因なのか、建築を語ることが逆に何やら希薄になる感じを残してしまった。この建築は建築作品としてあるより、すでにクライアントの住宅であるという意識が私に強すぎる。昨年十月に竣工してから、クライアントは見学者の意見を時々楽しそうに報告してきている。その言葉だけが今、いきいき感じられる。

この建築のようにある程度こちら側にある建築的思考を優先させてつくるということは、結局建築の論理化のために排除してきた別のレベルの問題、たとえば住み手が持つ日常性、自然性、文化性といったものを引き受けていることになった。それゆえ明解なる形式を固定的に捉えないまま曖昧性の位置にとどめておくことで建築を成立させておくことになった。ものの対概念さえもが選択され断定されず、対概念のその両面が微妙な差異性を残しとどめることにもなったといえそうだ。そしてその結果、強い中性化と曖昧性を持つ建築がここにつくられたのではないかといま考えている。

日本の歴史にあって住宅は耐用年限の短い木造であったことや、公共性の乏しい文化であったことが要因であると思うが、建築固有の客観的な論理でつくられるというよりは、住み手が主体となって持っている思考をベースにしてつくられてきたと思う。その姿勢はごく一般の住宅によく見うけられることだが。日本に限らず本来住宅のつくられる現場とはそうした位置にあって、生活者としての文化性の論理でつくられてあったのだろうと思う。しかし建築家という立場はいつも、建築固有の論理を確立させて行く中で建築を考えつくっていくことを要請される。そして私が建築をつくる位置も同様なことを目標にし模索を繰り返していることはたしかである。しかし自分のつくった建築について考えると、今のところその確立の要請を遅延化させながらつくっていると認めざるを得ない。だが建築とはこういうものだと決めつけるより、私は今のところこの建築にinnocenceと表示しておきたいと思う。

・・・

AONOビル設計メモ

「建築文化」一九八三年一月号

〈AONOビル〉は、〈徳丸小児科〉〈桑原の住宅〉につづいて松山で三件目の仕事でした。松山につづけてつくれることになって、焼津のまちに幾つかの住宅や文房具屋、そしてビルの計画をしている状態に近い感じがしてきていました。「ひとつの建築を実現させることは同時に都市を埋め込む作業で、ひとつひとつ接点を増やしてゆく作業を論理化できたら都市の外延を見出してゆくことになり、建築と都市の関係を再定義してゆけるのではないだろうか」[1]。

松山との係わりも深まり、全体が前より見えるようになってきていた状態の中で、都市建築のあり様を、商業性やまち並みをも意識的に重ね合わせて考えてみたい、という姿勢で設計にとりかかりました。都市の壁面としての意味が問われるファサードをつくることによって、まちのひとつの特色ある場としての建築が実現したなら、多くの人を集め現状より周辺を活気づける力にもなるのではないかとも思いました。都市の敷地としてよくあるような、間口一六メートル、奥行き三六メートルという細長い土地で、前面二〇メートル背面四メートルの道路に面していて、両隣はビルに挟まれている敷地です。現状では両隣は四階建で、背面の上部とともに突き出して見えるので下部はアスロックですが、上部は前面の仕上げを延長させたいと考え、予算上前面と違ってしまいましたが、ビニトップパネルで仕上げました。ファサードの一階部分は、左手のテナント側入口と右手クライア

▼1…焼津の文房具屋作品解説、「都市への埋め込み作業」「新建築」一九七八年六月号より。本章収録

〈AONOビル〉
千舟通りに面して建つ

ント側入口を区分するように、躯体の柱と設備パイプを囲む∞型鏡面仕上げのステンレスの柱を建て、その後に曲面の壁そして開口を配置して、エントランスコートをつくり、二階から四階までは両隣のビルと同じ横長窓を選び、五階アオノホールのホワイエの開口は非常用進入口としてのバルコニーを前面より引き込めてもち、外部からはゴールドのアルミの柱が一本見える一つの大きく切り取られた開口となっていて、ホワイエ側から見るとスチールの細いメンバーを格子状に組んだコ型のサッシュで、躯体の柱が一本入っている歪んだ鳥籠のように見えます。上部の住宅部分には二等辺三角形の架構を載せ、三角形のゴールドのアルミで包み、三角アルミパネルの開口と矩形の竪軸両開き窓を配置しました。このような開口を組み込んだ全体をアルミカーテンウォールに納め、ゴールドの三角形とシルバーの横長アルミの接する所は段状に処理し、さらに（周辺ビルより高いということが強調されないようにするという意図で発想したのですが）このファサード面に別な建物のシルエットが映っているようにも、また取り壊す前にあった建物の残像のようにも見えるシルエットを程度の違う二種類のステンレス板と反射板ガラスを使って描きました。この小さな建物の形はステンレスと反射板ガラスのため、鏡のように周辺のビルを煩雑に映しながら変化しているのに対し、全体のアルミ面は外部の様子がつくる色だけを吸収して次々に変化します。暗くなると線だけが描かれている面になります。この通りにひとつの特色ある面としてつくろうという意識から、いろいろな開口、小さい建物のシルエット、二等辺三角形の形態などを組み込んで仕上げたファサードでしたが、道路を隔てた正面にバス停があり、乗り降りする人たちがこのビルを見入っている様子を再々目にしましたが、その眼差しは私が予想していた以上に親しげでした。近代ビルが建ち並ぶまちのなかで、もし親しみを感じてくれるとしたら、モザイク状に浮き上がる小さな建物によるのではないかと思っていま

〈AONOビル〉
左は7階アトリエ

す。

この建物は松山の市駅近くの商業地域の中にあります。建物の一階、二階、四階はテナントフロアで、インテリアはテナント側のデザインです。三階の青野眼科は青野さんの経験から広びろとした診療所にしたいという考えによって、明快な分割プランをつくり、白とグレーを基調に眼科のカラーとして以前から使用しているグリーン、ブルーをアクセントにしたインテリアです。五階のアオノホールのホワイエは床は白い大理石で、展示に使う白い壁、ホールのバックのシルバーの曲面、ホール入口の外側は赤く内側は黒く塗られたブラックボックスと呼ばれている立方体の箱、休憩ベンチのある黒いコルクタイルを張った半円筒、一本のシルバーアルミの角柱、そして歪んだ鳥籠型の開口部など意図的に選んだ強い形態と色彩が配置されている空間です。二百人収容の音楽ホールは厳密な音響設計の結果、半円筒のブロンズ色のアルミの列柱が両側に立ち並ぶ空間です。六階、七階の青野邸には集会などに使われる広間があり、床は石目の玄昌石張りで性質上市松にして、ステンレス鏡面仕上げの十字柱、時々に凸面にも凹面にも変えられる半円筒の可動壁、松山城を目前に望める両開きの開口、少し突き出て七階に昇る気配が判る鉄骨階段、そして大テーブルなどが配置されている空間です。ギャラリーとして使用する長い通路は、角柱の列柱と半円筒の壁が立ち並び、拡がったり狭まったりする空間です。広間に南の光を取り入れるため設けた空中テラスは、外のひとつの室である様子を強調するため角度を付けてずらし石台を並べ、内部と同じ十字柱を配置しました。この角度を付けずらしたことで生じた、ちょうど〈緑ヶ丘の家〉の一室のようなパースペクティブな空間が食堂になっています。画家である夫人のアトリエや音楽家を志している子どもたちのピアノ室など、室

〈AONOビル〉
左：アオノホール
右：アオノホールロビー

数の多い住宅です。各階のエレベーターホールは、青野眼科のグリーン、テナントフロアのバイオレットとかアオノホールのブルーとか、決められている記号的色彩を使うことで内部と違えた共有スペースとしてつくりました。

このように階ごとに異なる用途に使われる複合ビルであって、音楽教室に来る幼児や若者、眼科に来院するご老人までいろいろの人たちに利用されているためか、出来上がって半年の様子を見てきましたがビル全体に活気があります。企画づくりから参加し、設計に入ったのですが、採算計算に合わせフロア面積をできるだけ拡げるとか、各階の異なる機能、階高、遮音構造、設備などに応じられる合理的架構とする必要などがありましたが、何としても商業建築として成立する場づくりを考えることが企画に沿うためには必要でした。この建物で複雑化する現実と直面している商業性の領域との係わり、建築を建築のみの単一概念ではもはや、建築の意味を問い、思想として語ってゆくことがむずかしくなってきていることを知らされました。これからもこうした商業建築に取り組み、さらに建築と都市の関係を考えるひとつの手段にしてゆきたいと思いました。

〈AONOビル〉
リビングルーム

長谷川さんの松山の仕事を見て

西澤文隆

「建築文化」一九八三年一月号

〈青野ビル〉を拝見するために松山まで出かけた。大通りに面したこのビルは、一階、二階、四階をテナントフロア、三階が青野眼科、五階が一般に開放される約二百人収容のホール、六階と七階が青野邸という構成である。七階が屋根裏部屋となっているが、それをそのままファサードとなって表わしている。ファサード全体は銀色アルミのパネルで仕上げられていて、一部ステンの鏡面磨きとパフ仕上げで出来ており、この部分がかつてここに建っていたビルの影であると言う。このような発想が「野武士たち」の一員であることの証明かもしれないが、ファサードを徹底してグラフィック化しようという闘争心と、少なくとも通例の商業ビルにしたくないという意志が見られる。意志は意志、作品は作品であるから、出来たものが良いか悪いかのみが問題なのである。ファサードをグラフィック化しようという発想は高層ビルにおいてのみ試みられており、独立住宅ではまだやっておられない。独立住宅では、内の要求に合わせてつくられた姿が素直に外に出ているだけで、外はなりふりかまわないと言った感じがないでもない。住宅でも外をグラフィック化し、内と外の被膜の所で微妙な闘争を繰り拡げたら面白いものが出来るのではなかろうか。

向かって右上の消防進入口のベランダの真中に建つ柱と、前述の屋根裏部屋のあるトンガリ屋根のシルエットの中の窓の部分に、ゴールドのアルミが使われていて、それが結構ファサードのアクセントとしてグラフィックに利いている。ことに屋根裏部屋の窓は三角に開くようになっていて、開いた時、影を落としてなかなか鋭い感じを出してくれるとのことであった。ファサードを通常のビルにしたくないという執念は〈徳丸小児科〉の時以来のもので、このほうは招待客が詰めかけているとかで中は拝見することができなかったが外だけ拝見した。ビルの前面に独立して建てられた二階分の壁面に、大きく円弧を描く曲線の交錯が見事なファサードをつくり出しているのだが、施工者側がどうしてもできないというので、長谷川さん自身が弟子たちと力を合わせて一週間ほどかけて仮枠に目地材を打ちつけたのだと言う。それでも打ち上がりが悪く打放しを断念して、モルタルペンキ仕上げにせざるをえなかったと言うからさぞ残念であったろう。材質感の点でも、モルタルペンキ仕上げと打放しでは無機質なアルミパネルの外装との対比の度合いが違いすぎる。この独立壁は本館との間にサンクンガーデンをつくり、二階へのアプローチ階段も巧みに隠している。不幸にして内へ入れなかったので、待合室から見る研究室の曲壁や、三階、四階のスペース・ディヴァイダーになっている曲壁の繰返しなどが、どのような空間演出をしているか見れず残念の限りである。

〈青野ビル〉に戻り住宅から拝見しよう。玄関は建築家が四苦八苦する所であるが、なかなか決定版には到達しがたい所である。青野邸の玄関についても取り立てて云々するところはない。横に常のごとく応接間が付いていて大きさも型のごとく小さ目、ここには奥さんの描きかけのキャンバスがいっぱい立て掛けてあって古いソファーが一脚。応接間として使う意志がなく、小ギャラリーにでもしようという魂胆らしいので安心した。玄関と直角に広い中廊下が通っていて、右端の厨房から、浴室、便所、寝室、食堂と続き、テラスを挟んで向こうが広い居間と各室へ通じるようになっている。言うなれば、威厳をもたせないアクセスホールである。

居間入口に曲面の引き戸が三枚付いていて、レヴォリングドア風に入るようになっているが、天井いっぱいまでの戸ではないので納まりが良くない。上部は排煙垂れ壁になっていて止むをえなかったらしい。この曲面ドアが廊下に出っ張ったり引っ込んだりして、左の玄昌石の微光と相まって廊下を陰深いものにしている。ちなみにこの住宅は、床は玄関叩きと中庭だけが白大理石で、その他はすべて玄昌石。壁、天井が白という徹底した空間である。またこのドアは開ける時、キャスターの音が気になる。誰でも失敗しがちな点でほほえましくもあるが、住む人が繊細な人なら気になる所であろう。

このホールから七階へ上がる階段が居間側へ出ていて、踊り場から折り返すようになっているが、壁との間に隙間があって、互いに顔は合わぬが気配は感じ合えるという仕掛けである。各自が個室をもつ住宅では、互いに心が通じ合えるためにはこのような配慮こそ大切になってくる。外人なら居間や食堂で話し合いをしてコミュニケーションを図るということになろうが、この日本的解法のほうが正解に違いない。ただ惜しむらくは、階段板の溶接が無処理のまま塗装されているのが居間側から見えて少々痛々しい。子供室も空間に仕立て上げることが困難な部屋であるが、プランに凹凸があったり寸法関係が適度であったりして、親しみ深い空間になりかけている点は見上げたもの。左端が奥さんのデン［私室］らしきものになっていて、描きかけの絵具や皿が所狭しと置かれたテーブルやキャンバスが互いに席を譲り合って落ち着いている様は、奥さんのほうの美的感覚の問題であろう。ここには中二階の屋根裏部屋が二段ベッドの大きいような状態でL字につくられていて、遊びに来た友だちがちょっと寝ころぶにふさわしい場所をつくり出している。

クライマックスは何と言っても、大きな居間の床が二段になっていて上の広い部分に大テーブル、下の部分に長いベンチとテーブル、二〜三の木の椅子が置かれアルコーブ的な

〈AONOビル〉
左：円筒形の建具　右：廊下

雰囲気をつくり出している。上の大テーブルのほうは食事をしたり、お茶を飲みながら話し合ったりする場所であるが、板厚と脚の太さの関係も良い。椅子は一見坐りにくそうで形だけで決めたように見えるが、かなり居心地よく坐れる。惜しむらくは、キャスターが動き過ぎて少し落ち着けない感がある。

下の方に置かれた白い板製のアームチェアのほうも、座り心地は良い。無雑作に取り付けたような斜めの側板、それに取り付いた丸棒は肘をもたせかけるのにまことに良い。一見不安定で恰好だけで決めた形のようでいて快適なのは、ドッシリと落ち着いていて坐り心地が良さそうに見えながら実際は快適とは言えぬミースのバルセロナ・チェアと正反対で結構。長谷川さんは円がお好きらしく、直線のほかに出てくるのは円ばかり。この椅子の座下の繋ぎに施された小円ばかりで構成されたモチーフも手馴れたもの。小さくても貧相さのないのはお見事。

居間に面するテラスは白大理石の床に白いキューブのスツール。薄い板石しか使えないからペラペラの感じを出そうとしたのだと言うが、ペラペラの感じを出すべき努力が少し不足したのかと思われる。それにしても、ここを写真にしたら無機質でドライな空間としてしか写らないのではなかろうか。実際はかなり気楽に使いこなせる空間になっていて、事実このテラスも含めて大パーティーが楽しまれているようである。このテラスの向こうが家族用の食堂になっていて、寝室に通じるようになっているが、ここの食卓は縦長の梯形になっていて少し異様な感じがする。形の問題ではなく、すべてバランスよく納められている中で、ここだけが異様なのである。食堂であることをあきらめて、寝室ホールへのアクセスホールにしてしまったほうが正解ではないか。ここで食事をする気はしない。この辺りでちょっと食事をしたいにしても、テーブルの置場は別にありそうだ。ここから厨

〈AONOビル〉
左：テラス　右：リビングよりテラスを見る

房へ通じる通路に面して、浴室、洗面、便所が配されている。この部分は厨房も含めて機能的にかっちりとまとめられているが、過不足ない正解だけでは空間にならないことが良く判る。ただし、浴室部分は空間になっている。

実物を拝見してよく判ったことは、長谷川さんはなかなかバランス感覚が良いということである。バランスとは幾何学的なプロポーションの問題も含めて、空間に伸びが感じられることだ。この点、先生の篠原さんよりも確かなのではないかと思われる。それは単に、面積がゆったりと広く取られているからではない。居間のように広々とした所でも余った所はどこにもないし、見事に空間として生きていることを意味する。ただし、色彩感覚のほうはこれからというところか。エレベーターホールやその他の広いスペースの柱のみが緑や紫系で塗られているが、まだ決まっているとは言えない感じがする。一番いけないのは五階のホールの入口の赤いアクセントで、形を決める時のようにこの色こそと決めてかかるわけでもないし、悪戦苦闘の末の末に捻出された色でもないといった印象を受ける。

村野先生が老いてますます盛んに、混み入った心情で出される色の妖しさとはほど遠いのである。若いから当然と言えば当然だが、空間の処理のバランスの良さにふさわしい色への執念を燃やすべきだ。色も空間の重要な要素なのだから。

眼科の診療所は、テナントビルの内装よろしく使い勝手良く器用にまとめ上げられていて、特別に言挙げすることもない。見事な診療器材を完備した立派な病院だ。五階の多目的ホールも同様に、素直で無難にまとまっている。音を拡散させるためのステンの鏡面の贋柱位にわずかに長谷川さんらしい所が見られる。一見まったく何気なく見えるが、苦労は相当だったらしい。第一、ここで本格的ホールをつくってみたいという意気込みは、ゴーゴーも踊れるようにということで床はフラットにせざるをえないことで出鼻をくじか

〈AONOビル〉
ダイニングルーム

れ、設備機器がみるみる予算を食っていき、何もできない状態で頑張ったようだが、思いを変えて何もしないことに徹すれば、気迫が出たのではなかろうか。

松山に来たお蔭で、桑原の住宅も拝見することができた。写真ではパンチングの補強の斜材が妙に気にかかっていたのだが、内から見ると思ったほど無機質ではない。メタルの穴から漏れる光が利いていて少しごまかされる。玄関土間と居間は同じ白大理石敷きで、段差が付けてあるだけなのが気になっていたが、境界の所に天端を円形にしたドア付きの下駄箱が付いて境界を明示しているほか、応接セットの玄関寄りに低い家具が置かれ、その玄関側に天井からステンレスの網の旗（暖簾と呼ぶべきか）が三枚吊られていて領域を明示している。これで仕上がったので、雑誌の写真は未完の時点のもの。衝動的デザインかと思っていた門上の銅板張りのドームは本来、庭とアプローチの間を隔てる壁上に長く庇を架ける予定だったのを要らぬと言われ、その後やはり門の所には屋根が欲しいと言われ、建築材料を扱っておられる御主人から、うまい銅板が出来たから使ってくれと言われてつくったものだと言う。これは違和感を生み出す装置かと思っていたのだが、それほどの違和感もなく納まっていた。西端につくられた物干用ヴェランダは、これも御主人の希望で使うことになったガラスブロックが建てられているが、内から見ると西の光を受けて光輝いて明徴感があり結構いける。私はガラスブロックは本来嫌いだが、中の光景は悪くない。ここの場合、南北は吹き曝しのままだからなおさら助かっているのだ。ただし、構造だけで決められたらしい鉄骨断面や接合部の辺りは、デザイン的に無関心のように見えて気になる。素直な構造をそのまま生かしたいのなら、他との接合をもう少し配慮すべきではなかった。[1]この家は未完成部分と完成部分が同居しており、その対比の面白さを楽しんだとは思えぬふしもあり、大変興味津々の建物であった。

▼1…原文ママ。「なかったか」の誤植だと思われる

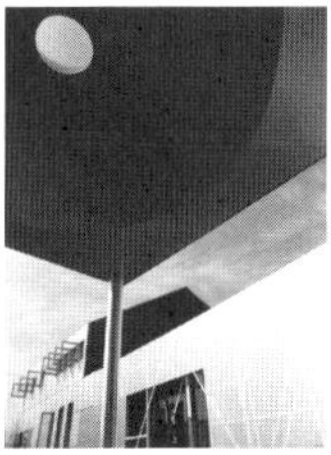

〈松山・桑原の住宅〉
左：西のテラス（ガラスブロック）
右：エントランスの丸天井屋根

どの家でも、施主と長谷川さんの関係[2]は全く一身同体、家族よりも心置きなく話ができるようなところがあって、全く施主の懐に入って仕事をしている感があり、これならば万事巧くいくこと請合いであり、人と人との係わりの中から次々と新しい仕事が生まれていく様子がよく判るし、建築家として見事な仕事ぶりというほかはない。知人から始まったことらしいが、まことに良い施主たちを捉えたものである。いずれも文化感覚が高く、金持で、しょっちゅう集まってはパーティーを開き、生活をエンジョイしている人びとだ。経済大国日本の象徴のような感もないではないが、国民の三分の一がこのような文化生活ができるようになれば、日本の文化感覚もずっと上がるに違いない。

松山の一連の仕事は拝見できた。松山に行けば皆見れるような積りで行ったのだが、長谷川さんの最初の頃の〈柿生の家〉は拝見できていない。〈柿生の家〉は一向に魅力のない外観をしているが、方形のプランに丸い天井を付け、光が巧みに回折するようになっている情景はいつか見届けたいものだと思っている。長谷川さんにとって装飾は、空間構成の一要素なのである。

（にしざわふみたか／建築家）

▼2…『生活の装置』（住まいの図書館出版局、一九九九年）には、長谷川とAONOビル、徳丸小児科、柿生の住宅、桑原の住宅の施主たちとの対談が収められている

第四章

「女性的なるもの」

第四章「女性的なるもの」には、「群居」誌に掲載された一九八四年の論考を二編収め、長谷川の自註を付した。第四章も明白な誤植以外は原文に忠実に収録している。

「住宅設計について考えること」(一九八四年)は、それぞれの建築家が近況や雑感を書く住宅をテーマとする「群居」編集部の企画に寄せた文章である。長谷川は、七九年に〈徳丸小児科〉のために自らの事務所を構える。独立して設計に専念するようになってから八四年までの五年間には、七〇年代とは違うペースと規模で病院、複合ビル、住宅、集合住宅など七件のプロジェクトを次々に竣工させていく。軽いエッセイという性格もあるが、口語体で書かれた文章には自信が感じられる。

「このごろ考えていること」(一九八四年)は、女性として建築の仕事をしていくことについて書かれた、数少ないまとまったエッセイである。長谷川は東京工業大学に研究生として入ったときのことを、「女性は一度男性化してもう一度女性にならないと建築家にはなれんぞ、というような難しい話を聞いて、それきり研究室には出なかった」(第七章)と振り返っている。そして民家を巡る旅がはじまる。持続的で女性的なるものを感じさせる民家と近代的社会的で男性的な「作品派」の建築との対比、知的構築物としての揺らぎない建築と偶有性や曖昧さを孕む建築の対比など、やがて多木浩二との最初の対談「建築のフェミニズム」(第三部第一章)につながっていく素地がすでに用意されていたことがわかる。

両テキスト共にひとつの作品の解説を超えた論考が、東工大時代とは異なる軽やかな文体でまとめられ、建築作品と建築をめぐる思考の両面に渡って、長谷川が独自の道を確かに歩き始めた印象を受ける。

「群居」は布野修司を編集長とし、一九八二年から二〇〇〇年まで季刊で五十号、終刊特別号を入れて五十一号を刊行した会員制同人誌である。同人には大野勝彦、石山修武、渡辺豊和らがいた。

・・・住宅設計について思うこと

「群居4」一九八四年二月

マイナスをプラスに

仮に千五百万円の住宅を設計することになったとします。ある設計者は、坪百万円で十五坪にして、監理の楽な大施工会社でつくろうとする。私は次のタイプですが、坪三十万円で五十坪位の広くて安いものにして、苦労の伴うことを予想しつつ大工さんをさがす。また、広さも、施工程度のバランスも、ほど良くこの中間位のところで設計する人もいる。設計者だけでなくクライアントも含め、金銭感覚ひとつ取り上げてもいろいろな人がいる。

七六年の仕事で、全体が二等辺三角形で三層分の高さがある〈焼津の住宅2〉では、内部はガランドウで良いから、七百万円でつくれる限り大きいヴォリュームがほしいとクライアントからたのまれました。私は七一年頃からこうしたローコスト小住宅を年に一件のペースで設計してきました。まだちゃんと発表していない〈伊丹の住宅〉と〈金沢文庫の住宅〉を入れると十件になりましたが、この十件の小住宅の若いクライアントは、雑誌でみる建築家の方々のクライアントのように有名な人、芸術家とかジャーナリストというような職業の人はひとりもいませんで、普通のサラリーマンの方たちです。

七五年の〈緑ヶ丘の住宅〉は、南北に通風のとれる部屋を配置したため、細長すぎる部屋になるのを解消する一枚の斜めの壁を導入した住宅ですが、この春一般雑誌に載せるための撮影があって立合った時に、物がたくさん詰まっているインテリアを見た編集者から、こんな住まい方をされ貴女はかわいそうですねといわれ、そんなことはないと、この住宅が芸術作品ではないことをむきになって説明してしまいました。

このような住宅を建築雑誌に発表してきたのですが、どんなコメントをつけてきたかといいますと「設計者はとりあえず白紙で向かい、クライアントの持つ個別な条件に基づき発想する。条件が厳しいゆえにか、自動的に出来上がったようなものとなり、自然で必然的結果として成立しているような建築になった。こうして個別な計画を繰り返してゆくことは多数の傾向を提出してゆくことにもなり、ひとつの住宅をつくるという偶然の出来事がどこまで一般解として批評に耐えられるかという試みであった」と。つまりこの考えには、建築は建築であれば足りるという必然性のその逆転の中に、偶然なるもの、現象的なるものを語らせたいというねらいがあったのです。今設計している小住宅には、節約時代の省エネのためのパッシブソーラーを考えてほしいという課題が付いています。省エネも時代の要請のひとつですが、現実社会が向かっている高密度工業化の方向を⊕とすれば、⊖であることはまちがいない。この⊖を最終的には⊕に逆転させることをねらう姿勢で、普通ではありえない詩的ともいえるレベルにまで高めた建築を目ざさなければと思うのです。私は『バラック浄土』[1]という石山修武氏の本の題名になっている言葉が気に入っています。この言葉は表現のレベルのことではなく、この陰を陽に逆転させて詩的なところまで高めた建築、また自然の法則に従うとき消えてしまうほど無に近づく空間のことだと勝手に解釈しています。

芸術も商品

七〇年頃だったと思うのですが、その当時に前衛彫刻家といわれていた人達によって商

〈伊丹の住宅〉

▼1…相模書房、一九八二年

品としてつくった彫刻のカタログが郵送されて来たことがありました。私はそのころ、「住宅は芸術である」と考え、さらに、「複製住宅」を考える先生[2]の大学の研究室にいたからだったかもしれませんが、絵画や彫刻さらにはファッションのように建築にあっても芸術と商品の区分けのない時代に向かっていくだろうということを友人と議論したことを思い出します。あれから十年過ぎましたが、まさに商品と芸術の間を区分けできない時代が現代であるといえます。芸術作品としての建築は、その記号活動に活気を与えるものとして記号の⊕⊖が飛び交ってつくられる建築が考えられている。いきなり理念をねじこんで解決してしまえとばかりのコンセプチュアルな建築が考えられている。一九世紀末からモダン出現までの時代を再評価するネオモダニズムの表現も流行している。もちろんグレイヴス風表現も。テクノロジーという標準品や取替え可能な部品を組立て、機械のようにみせようとするものもあるが、どれも表現のレベルにとどまることをまぬがれない。多数の建築が考えられているが、私はこのいろいろな考えと接触しながらもどこにも属さず、出来るだけ早くいまの状況を駆けぬけてゆきたいと思っている。

住宅の商品化

戸建て住宅を設計していた時期、クライアントの個別の状況に向き合ってそれぞれ個別の解を探していました。それ故に雑誌で発表される建築家の作品や当時の社会状況と少し距離があるように感じていました。

当時、建設省［現国土交通省］で活躍している女性官僚と大分で対談が組まれ、出席し

▼2…篠原一男

〈金沢文庫の住宅〉

ました。これからは住宅産業大手の商品化住宅を支援して全国一律、合理的に住宅をつくっていくべきだという彼女の発言に対して、商品化住宅の現場では大工や左官、板金などの職人が技能を発揮できず、技術が失われていくことになると発言しました。

そうすると、建築家がつくる一回限りの住宅といった手間の掛かる仕事は、社会の発展に寄与しないのだと主張する。そうではなくて、建築家の考えた間取りや工法が今日の住宅のありようをリードしてきたのだと言っても、話が平行に進むばかりでした。

その頃からでしょうか、国の政策に関わる人たちと建築家との間の溝が徐々に広がっていったように感じています。

（二〇一八年）

・・・このごろ考えていること

「群居６」一九八四年八月

あたりまえでなんでもないもの

東工大の大学院の設計課題の講評会に呼び出されたことがあった。学校の近くの商店街に面した住宅という非常に具体性のあるおもしろい課題が出されていた。印象に残ったのはポストモダニズムをテーマに説明する人が多いことだったが、ポストモダニズムをヴェンチューリを持ち出して語らなくてもよい世代であろうし、ポストモダンという状況のまっただ中にいて特記すべき現象とも思っていない世代だろうと決めつけていた私には意外だったのだが。そのことはさておき発表者のなかにひとり、生活をするという実感とか、与条件が付帯する偶有性をひろい上げるというようなことで建築を思考してゆくのではなく、建築は知的構築物であるというレベルでのみとらえたから、そういう観点で自作を見てほしいとする学生がいた。ドイツの学生が私の所に来て、西欧にはそういう知的建築しかないときっぱり言って帰ったこともあるが……。私は大学だからと言って知的建築を学習するだけの場所で良いはずがないと考えてその学生に対し、その排除せんとしている偶さがそこにある偶有性やその多義性というか曖昧さの次元に建築は存在するものだと私は考えている、と批評してしまったのである。今年の春休み、その学生が二ヶ月程アルバイトをさせてほしいとやって来た。そして私がどのように設計してゆくのかその過程が知りたいというのである。私は学校で講評したことをわかってもらいたいと思い、そのころ依頼されたばかりだった〈小山の住宅〉の設計をいっしょにやることを通して考えてもらうことにした。敷地を見にゆくことから同行してもらい、クライアントの打合わせに立合わせたり、私のスケッチの清書を手伝ってもらったり、私の考えに合わせて案をつくってもらったりした。可能性を幾案もつくって多角的にエスキースするので、彼はとても多くのスケッチを残した。そして建築を考えていると二ヶ月なんてたちまちの内に過ぎてしまうことに驚きながらアルバイトを終えていった。

そのアルバイトを終える日、彼は感想として自分の考えていた建築も建築家もここにはまったくなかったと語った。「建築家というのは自分の理念やテーマをねじ込んでも作品なるものを制作しているひとで、そういう制作態度を支持してくれるクライアントの建物をつくっていると思い込んでいた。ところがクライアントは皆まったく普通の生活者で、与条件の厳しさなんて当然のこととし、信じ難いほど自己主張する。設計者も思うままにつくろうとして工作をするものでもないし、創作的と見えるやいなやその案をすぐ引っ込めてしまい、初めて敷地に立った日に感じとったその直感みたいなものに職人のごとくこだわって設計している。与条件に合わせてするその設計過程を中にいて見ることでわかったのだが、あまりにもあたりまえでなんでもないものとしか言いようのない建築を思考していることを知った。ところが、過程をぬきにみるとあまりにも作品らしい建築に見える。作品派の建築家がつくった建築と同じ様に建築雑誌にも載る。実際にはクライアントのごく日常的なことをベースにスケッチしていってつくられたものなのに、批評家からは、その甘さは非日常性に全的に身をゆだねることから生じたことだと酷評を得たりする。あまりにも具体的なことから発想された多様さ、複雑さを兼ね備えているのに、出来上がったものがもつ単純さや抽象性というひとつの断面だけが取り上げられてきた。もはや設計過

〈小山の住宅〉

程を見学して作品派の建築として制作されているものではないことはわかった。しかしテクストのようにしてつくられているものを読者という視線の中で作品に化してしまうトリックをこれからは考えてみたい」というようなことを言い残した。ところで本心、私は、住宅はあたりまえでなんでもないものでよいと思っている。

両義的なるもの

彼のように叫ばなくともスタッフはいっしょにやっている経験のなかで了承し合っているのだが、それでも彼に分析されてしばらく話題になり尾を引いて残った。彼が言い残していった通り、ある一面を促えて私の建築の全てと決めつけられることが多く、自分の思考との違いすぎをしょっちゅう嘆いてきた。それも自分の建築の位置づけをきちんとやってこなかった証明かもしれないと思ったりもしている。言葉を駆使する能力はないと思い込んでいるし、言葉は意味がはがれていつでも形骸化し易いものだと思い込んでいる所があるからだと思っている。

ほとんどの場合、技術者やビルダーといわれるように実際に建築をつくる過程を説明するという方法しかとってこなかった。〈焼津の家2〉という二等辺三角形の住宅の説明においては、全体は一二〇角の木フレームを四五度の金物を使って均質に組むことで「構成された構造」にしたとか、〈松山・桑原の住宅〉の際は多様なスチールエレメントによる「構造的構成」をつくったというように、構成という言葉をよく使って、あたかも建築的厳密さだけを考えているのではないかとさえ間違われそうな硬い語り口で説明してきた。

ところが言葉のもつ機能は不思議なもので、構成などない建築をつくりたいとストレートに語るより効果的に逆説的にもはや構成は消え、手もつけられないほど必然なるもの、東洋的な言い方をすれば自然なるものとして成立してしまっている、という感想を観察者から得ることになる。私のつくる建築は結果としては厳密な構成や建築性であるどころか、曖昧性と多様性を持つ女性的なるものであるという批評を得ることになるのだ。さらに私にはものをつくるということは自己表現であることをまぬがれないが、同時にそのどうしようもない否定がつきまとうもので、作品であるよりテクストである建築を考えてきたといえる。実体として虚構として語りかけるもの、建築的抽象性と身体的具体性、必然と偶然、そのどちらを優位と決めることの不可能さ、矛盾と向かい合って両義的なものを根拠に据えてあるような建築について思考してきた。

偶然なるもの

私はだいぶ前から心がけて古い民家を見歩いてきた。始めたのは大学に居た頃で、私の研究室では古いまちの分析をしていたし、他の研究室でもいろいろの視点で分析的に研究していた。私は研究室での民家調査に同行して以来続けていることであるが、ただただひとが住まうたたずまいの自然さとか、永く住まうことにまつわっては持続してあるものとか不死なるものを感じとりたいという願望だけのため見歩いているのだ。見歩いている内、近代建築はもちろん伝統建築も、建築は社会的なものであるというレベルで男性的であるのに対し、民家は自然さという女性的なるものを感じさせてくれる建築であることがはっきりみえてきた。

私は設計をすることに決まるとまず敷地を見にゆくのだが、分譲地のような新しい土地ではなく、古い家をとり壊した敷地に建てる建物を設計する場合は特に、その敷地が地下に包蔵している因果性といえるようなものが感じられてならないことがある。敷地がもつ物理的な条件や環境的条件だけではなく、その土地にしみこんでいる歴史とかその連続性が伝わってきて私の設計を動かしている感じがしてくるのである。住宅の思考を創造論とし、住宅論とし、論理としてその意味を問うてきた作品派の建築家は、建築の自律性を目ざしてきた故、敷地は設計の出発点ではなく、敷地の状態に左右されることを好まないという考えを持っている。しかし私の場合は逆で、敷地というその個別性を優先させて設計してきた。方位やその地域での季節風、雨量、雪量という自然環境のこと、周りの騒音、樹木の様子などの人工環境のことを把握し、そこに法的規制と家相を持ち込むと、実際初期私がやってきたような厳しい条件下の小住宅は、自動的に与条件の必然的結果としてあるような建築として出来上がってしまうのだ。まるで建築家が関与していないようなあたりまえのものとして。

　建築家らしい建築を思考しようという方向でやってこれなかったもうひとつのこととして、私が設計活動を七〇年のはじめから開始した、ということも関係しているとしてとり上げられることだと思う。七〇年代に入るころから、解体論[1]と共に建築家は社会的にどんな役割をこれから持つことが出来るだろうかということが改めて問われ出してきていた。そういう状況の中で私は実際に建築をつくる機会に恵まれたのだが、テーマを持てば設計しやすいことはわかっていても、ひとつのテーマを掲げて建築を提案してもすぐ古くなってしまうと思った。事実、白紙で出発して実際つくられてゆく現場を通して思考してゆく方向をとる以外に、私には考えられなかった。こういった方向をとることは、住宅を住宅論というような理論の対象とするより、設計するという行為の偶有性とか出来事の次元のものにしてしまうことでもあった。その初期の小住宅に単純な長い壁とか斜め壁を導入してきたが、それらは与条件のからみ合いの中で、そのからみを納めようとするうち、私の

▼1…磯崎新『建築の解体』美術出版社、一九七五年。一九六九年十二月から七三年十一月まで十回にわたって「美術手帖」誌に連載された

頭に偶さか思い浮かんだものであった。この偶然は自然にできたと言ってよいものだから、斜めの壁をもつ住宅は必然的結果と思われる建築にしか実物は見えなかったのだ。

　私のこれまでの経験では、時間をかけて思考した時が納得ゆく設計になるということにはならない。多々にして時間をかけている時は、さほどでもない自分の観点に執着していたからだということが多い。もし斜めにしたいという考えがあって無理にねじ込んでつくったとしたら、もっと意図的で不自然を伴うものになっていて、今ある斜めの壁とは全くといってよいほど違うものになったことだろう。偶然的なるものは感覚的なるものである。それゆえ、建築的でないとされてきた。蔑まれ続けただけに言葉に汚染されずにあらわれる。私は建築にこうした偶然なるものをひろい上げてつくってゆこうと思っている。偶然なるものの中には、思考の巾を広げてくれる力になるものがあると思えるからだ。

女性的なるもの

　大学生の時はヨットに凝っていたし、卒業して事務所に勤めていた時はまた絵を描き出していて、建築だけに夢中になれなかったその頃までは、振り返ってみても男性ばかりの中で建築をやっていたが、女性であるということで区分されているとか特別に意識する必要もなくやっていた。それがその後、大学を出て五年も経っていたがもう一度勉強してみようと東工大に行くようになってからは、こうもゆかなくなってきた。先輩の建築家の方から「建築はとても女性的なるものかもしれない。男性は一転して女性的にやれば良いが、女性は生の女性では建築はやれないから、一度男性化してもう一度女性化するというめんどい操作をしなければならない」と、やってゆくことのむずかしさをたたき込まれたのもこの頃だったと思う。工大の研究室に入れることになったという返事をもらった直後、ゼミに出席するように、と連絡があった。出かけてみたらゼミのテーマは「男と女について」だった。工大の建築科の様子を知らせると同時に、本気でやってゆく気があるのかためされたのだと後になってわかった。

工大だから工学としての厳密な建築が扱う工学的な建築であるということは、同時に社会構造のなかで成立している建築を考えることでもあるが、女性はそうした社会構造とは無縁のところで生きてきたのだという覚悟が必要であるということ、さらには大学であるから建築を学問としてその知的構築物であることを問題にするのだが、この点においても女性は歴史的に言語活動から切り離されていた存在であったことを知っておく必要がある、という論旨であった。工大に行くというよりひとりの建築家のところに行くと考えていた私にとって、この種類のことを聞かされるとは思いもよらぬことであり、ただ驚くばかりで、議論を戦わせるという気にもならなかったし、建築がこうした位置づけにあることは暗に了解してきたので冷静に聞いていたが、大げさな言い方をするとこの日以来、建築を思考することは同時に「女性としての建築」についても思考するということになってしまった。

工大にいる時に後輩の女性から、語り位置が文学的でありすぎるとか、私の学内コンペ案は工学的であることからいつも逸脱しすぎる、と指摘されたこともある。彼女とつきあっているうちに、男性と同じレベルにいてその厳密さを身につけ、男性的な諸価値と女性である自分とを同一化させることでしか建築はつくれないと考えていることがわかった。よく批評家の方が女性はとかく男性より男性的なものをつくると書かれる。女性らしいという批評をもらう方が、素直にうれしい方なので、固定概念のように思い込んでいるひとを困ると思ってきたが、女性がそうさせているのかもしれない、とその後輩にあってから思っている。私が女性だけの事務所にしたいと思ってもなかなか成り立ちにくいのも、そうした問題が関係するのだと思う。

今、女たちと子どもに売れるものをつくればもうかるといっていたひとがいたが、家はそのひとつになってきている。建築の底辺は女たちによって非常に大急ぎに広がってきている。アートはだれでもつくれる時代だという感じがまちにあふれているが、建築も気軽に関心の対象にしてきている。住宅産業というルートを通して、女たちは高密度工業化社会に加速度をつける加担をし出しているとさえ言える。こんな時代を建築家は敏感に感じとって変わらざるを得なくなってきているはずだ。この間まで女のクライアントほどうるさくて迷惑な人間はいないと言っていたインテリアデザイナーも、女性がオーナーの仕事が増えたことだろうし、生活問題や家庭問題を持込まれると作品には不必要なものとばかり無視したり、生活の提案をするというより、空間的思考を優先させるために生活を規制するようなものをつくってきた建築家も、女・子供と建築は無縁だというような態度ではいられなくなってきていることだろう。

建築家（男性）の発表される自作の自宅をみると、それ以外の作品と比べて具体的生活とか理想的生活のイメージというようなものでつくられているものがほとんどだ。具体的生活の道具や部品を埋め込んでゆく方法は家政科的で女性的なるものとされてきた建築であるが、自宅では家族の生活というものがわかっているだけにそういうものになるのだろう。男たちが理想的で社会的存在なら、女たちは実用的で心理主義的存在とされてきたが、もし男たちが家事をし女たちが外で仕事をするという形式をとれば、やはり男たちもキッチンの設計にうるさくなり実用的になることはわかりきったことだ。しかしそうした役割レベルのことではなく、もっと根元的レベルで男たちは社会的に生きていて女たちとはちがうとか、女たちには母親的機能からくる連続性、不死性、さらには自然性をたずさえているが、男はそうした悠然とした流れは持ちえないのだ、というような観念にしばりつけられてきた。女たちも男たちのように連続性を断ち切り、離脱し、破綻を望むほどのものが裏側にはある。

　女たちも男たちも女性的男性的という二面性のはざまで生きているのだと思う。これまでの建築を男性的なるものとするなら、私が思考する女性的なるものとはこの二面性をたずさえたものに他ならない。これまで建築は女たちとか子供とか経験のない若者とか、変わった語り口をするひととか、社会的レベルでみるとマイナーなひとたちを常に排除しようとしてきたが、建築の構造のその多様な生成を支えているのがそうしたマイナーなひとたちであることは確認する必要もないことだったのだ。建築のマイナー化が進行しているが、そのことは建築が女性的なるものとしての方向に向かい出していることでもあるのだ。

「群居」で考えたこと

「群居」という雑誌はアジアの住居を研究している布野修司、大野勝彦、渡辺豊和、石山修武らが発行していた雑誌で、当時私たち同世代の考えを引き出す役割を果たしていたと思います。

　工学部建築学科は男性の行くところだと大学入試で高校の先生から反対を受けて以来、篠原研究室へ入る際、久しぶりに「女性である」ことに直面しました。強く作家性を探求する篠原先生と篠原研究室は、当時から厳格な工学的理論をめざしており、私はそういうなかで日常生活の細部に注目し、きのこのように自生する民家のあり方や、持続性や多様性を許容する場のあり方などに関心が向かっていたように思います。あたりまえでなんでもない、両義的、偶然、女性的といった言葉を用いることで、新しい建築のありようを表明していました。

（二〇一八年）

第五章

・・・「しなやかな空間をめざして」

第五章には、遡って、八〇年代前半の講演と対談を四編収めた。それぞれが編集主体の異なる口述の記録で、作品名称も「家／住宅」が混在し、略称も多い。漢字／仮名使いや記号など表記法にもばらつきがあるため、作品名についてはこの時期の平均的な用法に従って〈桑原の住宅〉以外を「家」で統一し、「今、中、時」などを仮名で整え、読みにくい箇所には読点や改段を施した。

一九八一年の「私と建築設計」は、記録が残っている単独の講演としては一番早いものである。講演会の主催はヤマハ発動機の広島支店で、講演記録が「ヤマハ通信セミナー」に掲載された。この講演録から〈焼津の住宅1、2、3〉〈鴨居の住宅〉〈緑ヶ丘の住宅〉〈柿生の住宅〉〈焼津の文房具屋〉〈徳丸小児科〉〈桑原の住宅〉の作品紹介と、会場のQ＆Aを除いた前半部分を収録した。

同じくヤマハでの一九八三年の講演録「住宅設計の発想とプロセス」も、〈焼津の住宅2〉〈緑ヶ丘の住宅〉〈鴨居の住宅〉〈焼津の文房具屋〉の作品紹介部分を省いた。また、菊竹事務所、篠原研究室時代を振り返る前半部分は、第六章、第七章の内容と重複するが、近い時期の振り返りで、当時考えていたことや感じていたことを率直に語っていること、象設計集団の仕事を見に沖縄まで出かけたことなど、独自の情報を含むことからあえてそのまま収録している。三節の終わりにでてくる、雑誌の特集はおそらく「都市住宅」一九七六年冬号（第二章収録）と思われるが、一九八二年に出版されたという本が何を指すのかはわからなかった。

一九八四年の「自然の法則に従うとき消失する空間」は、藤井博巳と三宅理一による長谷川へのインタビューである。藤井は長谷川より一世代上、当時すでに芝浦工業大学の教授で、七〇年代にグリッドで覆われた〈宮島邸〉（一九七三）で、既存の意味体系を脱する「負性の建築」を発表していた。三宅はパリ・エコール・デ・ボザールへの留学から帰国した気鋭の西洋建築史学者であった。ポストモダニズムの動向、多木浩二『生きられた家』の影響などにも触れている。

同じく一九八四年の「平面をめぐるディスクール」は「都市住宅」の企画で、一九八四年四、五月号に原広司、東孝光、藤井博巳ら十四名の建築家へのインタビューを掲載した特集の一編である。竹山は当時アモルフを創設して間もない新進気鋭の建築家であり、評論活動も活発に行っていた。原文は全体的に柔らかな口語調でまとめられているが、書籍への収録を考慮して語尾表現などを一部改め、説明不足と思われる部分には語句を補った。

・・・講演

私と建築設計

「ヤマハ建築セミナー通信II」
一九八一年六月、広島での講演

1　生きざまとしてある住宅

(1)建築家が対峙するもの

私は講演のようなものを頼まれますと、どうも話すことが苦手なので逃げ腰になってしまいます。お話が大変上手な方もいらっしゃいますが、大体建築家のお話をうかがうと、その独特な建築的なる言葉に慣れていないとわからないことが多くて、誰にでも伝わるというような一般性に乏し過ぎるところがあるようです。最近、私も自分の建築に対する考えが伝わるように話さなければいけないと反省しています。というのは、この伝わらないということは私のつくる建築の質にもかかわってくると思うからです。それに近代つまりモダニズムという時代は、生きることにかかわる自由と平等という開いた場を基盤に据えたものであり、共通感覚と共通言語をもとうとする時代だとすると、そういった時代のなかを建築家としてちゃんとやっているだろうかとさえ思えてくるのです。これが自分の仕事やつくった建築が社会に向けて開けたものにならない要因にもなっているようです。でも大勢の人に向って、わかってもらえるように話すということはなかなか難しいことですね。努力して少しでもいいから人に伝わるように話すことを練習しなければと思い、今日はでかけてまいりました。

私は大学を出てから菊竹事務所や東工大の篠原研究室で割と長くスタッフをやってまし

て、長谷川逸子・建築計画工房という会社組織をつくってこの二月でようやく三年目になる駆けだしです。そして、七六年に篠原研究室を出て、はじめてアトリエをつくったのは東京の自由ヶ丘の住宅地のなかでした。そこにアトリエをもったのは長いことその近辺に住んでいたからで、どうも馴れ親しんでいたところが良くて、そこから動けない人間だったようです。それに私はその頃、人と車の多い都心は疲れやすく恐い感じさえしていたんです。それが私の住まいの関係からちょうど二年半程前に、アトリエをいまの新宿の超高層の真近に引越しました。

自由ヶ丘という街は、駅を中心に商店街があり、周辺を緑の多い清潔な住宅地がとりまいています。そして駅を中心に、周りが少し高い盆地状になったこじんまりした街です。それにアトリエから駅まで歩くのはちょうどいい距離で商店を見ながら歩くのは楽しく、私がとても気にいっている街だったのです。ところが引越した超高層の足もと周辺はひどいところでした。自由ヶ丘で味わっていた、歩いて楽しいという感じはまったくなく、ビルの足もとの植込みはお金をかけている様子ですが、大変人工的で堅い空間です。それに風と埃のひどい、ただただ広い道が通っていて、そこは自転車や車で通り過ぎるところで歩くための道ではないわけですね。引越した頃は、外国にいるような違和感が体に残って疲れました。窓からは超高層群が真近に見え、入口側の通路にはほとんど車も入れない細い曲りくねった道に家が密集している、スラムのような住宅群が隣接しています。

(2)生きざまに対応する商品住宅

このような都心のスラム化した住宅地や郊外の新興住宅地、あるいは商品住宅としての建売住宅やプレファブ住宅が建つ住宅地、そうした住宅地の貧しいといわれる風景、その風景を嘆き、いまこそ住宅建築と全面的に対峙しないと大変だとばかり、建築家がこぞって住宅を考え対応を示している。それに対し超高層ビルに代表されるような都市的なる建築や公共建築、集合住宅も含めた大勢の不特定の人たちが使用する大規模な建築は、まるであきらめているかのように多くの対応が示されないように思えるのですが、私はこの大きな建築のありようの嫌さが気になりだしてたまらないのです。

住宅建築のほとんどは、二、三階建ての木造です。住宅というものが日本の歴史において、公共性の乏しい文化であったことが要因だろうと思われます。住宅は何らかの社会的客観的な論理や拘束にのっとってつくられるというより、住まい手側の日常もっている自然な感覚と思考で、個別な条件でつくられてきたものでしょう。その個別性は、人が生きていくことに根ざしたたくましさによっているものです。そしてこれからもこの住まうことに対するたくましさで、住宅建築は自然に変改されていくことに変りないと私には思えるのです。

住宅建築は、基本的には住む人がその時々の「生きざま」みたいなものでつくっていくのが自然な感じがします。住宅の商品化が進む今日的状況を建築家として敏感に捉えていかなければなりませんが、この商品化の傾向は、とにかく住める家を手に入れたい人や家を所有することが生きがいで働いている人、あるいは財産の対象と考える人には手軽で考えやすい方向に向っているといえるのではないでしょうか。そしてこの傾向は、今日的生きざまの表われだと考えることができます。ですから私は商品化という傾向も、他の日常のものののありようと同様当然のなりゆきのように思えて、むきになれないでいます。住宅産業がますます盛んになることによって住宅の技術や性能が高まっていけば良いことであり、一般の人たちの住宅に対する関心が高まることになるのではないかと思っている次第です。

（3）インテリアの商品化

この頃私のところに設計の依頼があった二件の仕事の施主は、両方とも、もし引き受けてもらえなかったら商品住宅を選ぶつもりだとおっしゃっていました。それまでは設計して住宅をつくりたいというクライアントばかりでしたから、だいぶこれまでと違う依頼人だと思いました。

商品住宅でもよいとする住まい手の考えが知りたくて聞いてみると、外観はどこに選択基準をもとめたらよいのかわからないようでしたが、身近なインテリアは実物見本をいろいろ見て、自分で住まい方を具体的に考えられるということが魅力のようでした。今風の生きざまにあっては、インテリアはすでに特別なものを建築家につくってもらうより選択する方が手軽で、合っているということなのでしょう。

大学を出た頃私は、外国建築のインテリアや家具に興味をもって、そういった種類の歴史本からモダンなものまでずいぶんと買い込んでいました。その頃はまだ外国の家具もデパートに少ししかありませんから非常に新鮮でした。西欧の石造住宅では日本の木造の様式と違って、インテリアをつくることは住宅をつくることと同じレベルにあったし、それをつくり変えては次の世代が住むという歴史が読みとれました。しかしその頃買った黄ばんだ本を取りだしてみても、もはや新鮮さはなく逆に古めかしくさえ見えます。あの程度のものは最近の家具屋さんのカタログにごろごろあるからでしょう。また女性向きの一般雑誌にもいろいろなインテリアがずいぶんと載っています。なかには建築雑誌のインテリアより、魅力的なものさえ見かけますね。こうしたインテリアの傾向は商品住宅のありよ

う と同じく、建築家の影響が大きいというより、ファッションや食物と同じような感覚で一般の人の住まいへの意識によってつくられた本が多いように思います。つまり商品住宅と平行して、インテリアの商品化もますます進んでいる現状があるようです。

こうした現状判断だけではなく、日本には古くから大工さんがいて彼らは住み手の意見を聞いてつくっていたわけです。例えば自分の家は自分の思うままにつくりたいという住み手意識をどこかに反映させていたし、また流動し変化する意識をたずさえているんですね。ですから住宅は建築家としての自分をすべて出して、がむしゃらにただただつくればよいものではないと思えてしまうのです。

2　遠のく都市建築を眺めながら

(1)手工業的手法で埋めていく

こうした姿勢をもってこのアトリエに隣接する二つの風景を眺め直しますと、この住宅群より、資本主義社会の権威の象徴のように、建ったら最後、大地震でも来ない限り都市を支配しながら建っているだろうと思われる大建築の方が、始末の悪いものに見えてくるのです。

私が大学を出た六〇年代の後半頃から高度成長がはじまりましたが、その頃の大規模建築は建築家の仕事でした。私が五年程勤めた菊竹事務所もその頃公共建築を次々につくっていて、その頃の菊竹さんの作品を見なおしますと、フレームが目立った大変構築的な感じのするものが多いんです。そのことは建築家の技術性が、社会を活性化する一部を担っていたということができる表われのように思います。ところが高度成長が進むにつれて、建築家という個人の技術や創造力は大企業の経済力の前に影が薄れてしまい、好景気という波に乗って、建築家の思考とは別のレベルで街に次々と建物が新築されました。こうして都市的建築にあっても住宅産業にあっても、もはや建築家の思考が影響をもつことのないような今日的状態になってきたのではないでしょうか。

いまや都市的大規建築は、権威のある大設計事務所同士のコンペでつくられるか、ほとんどは大手施工会社の企画と技術と経済力のうえで具体化されているのが現状なのでしょう。もはや建築家という立場は、かつて自由な創造性と狂気じみた執念などによってつくらせてくれたような状態ではなくなっているのではないでしょうか。社会的法的規制にがんじがらめにしばりつけられてつくられる都市建築にあっては、建築家が語る都市や人間というような考えを引き受ける余裕などもはやないという感じではないでしょうか。そうなると建築家は、その大組織化の落し穴を手工業的手段で埋めていく以外にもはやなさそうにさえ思えてきませんか。遠のいた都市建築を眺めながら建築をつくることは、こちら側はこちら側でおもしろ楽しくやっていく以外になさそうだと居直ってしまった方がいいとさえ思えてくるのです。

(2)都市とかかわりをもつ

私はアトリエのある環境のせいでしょうか、この頃商品住宅を語らない分、スタッフを相手に大きな建築や建築家の社会的姿勢について話すことがふえてきました。そして夕方から夜にかけて照明が入って輝きだしたり、天候の変化で靄がかかったり、青空や夕日や隣のビルを映しだしている様子などを眺めていると、ビルがなんとも生き生きとしたものに見えてくるのです。そして見馴れてくるにつれて「今日は綺麗だね」といったりしている。そんなとき、以前と比べて都市空間とつき合おうとする姿勢が積極化している自分を認めざるを得ない感じになってきます。このことはアトリエの環境だけではなく、最近になっていままでにない大きな複合ビル[1]の設計をはじめたことに関係がありそうです。

3　いま、建築家の主題は

(1)住宅の商品化

六〇年代は都市建築をつくる建築家だけではなくて、住宅をつくっていた建築家も都市論に反論を向けながら住宅のありようの思考を積み重ねて住宅作品をつくっていたわけですね。そしてその頃の雑誌を見ますと、都市建築だけでなく住宅をつくる建築家も評価を得ていて、建築家という職業は素晴らしいものと思われていたようです。ところが私が建築をつくりだす七〇年代になると、もはやそうした神話は崩れてきて職能が問われる今日的社会状況がやってきていました。例えば経済的大組織化が進むと共に技術者ではない建築家という立場、芸術家ではない建築家のありよう、そして作家とか作品という形式で成立するような建築のありようをも問われ、社会的役割についての応答がせまられている状態がいまもつづいていると思われるのです。

昨日届いていた「新建築」は「いま、住宅の主題は」という特集[2]でした。こういった特集に限らずこの頃の建築雑誌を見ますと、多くの建築家が商品住宅にこだわって、その対応の姿勢から住宅をつくる主題を導きだしているのが読みとれます。しかしメーカーが商品として売るために、ユーザーである消費者の表面的欲求をファッショナブルに売りものにしている傾向を認め、そういった現状を考察して同じように消費社会のひとつのものとして積極的に模索していこうとする建築家はあまりいませんね。それはメーカーと対抗できるものではないということと、住宅は消費物にはなり得ないし、ならない方がい

▼1…AONOビル

▼2…一九八一年四月号

いという考えから積極化できないのだと思います。

(2)現状に向い合う

建築家の発言を私なりに整理してみると、まずひとつはメーカーが売りものにする表面的欲求に対して、住み手が表面化し得ず隠しもっている根源的なる欲求を問題にしていくことを主題にしている姿勢です。それは家のなかにシンボリックで中心的なイメージをもち込むとか、住宅は小宇宙であるということから家に宇宙性を問うとか、内なる故郷というべき「自然」という概念を主題に据えるとか、また和風化によって文化のアイデンティティや日本的なるものを語るなど、いろいろの角度から潜在意識を問題にしようとしているわけです。

またもうひとつの傾向として、商品化して手軽に手に入る状態ができてきたために住まうことからの要求が希薄化してきていることに、建築家として対処していくことを主題に据えようとする姿勢です。これは、すでに商品住宅メーカーが必要としなくなってきた、建築の創造性をもって啓蒙しながらつくっていこうというのでしょうか。このような二つの傾向からは、住宅が消費物というイメージに固定されてしまうことを避けようとしている様子がうかがわれます。つまり商品化に大変こだわっている。

しかしこれらの姿勢や傾向を読ませてもらうと、私は建築家のもっている主題も消費の対象にいつでもなり得るものとさえ思えてしまうのです。とにかく建築家はいま言葉の罠にかかって建築をつくっているのは事実ですが、その言葉も現実に対し後退するような言葉、あるいは社会に対する自閉的言葉もこの頃の私には魅力のないものです。商品化という社会状況とかかわりなく文化や都市を問題にしていこうという姿勢もあるわけですが、とにかくいつでも建築は社会に開いていることによって有効であり、現実離れは有効でないことは確かです。私は「新建築」を読みながら、いまどんなものをつくっても住宅の商品化という方向は避けられないのではないか。結局は都市生活の現実が消費と商品のモザイクでしかないとしたら、消費こそ都市的で建築的なることとして、身軽になって現実と向い合ってドラマチックにつくっていく方が、軽薄と思われても、どうも私には良さそうに思われてきました。

建築家の言葉を整理するといくつかの傾向に分類し得る程しかありません。しかし、同一敷地と条件を与えたら十人十色のものをつくるであろうと思える程、建築雑誌を開くといろいろな住宅がつくられていますね。そしてそれらは、どれもいつでも商品になれるような可能性を秘めているように思われます。建築に対する思考の仕方の少しの違いが建築に表われます。そのことこそ建築のあり方の面白さではないでしょうか。

4　住宅建築の延長にある大建築

(1)都市へ埋め込む

私は学生の頃まで母がつくってくれたものや注文してつくった洋服を着ていましたのに、もう相当前からデパートなどで既製服を選んで着るようになり、食物さえ加工されたものを食べて生活しているわけです。それでも家庭料理をみんなつくろうとするように、住宅と真面目に取り組めば取り組む程、商品化の傾向に建築家だけではなく普通の人も抵抗感をもつようです。

しかしこの頃商品住宅のことについて若い人とおしゃべりしていましたら、もはや大量生産されるものを選ぶしかない社会で育ち、そのようなもののあり方が当然なものとして身につけている世代がやってきているんだなぁと感じました。私に抵抗感が薄れてきているのは、先程お話した中規模建築をつくる機会ができて、商売のような通俗的なことや使用する人が不特定であるものとかかわっていることにもよると思います。

これまで〈焼津の文房具屋〉という商業建築や〈徳丸小児科〉という複合ビルをつくったときもそうでしたが、住宅のつくり方の延長にあるものとしてつくりたいと思いました。そしてこれからつくる複合ビルもこの連続線上でつくるだろうと思います。ですから住宅のつくられる現状についての考えをいつももっていなければならないのです。〈文房具屋〉を「新建築」に発表したとき「都市への埋め込み作業」[3]というタイトルの原稿を書きましたが、それは都市を意識して、個別な条件のなかでひとつひとつ建築を考えてつくるということは、同時に都市に建築を埋め込むという作業ではないかということです。つまり、〈文房具屋〉をつくる以前にその小さな町にいくつかの住宅をつくってきましたが、つくりながらその町の輪郭がその建築を通して少しづつ見えてくるような感じを残してきたんです。私は建築をつくるとき、個別なひとつのものであってもいつでも都市とかかわりあったものとして存在させたいという願望があります。私が原広司さんの「住宅に都市を埋蔵する」[4]という思考を魅力的に感じるのは、住宅として閉じつつ都市に開いたものにしようとする姿勢に共感をもつからです。都市の点としてひとつの建築をつくり埋め込み作業を繰り返していくためには、都市という現実に敏感でいなければならないのです。そのことは都市が現象的で幻想的であるがゆえに幻想にすぎないといわれるかもしれません。それでもいまのところ、これまで通りの姿勢で現実と都市を意識しながら、一生懸命ひとつひとつのありようを大切につくっていくしかないのです。

複合ビルをこれから考えようとする意識で街を眺めますと、戦後の借りものの近代化や

▼3…一九七八年六月号、第三章収録

▼4…「新建築」一九七四年十月臨時増刊号「日本近代建築史再考　虚構の崩壊」参照

高度成長のなかで、むやみやたらとつくってしまったものが多すぎる感じがしますし、大勢の人がかかわる都市的建築こそ、住宅よりていねいにつくらなければならないと思えるのです。私は中規模な都市的建築も住宅と同じように、建築家としていまある建築をのり越えて、新しい建築の地平を開いていくものになる可能性を残していると考えたい。そこでは経済性とハイテクノロジーでつくられた大規模建築もひとつの仮説と捉えることができ、変更していけるかもしれないと思うのです。

（2）女性としての建築

住宅をいくつもつくっていくことは、実にいろいろな人がいることを確認させられる作業でもあります。そういった意味でいろんな複数の人の集まる場所こそ、もっと大切につくりたいものだと思うのです。かつては人の集まる場所や寺社などは、住宅と同じように豊かな感性と厳密さによってつくられ、建物が生き生きとしていたのではなかったかしらと思うのです。大きなものを大切につくらなければ、将来もっと大きな反撃を受けることになると思って設計しなければならないと思うのです。女性である私にこれからも大きなものをつくらせて下さるようなクライアントが現われるかどうかが問題ですが、私は、「女性として」住宅の延長上にあり連続するものとして大きな建築をつくりたい、とこの頃思うのです。

私のつくったものを「やはり女性のつくった建築だなあ」という感想をいただくことはとても嬉しいです。例えば〈焼津の家1〉を発表した時期に先輩の大建築家が「女性としてのエロチシズムがある」とおっしゃって下さったことを、今日まで密かに喜んでいました。なかには私の雑誌への発表の仕方では隅々まで見せないので、女性のつくったものかわからないといわれることもありますが、男性のクライアントから頼まれても女性つまり夫人や子どもたちともこまごま打ち合せてつくっています。それに女性としての建築をつくるということは、何も「家庭画報」的なことだけをカバーしてあれば良いということだとは思っていません。男性的とか女性的ということは、ものとのかかわり方の問題だと思います。女性としての建築とは、ベースに住宅建築のありようをもち、そして抽象性とか自然性というようなもののもつ二面性にバランスが取れている建築のことでしょう。

私はどんな機能をもつ建築であっても住宅建築のありようをベースに据え、個別にある対話を大切にしながらその個別性をのり越えて、建築として自律する世界をつくっていきたいと考えています。ですからこれからもこの姿勢を保持し、女性としての建築をつくっていくことになろうと思います。[5]

▼5…原文ではこのあと作品紹介と会場でのQ＆Aが収録されているが、ここでは省略した

・・・講演

住宅設計の発想とプロセス

松山・桑原の住宅

「ヤマハ建築セミナー通信Ⅱ」一九八三年十月、広島での講演

はじめに

今日は〈松山・桑原の住宅〉のプロセス・ドキュメントということで、この住宅を建てる前の敷地の状況、エスキース・スケッチや模型のスライドを用意しました。また、施主のプロフィールなどのお話もするつもりですが、その前にこの住宅に至るまでの私の略歴をふまえて、これまで続けてきた小住宅づくりについて述べたいと思います。

私はこれまで、最初の仕事としてやった〈焼津の家1〉以来、だいたい一年に一軒ぐらいのペースで住宅をつくってまいりました。今日はまず、その折々に考えてきたことや、どんな姿勢でつくってきたかということをお話しながら、それらを通して、私が建築をつくる際の発想の仕方やプロセスを感じとっていただこうと思います。

1　私における六〇年代

私は六〇年代の前半を大学で過ごし、後半は菊竹清訓建築設計事務所に勤務したわけですが、この六〇年代というのは、七〇年代、八〇年代というように、日本が高密度な工業社会になる時代の先駆けみたいな時代で、建築家という職業も、相当に社会の活性化をうながすような力を持っておりました。ですから、建築というのは自分にとっては身近なものというよりも、何かとっても高いところにある仕事だという気がしていたものです。

その当時菊竹先生は、メタボリズムグループのひとりとして、公共建築を次々につくっておりました。また壮大な〈海上都市〉構想の提案を行ったり、代表作になる〈出雲大社庁の舎〉が仕上がったのもこの頃でした。その後〈東光園〉も竣工し、汎太平洋賞だとか芸術選奨などをいただいて活躍しておられました。そういう時期、まさに菊竹清訓が自分の想像力をフルに発揮した充実した作品づくりの真只中に、私は飛び込んだことになります。

私は大学に入ったときもそうだったのですが、常に思うことに、建築というものは、技術的なことや社会的なことを扱うにしても、もっと日常的なレベルで思想に関わっているところもあるだろうという期待を持っていました。ですがそういう状況でしたから、学生の頃も、勤めていた五年間も、これには私が女性であるということも関係していると思われますが、どうしても建築を自分の方にひきつけて身近なものとして関われずにおりました。要するに自分は建築家になりきれない、という感じで毎日を過ごしていたわけです。自分のやりたいことと矛盾は感じていたんだけど、どうしようもないところに押し込まれて、ただその場にある大きな力に流されていた。私にとって六〇年代というのは、いったい何をしていた時期なんだろうと、改めて考え込んでしまう程、いま思うと自分というものが見えないままやってきたというのが実情のようです。

次第にその時期に事務所でつくられている建築とは異なる建築、インテリアも何か独自なものを考えてみたいというような気分になったりしました。結局、自分が建築をやっていくのに向いているんだろうか、もう一度考え直さなければと思い、菊竹事務所を辞めたのです。そしてその後も建築と向いあうべきか、大学に戻って考えることにしました。

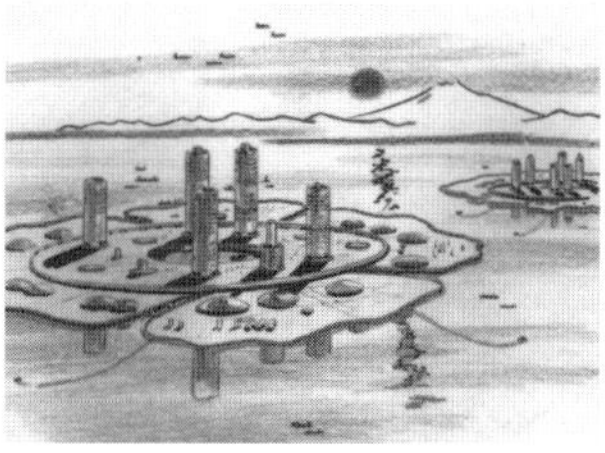
菊竹清訓〈海上都市〉1959年

2　改めて建築を考えた二年間

（1）思想としての建築

六九年、東京工業大学の篠原研究室に入りました。いつものことですが、その選択は非常に直感的なものでした。篠原一男の紀伊國屋新書『住宅建築』と、その後出たＳＤ選書の『住宅論』を読んで、それまで自分が学んできた建築とは異なったものに出会える感じがしたのです。その論理は、あくまでも住宅をつくることから引き出されたものですけど、私にはもっと大きな思想のように感じとれたのです。そしてその思想は、あきらかにその時期にあった建築の思考の秩序からかけ離れていて、どちらかというと、その状況を否定し、逆転しようとせんばかりのものでした。

私には長い間、どうしても建築を身近なものとして感じとれず悶々としたものがありましたから、それは非常に新鮮でした。その思想は、その時期にもてはやされていた建築の状況や成果を、取り込むことのないものであると言っており、それまでずっと私がとらわれていた技術論とか、建築の生産論というような計画論の格子には決してとらわれず、まったく違う空間についての多様な論理であることに惹かれたのです。私はとにかく身近なものとしてある住宅というものを通して、もう一度建築を自分なりに考え直さなければ、どうも建築とつきあってはいけないと感じて、二年間の研究生活を始めたわけです。

その頃は何度も伝統的な民家を見に出かけたり、それに関連した本を見たりすることで過ごしました。私はそれまで、そうした日本の伝統的なものや民家を見直すこともなかったのですが、篠原一男の住宅論が伝統論から始まっているということとか、「民家はきのこ」という言葉に惹かれていたからでもありました。といっても、別に伝統が再び自分の建築をつくるコンセプトになるんだ、というようなことはまったく考えていなくて、住宅を通して建築を身近にしたいというような意志が、民家を見ることに向かわせたんです。伝統的な形式やフォルムを直接問題にしたことは一度もなくて、とにかく人間が住むための住居というもの、建築である以前にある何かを民家を通して確認したい。要するに、近代以前から建築を建築たらしめているようなものというか、家に人間が抱き続けてきた変わらない意識みたいなものを通して、自分の手のなかで建築をじかに感じてみたいというような気持ちがあったのです。二年間とにかく機会をみつけては民家の見学に出かけていました。

(2)建築という概念

篠原研に入って間もないある日、菊竹先生と篠原先生が、初めておしゃべりするところに同席させていただいたことがありました。そのとき、お二人の使われる建築的言語は、同じ言葉でもその意味内容が違うことに気づいたのです。建築家ひとりひとりがその立場で、まったく違うことを思考しているということを、改めて思い知らされました。そこで私は、菊竹清訓の文章と篠原一男の文章を「新建築」などから取り出して、例えば「機能」という言葉なら、その前後にどんな言葉を使ってそれを説明しているか、といったことをメモしていくことをしばらく続けたことがありました。それは大変に面白い比較表だったのですが、その作業を通して、私は篠原一男の論理をよく学べたと思います。

そういうことをしながら、いつも考えたことは、やはり、私にとっての建築とはいったい何かということでした。そして建築家という職業について思いめぐらしたのです。建築家は自分のすべてを投入して、自分の内面を出しきって創造的な表現をするのでなければならない。自分の立場に執着して、作家として芸術・作品を制作しなければならない。私にはとてもそんなことはできそうにない。自分には向いていないのではないか、というようなことを一生懸命考えて、あっちこっち出かけたり、いろいろな建築の本も真剣になって読んでみたわけです。

(3)建築の多様性

机のうえで勉強することと比較して、民家をめぐりながら住宅とは何かを考えることはとても楽でした。人間が生活している生きた空間は、「建築」というときの、あのゴツゴツしたすごい空間ではなくて、何かソフトでしなやかなもの、もっと自分の身近なところに引きつけて考えられるわけです。そうすると「建築」よりも他の呼び名の方がいいんじゃないかなんて思うのです。「家」とか「建物」というように、また「建築家」なんていうんじゃなくて、何とか私のようなものがやっていくのにふさわしい言葉はないかなという感じがしました。

それから、同世代の人の仕事を見たりしているうちに、建築論のなかには、建築という系譜ではない、もうひとつ別の流れがあるのではないかと思うようになりました。それは住宅をつくり、民家をつくってきた流れを断ち切るのではない、複数の人たちや多方面に関わって成立している建築です。建築家というより職人とかビルダーというような姿勢であらわされている人たちがつくるものです。建築とはいったい何ぞやと考えているうちに、そんな方向にあるものが、自分のなかに見えてきたわけです。

こうして、建築の複合性とか多様性に目が開かれた結果、非常に狭い範囲の建築しか見ていなかったことに気づくようになりました。研究室を出てからは、この多様性を局部的にでも展開している仕事を積極的に見て歩きたくなりました。沖縄に出かけ象設計集団の仕事を見せていただいたこと。学生と一緒に都内の商業空間を見て写真を撮りまくり、ポピュラリズムについて考えてみたこと。また、セルフビルドのことを考えたり、古い職人さんの仕事とか、また古い素材を拾いあげて評価しなおしながら、現在の社会的歪みを批評しようとする姿勢を持つ人たちの仕事と接触してみたいと思い、彼等と共に行動したのも、建築の多様なあり方を知りたかったからです。

3　六戸の小住宅

(1)七〇年代の仕事

そうこうして、「猶予期間」を手にしたという感じだった二年間は短かったのですが、とにかく大変有意義な時期を過ごしたと思っております。一時はやめてしまおうかとも思っていた建築でしたけど続けることになり、その後六年ぐらい篠原先生のスタッフとして研究室におりました。また、スタッフになった七一年頃から、春休みとか夏休みを使って、妹や友人たちの家をつくりました。とにかく一年一作はつくろうという感じで、自分の仕事を始めたのです。

ところが私が請け負った設計は、私より若い施主が多く、ローコストで敷地も狭く大変厳しい条件の小住宅ばかりでした。その解決として、都市生活をテーマにしてこんなものができましたとか、新しい生活の提案をしますなんて言うとびっくりしちゃって、特別なものでは気恥しくて住めないとおっしゃるクライアントもいました。そうかといって、ローコストだから本当にローテックなことをテーマにして、プレハブにつながるような問題の提案もできませんでした。小住宅は何かひとつテーマを持ってつくる方が設計しやすいことはわかっていながら、まったくテーマというものを持ち得ないような状況のなかで、それらの小住宅の設計をはじめたのです。

いま言ったような、クライアントと私の関係も影響しているかもしれませんが、七〇年代の初めから住宅をつくりだしたということは、それが六〇年代とか八〇年代の初めだった場合とくらべて、私の仕事に大きな影響を及ぼしているのではないかと思うんです。七〇年代の初め頃というのは、菊竹先生をはじめとする個々の建築家が、社会的に大きな影響を及ぼしていた六〇年代とちがって、もはや万博も終り、後は大組織の大きな力が動き出しました。作家とか作品という形式で成立する建築のありようが、そして建築家は、社会的にどんな役割を持つことができるだろうか、ということが改めて問われ出していた時期で、今日でもその応答を迫られ続けているわけです。

ですから、実際に建築家らしく創造力豊かにいろんなものを自由につくるということさえ、少し疑問を感じていました。先輩の建築家たちは非常に創造的で、作家論ともいえるような論理で武装しているわけですけど、その姿勢をまねることさえなんとなく困難に感じられていたし、なにしろ自分が建築家らしく振る舞って、その結果に盲目的に期待する気持ちが、私のなかに生じてこなかったのです。その時期に私が住宅の第一作をつくり出さなければいけなかったというのは、大変な悲劇だったのではないか、その後ずっとそれを引きずっているということを、いまも感じているわけです。その時期に建築をつくり出した人たちには、社会的な状況と向いあうと、建築の概念は、もはやその解体論の深化したところでしか、あるいはその先にある状態のなかでしか見い出せないというような感じがあったと思います。

(2)必然への回帰

そんな具合ですから、私は実際に建築をつくる機会に恵まれながらも白紙で出発し、実際つくっていく現場を通して考えていく方向をとる以外にありませんでした。とにかく敷地が狭いから、それを有効に利用することを考える。ローコスト化するための架構を考案する。風通しとか雨のこと、方位に対しての採光の取り入れ方、音響など室内環境をきちんとつくるためのことを考えよう。まあそんな風に、気が小さいこともからまって、なんとか失敗しないでつくるために物理的な問題をきちっとやろうと思ったわけです。できあがってから、建築家なんかに頼まずに大工さんにつくってもらえばよかった、と少なくともそれだけは言われないようにしようと、最初はそれくらいの気持ちでした。ですからこれらの小住宅は、物理的なことから発想を起し、大変個別な条件に基づいた個別な計画という性格の強いものでした。

施主に家族が何人で予算がどのくらいという条件をうかがい、そして敷地を案内していただく、そうすると不思議なんですが、ものすごい経験者みたいに、この敷地にはこうして建てればいいというようなものが、パーッと思い浮かぶんですね。あの直感的なイメージです。通風とか方位、敷地の状態、さらに家相とか施主の生活観を重ねると、小住宅の配置といえるものはできちゃうんですね。言い換えればそれだけ条件が厳しいので、すぐにこれしかないということになっちゃうのかもしれません。

でも一方では、そんな風にいわば自動的に出てきたものをそのままつくるというのは、はたして建築家として正しい方法なのかという疑問が浮かんできます。

私はこの自動的に出てきた案を一応は図面にして、ときには模型にしてフィックスしておくのです。なにしろ一年に一軒やろうと夏休みと春休みに設計するわけですから、半年くらい考えていられるわけなんです。あとの半年は何をするかというと、建築家らしい作品にしようとたくさんの案をつくるんですね。単に条件を重ね合わせて自動的にできてしまった第一案とは違う、むしろ条件を切り離した建築作品らしいもの、非常に造形的なものであるとか、明解な形式があるものとか、いろいろなコンセプトとかテーマをかかげて、いくつもエスキスをするんです。それぞれ平面と断面と立面くらいまでつくるんです。先程言ったような、あまりにもと思える程作品性を感じるような案をつくりあげては、自分の方がそれに惚れ込んじゃって、これでいきましょうと施主に見せてびっくりさせたりすることもあります。とにかく、できるだけ案をつくる作業というのは、はじめにできた案をチェックするような働きがあります。ところが、結論的にはやっぱり一番はじめの案になることが多いんですね。

六軒とも全部そんなことを繰り返しました。みんな最初の、あたり前で何でもない案、まさに物理的な諸条件から出てきた案というものに、しごく当然のように戻ってしまうことがわかってきたんです。

はじめはそんなつもりではなくて、本当に真面目に建築作品をつくりたいと、多くの時間を費してたくさん模型をつくるんですけど、結局、最初の案が必然的な結果であるというようになってしまう。これはいったいどういうことなんだろうといろいろな角度から考えて、これらの小住宅を発表するときは、いつもそのことに触れました。

私のつくるものは、クライアントの持つ個別な条件に基づいた個別な計画という性格が強いものです。個別な条件から発想して、必然的結果として成立しているような建築をめざしてきたことになります。個別な計画を繰り返してつくっていくことは、多様な角度で検証し、多様な傾向を次々に提案していく試みともなり、ひとつの住宅をつくるという偶然の出来事を、どこまで一般解として批評に耐えうるものにすることができるかという試みでもあったといえます。

(3)自由な発想

どうも住宅というのは、強い形式や形態を持った空間をつくるとか、芸術性を目ざしてつくるようなものではないんじゃないか。これらの小住宅をつくり続けている間は、そのことを確認するための作業をしていたように思うんです。私の設計の仕方というのは、いつでも、自分でつくった建築の概念にある強い形式というものを解体するプロセスをやってきたんではないかと思うわけです。解体することを開始しても、それが建築として建築たりうるものというのは何だろうということを、小住宅づくりを通して一生懸命求めてきたんだろうと思います。

以前にある雑誌で特集があったとき、六軒の家のプランを全部並べてみたんです。敷地が違うし要望も違う、ひとつひとつまったく別個のものなんですが、それらは、ヨーロッパの住宅が持つ非常に形式が明確な、中心に広間とかリビングと呼ばれるものがあるようなプランとは違うんですね。〈緑ヶ丘の家〉みたいに、とにかくキッチンと書斎と寝室があって、あとはプランのなかに斜めの壁が一枚あるだけで、何処をどんな風に使われてもいいような、相似形の部屋で全体ができているんです。それらひとつひとつは、自分の生活を重ねつつ、今日の日本の状況のなかで、それしかないというものを私なりに考えてきたんだと、昨年［一九八二年］その本ができたときに再認識させられました。加えていま思うことは、頭で構築した言葉やその観点に執着したり、自分のセンスというものにこだわり、そのこだわりにピントを合わせようと一生懸命になるときより、そのこだわりを一度はずしてみたら、本当に自由に発想できるのではないかということです。こだわることで自分を拘束していることが実は非常にたくさんある。自分を無くすることができたら、もっと自分が無意識の内に秘めている可能性を引き出してものがつくれるのではないかと。難しいことですが、この頃よくそんなことを考えます。[1]

4　桑原の住宅

(1)設計条件

独立してすぐ〈徳丸小児科〉という、クリニックと住宅が複合している建築をやり、その後、松山郊外の桑原町というところに住宅をつくりました。これが表題の〈松山・桑原の住宅〉です。私がそれまでつくったのは小住宅ばかりで、敷地が最大で六十坪、延床も四十坪を超えることがありませんでしたから、百八十坪ある敷地は、印象としては、郊外に悠然と建つヴィラがつくれるという感じでした。ようやく邸宅といえるものを手がけることになったのです。

敷地は角地で、三方の道路が下っている少し高台になった場所です。その頃はまだ桑畑みたいだったんですけど、四方から臨める敷地を見せてもらったときは本当に喜んだものでした。施主の要望として、車が地上に見えているのは嫌なので、下った西道路から地下に車が二台入れるようにして欲しい、それには二十坪程必要かなというだけで、なにしろ地上は広々と建てられるわけです。施主は建材会社の社長さんでしたから、ショールームをつくるような気分でもありました。それに建築材料を扱っていますから、建物というものが、標準としてどれくらいかかるか、というようなことも知っておられるんです。それからこんなこともありました。施主の奥さんはどこかの雑誌で、ある建築家の打放しコン

▼1…原文には続けて焼津の住宅2、緑ヶ丘の住宅などの作品解説があったが収録にあたって省いた

クリートの作品を見たそうで、なかなか良さそうだから住んでみたいということでした。打放しの建物は、松山市にはあんまり無いんです。

一方ご主人は、鉄骨とか外壁用の金属パネル、サッシュ、それから屋根材だとかいったものを扱っている会社を経営していますから、それらを使って欲しいという希望でした。しかしそれはどうしてもという強制ではなく、結局おまかせしますとおっしゃられる。こんなケースはそれまでの厳しすぎる条件の設計とはまったく違うものでした。それから、クライアントの生活の仕方にもあまりこだわりというものがなく、インテリアまで私がつくることによって、いままでとは異った生活を始められることを期待していました。小住宅のガランドウをつくっておき、インテリアを保留せざるを得なかったそれまでの設計とは、この点でも大変違っていました。

（2）桑原の住宅の発想

この〈桑原の住宅〉の直前にクリニック［〈徳丸小児科〉］を、大きな建物というので、とても時間をかけて設計しました。しかし時間をかけて多くを思考した結果が、必ずしも納得するものになるとは限らないということを身にしみて感じたのです。時間をかけるということは、往々にして自分の思考に執着し過ぎているからです。先程からお話しているような、敷地などの諸条件のなかから生ずる自然で必然的なありよう、その初期イメージというようなものより、非常に概念的なことにこだわって、言葉や言葉から誘発されるイメージにとらわれているときは、とらわれる程にスケッチする手は自由に動かないものです。〈緑ヶ丘の家〉は、斜めの壁が一枚あるという非常に合理的で単純な発想ですが、結果として多様な構造的意味が読みとれるものになりました。複合建築の難しさからくると思うのですが、複数の形式を重層させることでつくられているクリニックはとても概念的な建築になり、単純さと多様さという対立が生じさせる深みや重みが伝わり難くなってしまいました。〈桑原の住宅〉は、そうした仕事をやり過した後でしたので、初心に返ってという思いで、小住宅をつくったときのようなプロセスを踏んでつくりました。

(3)〈桑原の住宅〉の設計プロセス

クライアントのオフィスや倉庫に通い、技術の専門家にいろいろなことを教わりながら材料を決めました。鉄骨を露出して使うのに錆び難くする方法として亜鉛溶融メッキをすすめられ、そのときにメッキ加工を見せてもらいました。

この建物の構造は鉄骨造とコンクリート造との混構造になっています。隣地と接する北面と道路と同レベルで接している東面、それから一階と二階の床をコンクリート造にしてあります。その他は鉄骨造ですが、自由に柱の形状を選択したいという考えで柱と梁の納まりをピンジョイントにしてあります。道路と接する東立面と隣地に接する北立面は、先程話したように打放しコンクリートの壁で防禦壁としての機能を持たせました。西立面、つまりテラス側ですが、地下部分にはデザインした半円の断面のシャッターボックス、その上部はテラスに美しい夕日を導入するようにガラスブロックの壁となっています。遠方からも見える南立面はアルミパネルと、アルミパンチングメタルが続く長い立面です。

(4)しなやかな空間をめざして

広間と玄関、広間と食堂を簡単に間仕切るため、シースルーのステンレスメッシュを布の幕のように天井から下げています。このメッシュも、クライアントの倉庫を見せていた

〈松山・桑原の住宅〉
左：夜のパンチングメタル

だいたとき、工業用に使うものとして細かいのから粗いのまで、さまざまの種類が置かれていたなかから選び、簡単に素人の手でつくったものです。この住宅のインテリアをつくるのに重要なテクスチャーでした。この金属メッシュの細かいものは触れると布に近い手ざわりで、不思議な柔らかさがあるんですね。

この住宅が完成した直後でしたが、友人の奥様がフランスの古物市で買ったという、銀の鎖の織物でつくった化粧品入れらしい袋を見せていただいたことがあります。アール・デコの時代のものらしいということでしたが、そのしなやかな手ざわりには驚かされました。私はこんな素材を知るたびに、金属を硬いとか重いとかゴツいとか決めこんだり、人間の皮膚感覚からかけ離れたもの、機械のように情感から切り離された無機的なものとして扱うことに、訂正を迫られたのでした。

合金は特性をつくると見違えるような結晶をつくり、しなやかさを備えた新しい素材となる、と最近聞きました。これまでの思い込みや決めつけから離れて、金属素材でしなやかな空間をつくってみたい。この住宅はそんなしなやかな建物というレベルまではたどりつきませんでしたが、これから鉄やアルミニウム、ステンレスといった素材を組合わせて、ソフトでしなやかな空間を実現させてみたいと思っています。

〈松山・桑原の住宅〉
金属メッシュの間仕切り

・・・座談会

自然の法則に従うとき消去する空間

藤井博巳×三宅理一×長谷川逸子

「a+u」一九八四年四月号。一九八四年二月七日、長谷川逸子・建築計画工房にて

ものとして現象する仕方を通してのイメージ化

三宅理一 長谷川さんというと一般にはいろいろなイメージがあって、ユニークな建築家として知られているわけです。長谷川さんの作品は、これまでにさまざまなかたちで表されてきましたが、このところ、極めて大規模な作品を手がけていらっしゃる。しかも最近のものになると、だいぶスタイルが変わってきているようですね。ここではひとまず、そういう最近の住宅ないし建築に対する考え方の変化というものを語っていただければ、話の手がかりになると思います。

長谷川 私の仕事はだいたい二通りになっているんですね。ひとつは東工大にいた一九七〇年頃からやり出した単純な小住宅の設計と、もうひとつは一九七九年に独立して事務所をつくった頃からやり出した松山の設計で、規模も住宅より大きいもので〈徳丸小児科〉とか〈AONOビル〉というような複合建築といえるものです。小住宅と複合建築である商業建築とでは、クライアントからの発注のされ方も建設する現場もずいぶん違います。その松山の仕事を発表してから、私の建築に対する考え方が変化したと取られるようになったと思います。小住宅は私より若いクライアントがほとんどで、ぎりぎりの厳しい設計条件です。その条件を出発点にしてローコスト化のための架構を考案するとか、通風とか採光といったパッシブソーラーというような、あたりまえのことを考えていくと、自動

的ともいえるレベルでできてしまうほどのものです。こうした小住宅のつくり方は、もの、つまり建築としてより自然に現象したといえるようなものでありたい、という私の考えがベースになっています。だから小住宅は、与条件の必然的結果として成立しているようなものを制作したのであって、作品といえるものかどうかわからないと考えてきました。まあ学校に所属していたので、学習するって感じでやっていたところもありますが。

小住宅のなかに〈焼津の家2〉という二等辺三角形の住宅があるのですが、クライアントが敷地の近くにある鉄工所で鉄骨造の住宅をつくってもらうとおっしゃるので、はじめ鉄骨の立方体案を提出したんですが、七百万という予算に合わなかった。困っていたところ、図面を見たという大工さんから一二〇角の木材があるから鉄骨のように扱ってつくったらという提案があった。木材で構成することになったところで、四五度の金物を使って三角形に組んでいく架構ができあがったのです。ガランドウでもいいからできるだけ大きなヴォリュームをつくってほしいというクライアントの考えと、施工する人たちと一緒に考えていった結果、この三角形の家はできあがったのです。

これはひとつの例ですが、このようにしてつくってきた小住宅のクライアントは、友人とか妹とか、たまたま近くに建築のことを勉強している者がいるから相談してみようかということぐらいのことから始まって仕事をしてきたのに対し、松山からの設計は、それまでつくった小住宅を見て、建築家に頼むという感覚でやってきたので、与えられた条件からしてまったく違うもので、私も住宅をつくるというより建築をつくるという構えがあったと思う。

三宅 先程言われた小住宅をつくるという考え、これも本来いろんな考え方があると思うんですけど、ひとつには、生活の香りというんでしょうか。生活そのものを具体化してつくってしまうというような考え方というのがありますね。これは、まあごく一般の人の考え方と共通すると思うんですけど、長谷川さんの住宅というのは、それとは少し異なって、手ざわりというんでしょうか、手の痕跡みたいなものを、意図的に排除しているようなところを、僕は印象として受けているんです。それをいま、施工上の問題として一二〇角の材木云々とおっしゃったんですけども、そもそも最初に小住宅を手がけたときには、どういう意識をもっていらっしゃったのかなあというのを伺わせてください。

長谷川　自分で設計を始めたのが一九六〇年代でも一九八〇年代でもなく、一九七〇年の初めだったということがとても影響していると思いますよ。建築をつくるテーマはいっぱいあったけれども、そのなかのどのテーマを拾いあげてみても、どうも自分の考える建築にはならないというようなことがありました。建築家が、都市住宅を家族のあり方やその新しい都市生活をイメージして提案しているのを見ても、その姿勢をまねることもできませんでした。また万博も終って、社会的には建築家の役割が問われ出し、その応答を迫られ出していた時期だったといえます。だから私は実際に建築をつくる機会に恵まれながら、自分の考えに自信ももてず、自分がつくったという自分の跡みたいのはできるだけ残さず空白にしておきたいとさえ思っていました。「住宅のような小さな建築は、テーマをひとつはっきり表現できれば作品になる」と教えて頂いたのに、それもできず設計には白紙で立ち向い、つくる現場を通して考えていく方向をとる以外になかったのです。

一番初めの〈焼津の家1〉を「新建築」に発表したとき「長い距離」という原稿を書きました[1]。長い距離という言葉は、空白ができる程十分な距離をつくることであり、そのなかに置かれた人間と人間の関係を問題にすることでもありました。実際この住宅は、敷地状態にあう自然環境のよい室内をつくろうと考えた結果、物理的スケールが長くある住宅

▼1…「新建築」一九七二年八月号、第一章参照

になったものだったのです。この住宅と同じように、〈緑ヶ丘の家〉の「斜めの壁」の説明もしてきました。直方体のなかに、二階に寝室二室、一階に食堂と主人の仕事室の二室をつくるのに、通風を良くしようとすると南北に細長い部屋が四室になるが、その四室に広がりも欲しいと考えたとき、中間仕切の一枚の壁が斜めになった。そしてこれまでの住宅と同様、幾何学的に相似形の四部屋があるプランをもつ住宅になったのでした。

大きな空間とか主室といえるものがあって、そこに正面性とか求心性を感じさせることが、作品としてつくるためには必要なんでしょうが、私はそのような建築家らしさで、自分の内面の表われとして表現しつくる、作品的なつくり方は避けてきました。というよりできませんでした。どちらかというと、建築をできるだけ即物的に現象させようとしてきたといえますが、この頃になって即物的といっていいのかわからなくなっています。即物的なるものは芸術的につくろうとしたもの以上に芸術的になったり、現実的であろうとすることを超えて虚構性を語り出すものになったりするものですから。評論家によって「長い距離」も「斜めの壁」も「即物性」も、そこから隠喩的な機能や意味が読み出されて、作品化してもらってきましたし、同僚の建築家には、その斜めとか長い距離という非日常性や形の変形やその逸脱ぶりまで含めて、女性的感性と解釈されてやってきたわけです。

三宅 ちょっと話を変えて、材料に対する取り組み方ですけれど、アルミなんかをずいぶんと使用なさっているように思えますが……。

長谷川 アルミを使ったのは〈焼津の文房具屋〉からですが、本格的に使い出したのは松山の仕事からです。

三宅 それには意味が何かあるんでしょうか。

長谷川 ええ、フレーム構造をできるだけ建築の構造にしたいと思ってきましたので、フレーム構造を被覆する素材として有効な材料でした。〈緑ヶ丘の家〉でひとつだけコンクリートのキューブをつくったんですけど、これは本当にクライアントの好みで、もう押しつけられたみたいなところがあったんですけれど、やはり私は住宅の壁として、コンクリートはよくないと思っているんです。テクスチャーとしては好きなんだけれど、住宅の素材として必要な、人間の皮膚感覚に近づけるようなしなやかさが感じられないからです。住宅の素材というのは、あのように硬質な塊でないほうがいい。とにかく軟らかい細い部材を組合せてつくっていく木造や、鉄骨造の方が断熱も居住性もよくなるし、何といってもなじみ方がソフトだと思っているんですよね。文房具屋さんは店舗であるより文具の収蔵庫であって、倉庫みたいなものをつくってほしいということでしたので、倉庫をつくるレディメイドの鉄骨で架構を組んで、その骨組をパッケージするように壁、屋根を金属板で包むという方法をとりました。建築を実現させるのには厳しすぎる与条件でしたが、とりあえず建築を構成する架構や材料、特に工場生産される鉄製品をアルミ板を用いて、空間をつくるというより部品を組み合わせてつくる。その方法で現象する仕方を通して建築を考えてみたいと思いました。

〈徳丸クリニック（小児科）〉は全体をコンクリートでつくってほしいという要求でしたが、実際には、基礎を安くあげるということが主な要因で、コンクリートと鉄骨の混構造になったのです。下層のクリニックの部分はコンクリート、上層の住宅部分は鉄骨造です。フレーム構造の外壁としてガラス、ステンレス、タイル貼り、プレキャストコンクリートなど考えられますが、アルミパネルを選びました。空が晴れているとなんとなくブルーになり、夕焼けならピンクに染まり、曇り空ならにぶい鉛色にとかたちを写すことなく、外の気配を色に置きかえ終日変化する様子が好きなんです。コンクリートを住宅の素材として選択できない理由として、しなやかさが不足しているとか断熱性能が悪いというだけでなく、アルミのような工業製品と違って、現場で手工業的につくるのでその仕事の跡、手の跡が残るでしょう。かつてそうした跡を消したくて、銀ペンキを塗って無機的でメタリックなものにモルタルやコンクリートを置き換えることも小住宅の外壁でやってきました。

三宅 アルミ的なイメージというのを追求して銀粉を塗ったんですね。

長谷川 そうだったと思います。割と初期からそういうイメージを求めていたから、小住宅には屋根材のような安い金属板とか、パンチングメタルとか金網とかリブ材とか、銀色に鈍く光る工業製品を内に外によく使ってきました。〈AONOビル〉のファサードには透明ガラス、反射ガラス、磨きの程度の違うステンレス数種をモザイクのように埋めてありますが、このステンレスの磨きはあくまでガラスと同質のものとして使ってあり、地の素材であるアルミ壁のなかに埋め込まれたガラスのような壁という表現でした。透明なガラス貼りというものもあまり選びません。〈徳丸小児科〉にサインカーブが連続するようなガラスブロックの壁がありますが、青い色の厚みを消すようスリガラスにしてあって、外のものや人のかたちが影のように映る仕掛けになっています。ただし天井と床に接する一列は、壁が空中に浮くように透明ブロックですが。

藤井博巳 いままで長谷川さんのお話しを聞いていますと、ふたつの方法の流れがあって、ひとつは小住宅に対する方法と、もうひとつは普通の建築に対する方法とがある。ということでしたが、多分、小住宅にしろ大きな建築にしろ、そのなかにある斜めの壁についてはまったく同様に、設計プロセスのなかで、どの壁が斜めになったらどういうふうになるのかなあ、というような意識が作動すると思うんです。それに、いまテクスチャーの話が出てきたけれど、そのコンクリートは軟かくないとか、それからアルミは非常にソフトだとか、そういう感覚的なこと自体が、建築の大、小、あるいは機能の違いとは関係なく空間のことを考えているんじゃないですか。それで、ふたつのやり方があるというのは、ある意味ではストラテジーのレベルで違うんじゃないかなという気がしてね。それで、ひとりの建築家としての長谷川逸子というのは、あなた個有の感性で小さなものも大きなものも同一に扱っているんだろうという気はしているんですね。

長谷川 それは確かで、自分という資質からは逃れることはできないということからすれば、私というひとつの感性が支配しているといえます。〈徳丸小児科〉は小住宅の延長線上で考えた、と発表の説明に書きましたが、考えていたほど明解なものになりませんでした。そう簡単にはいきませんでした。〈徳丸小児科〉は各階違う機能をもつ五階建の建物です。それまで小住宅を個別な条件のなかで単純なひとつの形式にまとめて何軒もつくってきたように、各階の機能に合せて設計された各階の自由なプランを重層させて全体としようと考えました。しかし単純な形式をもつ小住宅と比較して、複合建築における重層化は、単に複雑化したというだけでなく、とても操作的な建築になったと感じました。私にとって建物のスケールとかその使用形態というものは、建築を決定する大きなファクターになることも知りました。建築を自立させるためには敷地の形状とか施主とかからは、独立した発想のうえにあるべきだ、という考えをもっている人がいますが、私の建築は条件が足場にあるものです。とにかくこうした複合建築は、小住宅のようにはストレートに表現できない難しさがまたつきまとっています。

私にとって住宅を考えるということは、多木浩二さんの本『生きられた家』そのもの、つまり人間が生きていくことの複雑さそのものと向いあうことだと思ってきました。都市的建築も不特定多数の人たちが関わる、まさに複雑さ、複合性そのものを問題にすることであることは変わりないとは思っています。しかしいまのところ、複合建築の仕事はまだまだ思うように扱えない難しさを感じていて、納得いくものができあがるには、さらに経験が必要なようです。

藤井 クライアントがこういうふうにやってくれとか、コストの問題、環境の問題とか、そういうような建築をつくっていく状況というのがあるんだけど、それ以外に長谷川さんのもっている建築への感覚的な質みたいなものね、そのことの方が僕は重要なんじゃないかという気がしますね。〈焼津の文房具屋〉ですか、三宅さんも先程指摘していたように、それ以後ずいぶん変わってきたんじゃないかという気がするんですけどね。どういうふうに変わっているかというと、やっぱりアルミの素材ということによって軟らかいものというのかな、空間の現象性というのかな、そういうようなもののなかに自分のイメージみたいなものを追い求めているというか、そういう感じがするんですね。まあそれ以前は、かなり篠原さんの影響がところどころに見えるような、そういうものがチラチラと見えていたんじゃないかという気がするんです。

長谷川 ものとして現象する仕方を通してイメージ化するということでしょうか。

藤井 〈桑原の住宅〉にしても〈AONOビル〉にしても、空間の質みたいなものは、つながりをもっていると思うんですよね。

長谷川 〈桑原の住宅〉は、こういう郊外のヴィラみたいなもので百二十坪もあるから、私にとっては住宅という大きさを越えていました。渡辺豊和さんが大阪の読売新聞に書いてくださったとき、外壁はまるっきり工場であるのに、内部は対比的に磨き抜かれた白大理石の古代の王侯の墓室のようだと。町の人たちもそんな見方をするんですよね。これは工場かな研究所かなと、住宅だと思う人はあまりいないんですね。クライアントが鉄や非鉄などの建材の仕事をしていて、そのショールーム的なところがあったので、そのことが相当影響して商業建築風になっているところがありますね。

藤井 だから、住宅だと見えなくてもかまわないんでしょ。

長谷川 確かに小住宅をやっているときから、一般にいわれる住宅というレベルにある問題を考えているというより、建築というレベルで関わってきた。つまり先程もお話ししたように、人間が生きていくことに関わる多様性と向い合うことだったといえますからね。研究室にいるときに感じたことですが、工業大学らしく、工学技術的に成立している建築学といえるものがガッチリとあるわけです。坂本一成さんは、その工学的基礎を据えたうえで新しい問題を提出していこうとする建築家といえます。だから斜めの壁など彼の建築には絶対に現われないのです。比較すると、私の考える建築は、その工学的なことを逸脱してもつくってしまうところがある。逸脱するというか、違反しても優先させる別なものがあるといわんばかりの姿勢をとってしまうところがある。

空間を浮上させる日常の生活行為

藤井 長谷川さんの場合は、坂本さんのように家のタイポロジーを中心にやってきたわけじゃないし、小住宅のなかでいかに生活しやすいスペースが取れるかというようなところに力点を置いてつくってきたわけだから、そういうようなものが大きいのを扱うと、もっと違った建築的な要素がそのなかに顔を出してきたっておかしくないわけですね。それで〈AONOビル〉を見ると、長谷川さんらしいなという気がしてしょうがない。建築のなかに形態上のアーティキュレーションというか、半円筒とか円筒とか、正方形の空間が斜めになっちゃったりね、いわゆる全体が整合的じゃない、アーティキュレイトされたものが非常に断片的に見えるような方法が取られている。これは、病院〔徳丸小児科〕でしたっけ、内部の壁が波のようになっていたのは。以前僕はその病院を見たときに、これはどういうことなのかなあと思っていろいろ考えていたんだけど、今度の〈AONOビル〉を見ていると、なるほど、長谷川さんはこういうようなことをやりたかったんだなあということが非常によくわかったんです。そのように、壁のアーティキュレイトされたものを断片的に扱うというのは、コルビュジエの〈ガルシュ〉[2]なんかまさにそうなのですが、〈ガルシュ〉の場合には整合的なグリッドが背後に隠されていて、そうしたグリッドに断片が自律したり付属したりしながら、非常に多義的な空間をつくっているわけです。それに対して長谷川さんの〈AONOビル〉の断片は、非常に感覚的な対応の関係にあって整合的じゃないわけね。そういう意味で何か新しいものを感じるんですけどね。

三宅 例えばル・コルビュジエでも、ミースでもいいんですけど、おそらくは、かなりヨーロッパの古典建築の原型というものがあって、そこからどう操作するかという問題が生まれるわけです。リチャード・マイヤーなどは、いまでもそこに立脚してますね。そこに曲線が出てくるのは、ひとつの変型の結果としての曲線みたいなものがあると思うんですけど、長谷川さんの場合はむしろそれがない。極端にいってしまうと、先程、倉庫とか工場とか言われたけど、街に日常的に散らばっているような建物とか形態が、作品のなかを横切るとでもいうんでしょうか。それ自体のかたちには伝統的な必然性というものはないところで、それはまさに断片なんでしょうね。そういうものが、曲線であるとか非合理的な形態であるとかいう具合に登場してくるのが、非常に面白いという感じがするんですね。

藤井 そういうものと、そういう感覚的な対応にある断片と全体の空間からたぶん発せられ

▼2…ガルシュの家〔別名スタイン＋ド・モンジー邸、一九二七〕

るだろう、僕は残念ながら実物見てないんだけれど、写真から受ける現象性、その現象というのが非常に原イメージというか、自然のイメージに収束していくような感じがするんですね。

長谷川 〈徳丸小児科〉や〈AONOビル〉の内部をつくる曲面や、円柱壁、斜めの壁について、このごろ自分なりに考えているのですが、小住宅のときよりずいぶん違うものだと思っています。小住宅のときは自分なりにとても自然に表われたものでしたが、複合建築になってからは、内部をつくりあげるために意図的にかたちを選び、そして配置していて、装置みたいなものになってきていると思えてきました。〈AONOビル〉でのその配置は、ひとつの空間から次の空間に移行するところで、まったく別な空間と接触するための動作や気分の切り替え装置の役割りをするようにセットしていることに、だんだん気付いてきました。

三宅 その一方で、非常に印象深いのは、たとえば伊東［豊雄］さんなんかの場合ですと、アルミを衣服のように着てみたいというふうな感じが強いんですが、それとも多少異なった質感というものを追求なさっているような気がするんですね。その場合、外側から発想する部分と内側から発想する部分があると思うんですけど、住宅をつくるときは、いわゆる住宅のプランニング上の問題で、キッチンをどうするとか、面積はこれぐらいがいいとかあるわけですが、長谷川さんについてはそういうものというよりは、まさにいまいわれた装置としての感覚なんですね。特に〈桑原の住宅〉なんか見ていると、これは小住宅なんかじゃなくって、先程も言われたように、工場とか研究所とか回りの人に言われているようですが、何かその外側、外被というか表皮というか、そのような殻があるんですね。しかも表皮といっても肌の感じじゃない。軟かい皮膚感覚というのは全然別なところでそれを身につける。甲冑を身に着けるぐらいの感じかもしれませんがね。

長谷川 私は自分の建築を分析して論理化する作業を充分やってこなかったし、うまくできないのですが。私の考えた設計図を見ると、軸線とか動線、また中心点とかいうものを書き込むのは難しいものです。目立つのは、面を何枚も重ねて重ねていって分節を繰り返し全体としようとする手法で成立しているのではないかと思っています。〈桑原の住宅〉でも四枚もの壁が重なって全体をつくっています。〈徳丸小児科〉にあっても、何枚もの面が重なる間を人は動きます。面と面との間は空間と呼べるようなものにはなりにくいものです。面と面の間のどこが主なる場所なのかさえ不明解のままつくり上げられる建築になってしまう。こういう建築に対して、軸線が引けるような設計図というのは、その線が時間軸となって人を動かし、その線上に広がるヴォリュームや空間を意識させるものであると思う。

藤井 重ねていくというのは、ある意味で多義的な感覚をつくりたいということなのでしょうが、しかし長谷川さんの場合は何か多義的じゃなくて、何となく迷路的な感覚の方が強いのかなあ。

三宅 迷路的というのをもう少し説明してくださいますか。

藤井 先がどうなっているかわからないというか、ひとつひとつの要素がどういうふうに絡み合っていて、どういうふうになっているかわからない。それに較べて多義的な場合に、こうも見えるということは、こういう対応関係にあるということでしょ。そういう見方が迷路的な場合にはなかなかできないということです。

長谷川 私のつくる建築の内部には、前にも述べましたが、主なる部屋とか正面なるものというものができてこない。小住宅のように相似で同形の部屋が必ず並んでいるとか、複合建築のようにいろいろな形の壁を導入することで空間を分散してしまうとか、それで写真一枚で作品になる建築をつくれないことの大変さは、発表の際いつでも問題になるんです。

藤井 それが長谷川さんの場合には、もって生まれた素質というかなあ、そういう一本ものに絞れないということが、非常に現代の状況に見合っている部分というのがあるんじゃないですか。いまはひとつのテーマで非常に直線的に物事を収束してものをつくるということは、なかなか難しい。

長谷川 平面をみるといつも定まったひとつの形式に固執して建築をつくっていらっしゃる方もいるけど、私のようにまったく逆のタイプの人間もいる。素質と性格を考えて良いのかも知れないけれども、素質とかたづけることは少々疑問ではありますね。私の場合、ひとつの建築を取り出してみると、そう複雑なものにはならないで単純な形式でできあがっている。それぞれ、そんなに特別に異常すぎる建築をつくってもいない。だけど、私はその都度その都度個別な計画として考えていくので、それぞれは個別性が強くはなる。いままでつくった小住宅十件を全部並べてみると、いろいろ多元的な方法を行っているようにとられるし、一本のものに絞れそうもない方向を向いてつくっているとみられてしまう。自分の創造的表現として、作品というレベルにフィックスしてしまうまいと思うことと同様、建築を完結したものとして表現することもできない。建築をものとして現象させるとき、ものと人間のその関係が浮上してくるが、生きている人間に信頼を置けば置く程、建築は未完結なものでよいとしたくなる。

藤井 ものより人間を信用しているって。

長谷川 著名な建築家が、自分で設計した美術館が竣工したとき、建築そのものを作品にしておきたいから、他人の芸術作品が展示されないと良いのだがとおっしゃったとか、住宅を設計する建築家が撮影のとき、人の使った気配がしない方が良いとおっしゃったとか聞くことがありますが、本心だと思うのです。作品としての建築をつくっている建築家は、自分の感性に溺れていて自己の内面の表現をとどめておきたい芸術家なのだから。だけど建築と人間という関係のなかでは、人間ってたくましくて、どんなもののありようも越えて人間が住むことの秩序の方が、いつだって支配的になるのが当然だと私は思っているし、もうひとつ物理的に厚みの感じられない日本の家で生活してきたことから生じるのかもしれないけど、私は自然の法則に従うとき消去してしまうほどの空間、というものに近づきたいといつも思っているのだし、だからこんな建築家の人の話をうかがうたび、自分は建築家といわれる人たちからほど遠いところにいるように思えてしまいます。私は建築家の仕事をみていて、感覚的につくっている方のものより理性的に論理を建築しながらつくっている方の建築を期待してみている。論理というのは常に人間への信頼を据えて、人が生きているというようなことと向いあっていることだと思っているから。自分はどうもどちらかというと感覚的で論理的とはいえませんがね。

三宅 僕もそれをうまく言えないんですけど、ひとつだけ言えそうなのは、ものが仮に厚みとして表現できるとすれば、まさにそれを意図的に斥けているんじゃないかという気がするんですね。空間に重ねられたいくつもの面を、すっと突き抜けられるというのかなあ、そういう意識とものの存在のあり方をもってらっしゃるような気がするし、それも決して、人間に対する明るい信頼感とは思えないんですけどね。

藤井 そういう話を細分化して、論理的に話していくと、やっぱり結局人間と物質の関係に話が還元していきますね。それで斜めの壁にするということは、斜めの壁から何かが発散していくのであって、そのことと人間とがいかに関わり合って、その結果どのような状況が生れるのかということは、ある意味で人間を信頼しているからですよ。

長谷川 斜めであるということで、目に見えない多様な機能と対応する壁になると考えてきた。住宅をつくっていると、先程も話したかも知れませんが、空間に合わせて人間が生活するなんて思えないの。日々の生活のなかで起る出来事、それも偶然といえる程の出来事が、行為が、空間を浮上させてくるというようになる。人が住んで初めて、ものはものでなく、空間に、建築になるという発想の仕方でしか向えなくなる。そうすると、その人間の予測できない行為、身体性を受け入れるものとして建築を考えるようになるところから、空白も斜めもガランドウも生じてきたといえます。

藤井 そういうなかで斜めの壁というのは、真直ぐだったら普通の壁、日常的な壁だということで終わっちゃうわけでしょ。斜めになることによって壁が真直ぐだと思っていた人には、あれはいったい何なんだろうかということで、いろんな関わり方がそこに生じてくるわけなんで。

長谷川 あの家にあっては斜めであることが自然に思えてきてしまうところがあるのよね。

藤井 それは、内なる自然なんでしょうね。

三宅 たとえば〈AONOビル〉ですが、そこで試みたさまざまな手法があると思うんですよ。これについて長谷川さんは、自分でどのような説明するんでしょうか。外側と内側のかたち、あるいは外側の重ね合わせたかたちというのは、どんなところから発しているのか、伺いたいのですが。

長谷川 ファサードは、先程話題になった面を重ねるという手法でできています。〈AONOビル〉のような商業建築は、少しでもレンタブル面積を広くすることで成り立っていますから、無駄なことはまったくできません。ですから、〈桑原〉とか〈徳丸〉のように何枚もの壁を重ねて全体を構成するというわけにはいきません。その重ねることを一枚に凝縮することで、正面のファサードをつくる方法をとったのです。ファサードには上部にある家の外壁として三角形のフレームで構成された面、その街並みのなかに合せた横窓の納まった普通のビルディングの表現を与えたシルバーのアルミ面、音楽ホールの大きな開口部から見える鳥籠のような細かいフレームの面、かつてこの場所に建っていて、この辺の街並みをつくっていたビルと同じ四階建ての小さなビルのかたちをステンレスやミラーで埋め込む。磨き程度の違うもので、その影も描く。内部にもっている機能を象徴する面を全部重ね、その機能の複合性を表現したのです。ひとつの面にして、グラフィックに処理しようと思うことが先にあったというより、これまでの仕事の延長線上にあるものとしての表現をつくろうとする意図が強かったです。

三宅 こういう複合の仕方を、仮に手法に限って眺めてみると、たとえば、アルベルティによるフィレンツェのサンタ・マリア・ノヴェッラという教会を連想させるところがあるんですね。あれの正面は一般には建物が二段に重ねられたと。つまり上の方に神殿のファサードが乗せられているんですが、それはまた、〈AONOビル〉の上部の妻の形にも似ている。下の方には別な建物があるんですね。それをしかも大理石で同じ面を合わせながら、象眼を施すという形で色を分けている。また、同じルネッサンスで、ドイツ・ルネッサンスのアウグスブルクの市庁舎なんていうのも、巨大な躯体の上にもうひとつの神殿を乗っけるという、まさにあのパターンですね。それからベネチアのミラコーリという教会は、建物のピラスターなどファサードの装飾を影にして、同じような象眼の技法を用いている。そういうところは、ルネッサンスかマニエリズムとかいう感じの手法を感じさせるところがあるわけですね。長谷川さんの〈AONOビル〉をヨーロッパの建築史に重ね合わせるとそういうことになるんでしょうけど、これは現代でも有効な考え方なんだろうなという気がするんですね。もっともいま言ったのは、現象面を指してちょっと感じたところなんですけど、果してそれがもっている現代的な意味って一体何なんだろうなあということをもう少し考えてみたいという気がしますけどね。意外とこういう重ね合わせるということに対しての感覚というのは、いままでの建築では比較的希薄だったんじゃないかなという気もするんですけど。

藤井 重ね合わせたものが、いままでなかったということはないでしょうけど、初期のグレイヴスはよく自然と建築の重ね合わせをやっていたし、最近は古典を引用しながら重ね合わせをやっているし、ある意味でいくらでも重ねてやっている。そういうフィジカルな重ね合わせというのがあるでしょ。また、三宅さんが言ったアルベルティは具体的なかたちで重ね合わせるということでしょうし、またキュービズムの平面の重ね合わせという手法もありますね。

三宅 グレイヴスなんかに確かにそういう重ね合わせの建築がありましたし、〈ポートランド・ビル〉[3]（一九八二）でもそれを試みている。でもこういう極端にいえば、倉庫的とも形容できる今日の建築の感覚と長谷川さんの感覚というのが非常に近いところにあるのは確かなんですが、長谷川さんの場合は、その意識を顕在化させているか、ちょっと解らない面があるんですけど、結果的には非常に似ていると。別の面から見れば、今日の街並みにはこの種の継ぎ足しの増築がいくらでもあるし、それはそれで日常的な風景をかたちづくっているんだな。

藤井 倉庫的とはどういう意味で言っているのですか。ブレースが入ってきたり、それから空間が非常に単純明快であるとかいうようなことから言っているのかもしれないけれど。

▼3…歴史主義的手法を用いた最初期のポストモダン建築

長谷川さんの重ね合わせというのは、〈AONOビル〉なんかで見る限り、断片感覚を生み出すモーメントの役割を果しているんじゃないかなという気がするんですね。これと較べて石山［修武］さんの場合は、僕はつくるプロセスというのかな、建築をつくるプロセスによって建築の概念を、建築とは何だという問いかけを迫っているような気がするし、長谷川さんの場合は非常に断片みたいなものを複合化していくというか、その複合化というのがシンタクティクじゃなくて、感性的、感覚的な軟らかいところでつくっているというところが、共に現代的でありながら違うところだという感じがするんです。それから、三宅さんが「建築文化」に書いた「ハイテク、ハイタッチ」[4]の形からいくと、まさにその議論の範疇に入っていくんじゃないかなあと思うんですけど。

三宅 こういうことを比較していいのかどうか解らないけれども、伊東豊雄さんの建築というのは何か材料と一体化するというか、材料に身を任せて、それこそ材料と心中しかねない危うさがあり、それだけ官能的なものをもっているような気がするんですけど、長谷川さんの場合は、はるかに即物的に処理していると印象を受けるわけですね。同じような材料を使っても、違ってくるその辺は意図的なんでしょうが、皮膚感覚というものを退けて、もっと装飾的な面の感覚に傾いている。倉庫的ということが言わんとしていることは、そういう即物性ですね。アルベルティということは手法論ということになっちゃうのかもしれないけれど、現代的な意味における、日常風景に内在する手法と意識の双方を、ともに顕在化させているような気がするんですよ。そこには、非常に乾いた感覚があると思いますね。

藤井 アルベルティの方がですか。

三宅 いいえ、長谷川さんの方が……。

▼4…三宅理一「ハイテク、そしてハイ・タッチの再登場　欧米に見る八〇年代前半の動き」「建築文化」一九八四年二月号

シースルーの建築に漂う断片化された存在のイメージ

三宅 長谷川さんの場合は、全体の平面でもいいし、自分のひとつの基準になるような空間の単位でも構わないんですが、プロトタイプというのは発想されないんでしょうね、むしろ。

長谷川 まったくないわけではないです。でも発想の次元で考えるというより、繰り返し設計をしていくことは建築を多角的に検証し、いろいろなありようの提案を試みていることになるわけですが、繰り返しつくっているそのこと自体、一般解を探しプロトタイプやアーキタイプを求める作業のように思えるのですが、どうでしょう。プロトタイプということではないのですが、先日あるところで建築のスタイルという話があったのですが、自分の基準になる平面をもっていて、いつも打放しコンクリートのキューブにするというようにスタイルをもてたら、頼むクライアントの方は予測ができて安心ですね。それで、日本でもスタイルをもっている建築家は、とてもたくさん仕事してますね。私の場合はそんなに仕事がなかったこともあったりして、スタイルは安定していないタイプですから、雑誌の発表かなんかでスタイルが売れて仕事がくるというようなことはいままで一度もなかったし、これからもありそうもないですね。

藤井 長谷川さんの言う意味はナルシシズムじゃなくて、その反対なんだろうという気はするんだけども、それとまた違った角度から言って、いまは面的な状況というのがひとつあって、ハイテクもあるしコンセプチュアルもあるしバナキュラーもあり、いろんなボキャブラリーが次から次へと出揃ってくる面的な状況があって、そういうなかで直線的に何かを還元して自分のスタイルをつくって売りこんでいくことは、難しいだろうという気がするわけです。だから、面的な状況のなかで自分がいかに身振りをするとか、自分の面的なスタイル、面的なスタイルをつくるということは本来無意味なのかもしれないけど、そういうなかでどういうふうにやるかという、皆がいまや横に一直線に並んでいる状況だと思うんですね。だから、そういうなかで長谷川さんの〈AONOビル〉は非常に面白い役割を果している建築だなという気がしますね。スタイルがないということが新しいというか、いろんな問題をもっていると思うんですけど。

三宅 先程、装飾的なものとおっしゃったけど、例えば窓から外のものを見るとか、窓から覗くとかいうものじゃなくて、つまり内側と外、外と内側というそういう関係というものは、これもやっぱり即物的といったら即物的だし、面が単純に何重の意味も発しているというんじゃなくて、ただ置かれている。いま、藤井さんがスタイルがないと言われましたが、その通りですね。僕は非常に面白いと思うんですよ。

藤井 長谷川さんの場合は壁という感じじゃなくて皮膚感覚というか、それが強いからね。だからある意味で、回りの装置がなくなったってかまわないわけでしょ。

長谷川 そうですね、スケルトンだけで。割と前々からシースルーのものが欲しいと思っているところあって、本当は骨組だけでいいと思っているといえそうですね。

三宅 現代の先端という言葉は多少オーバーかもしれないんですけれど、先程藤井さんが言われたような意味で、今日の、かなり本質的なところに内通している。こういうのが今後どういう方法論をとって断片化していくのでしょうか。断片が断片を呼ぶという感じでますますバラバラになっていくのか、それとも何かもっと大きなイメージとして固まっていくのか、それはどうなるんでしょうね。

長谷川 やはりイメージとして固めたいと思っていますね。

藤井 磯崎［新］さんの〈筑波〉［〈つくばセンタービル〉］も断片、縫合ですね。磯崎さんの断片からみると非常に古典的なもので、磯崎さんの断片というのはちゃんとしたひとつの応答への予測があってね、それを切り刻むことによって、その断片と断片のせめぎ合いからどういうイメージが発生するのかというところがあると思うんですけど。長谷川さんの場合は、どういうイメージが発生するかということよりは、ともかく断片が漂っているというかな、漂っている断片がどのように感応していくか、そういう感応の仕方のなかからどういうイメージがそこから生産されるかということが、そういうプロセスのなかに知らず知らずのうちにあるんじゃないかなあ。

三宅 磯崎さんなんかは、作品の背後に神話あるいは、もう少し神話的なイメージというものをたたえているような気もするんですけど、長谷川さんの作品を見てると、最近話題になっている建築家ですけど、ハインリッヒ・テセノウという建築家がやったようなある種の即物性を漂わせつつ、極端なまでのシンプリシティを追い求めているのでしょうね。単純性、簡素性、そしてそのなかにある種のポエティック、言い換えればある種の存在イメージがあるような気がします。

藤井 テセノウの場合は非常に有機的というか、非常に融合されているでしょ。そういう古典主義的建築のイメージと住居というものが、長谷川さんの場合、非常にアーティキュレーションが強いせいか、断片性が際立っているところで違うような気がするんですけど。

三宅 そうですね、確かに近代建築史に重ね合わせるというよりは、むしろ現代という状況がかなりはっきりと出ていると思いますね。

・・・対談

平面をめぐるディスクール

竹山聖×長谷川逸子

「都市住宅」一九八四年五月号

竹山聖　長谷川さんがつくっていらっしゃる建築、あるいは平面との関わりということでお聞きしたいんですが、以前、〈焼津〉とか〈鴨居〉とか〈緑ヶ丘〉とか、わりと狭い敷地でやっておられた頃は、当然平面のことを一生懸命考えていらっしゃって、そのへんが非常によく見えていたんですけれども、最近の松山での〈AONOビル〉といったような作品は、むしろファサードのプロポーションとかコンポジションとか、そっちの方に目が行っちゃうような感じがするんですけれども。

長谷川　篠原研にいる頃からローコストの小住宅というのを始めて、本当はああいう仕事しかないだろうと思っていたんですが、設計事務所を始めてすぐ、〈鴨居〉とか〈柿生〉という小住宅を見て気に入ってくださった松山の〈徳丸小児科〉の仕事が来て、続いて〈松山・桑原の住宅〉〈AONOビル〉といった仕事ができたんです。〈桑原〉に限らず、複合ビルのなかの〈徳丸邸〉も〈青野邸〉も百坪を超えてますから大邸宅といっていいですよね。広さがあると、特別な操作をしなくても、単純な分割プランで楽に成立してしまう。だけど、小住宅は平面づくりをしなければ、つまり生活に密着して対応しなければ成立しないんです。平面を、クライアントの個別な条件に照らし合わせてつくらなければならないのね。平面づくりやインテリアのあり方に力点を置いた小住宅の立面っていうのは、無表情で倉庫のようなものですませてきましたけど、松山の建築は、〈桑原の住宅〉でさえ、クライアントの会社のショールームみたいな機能を備えていたし、三件とも商業建築としての側面をもっているんです。それで立面、特にファサードに力が注がれるようになったんだと思います。

日本の住宅史を見ても、生活様式、つまり平面を考えることが住宅建築の課題となってきましたよね。やっぱり生活様式に変化があった時期や住宅事情が悪い時期、何かが不足しているとか狭いという量的問題があるときと、今日のようにその質が問われるときに、平面に関心が持たれるのだと思うんです。

小住宅というのは、設計事務所でやったら経営的に成り立たないんですけど、小住宅をつくるときの方が考えなければならない問題が出てくるんですね。だから、ずっと続けてやっていこうと思っているんです。松山のような仕事と小住宅をつくることとの両方を、事務所ではやっています。

松山の仕事は建築をつくるという感じなんですけど、小住宅の場合には、建築の枠では律しきれないものを考えさせてくれる場所という感じで、抽象的な建築論ではなくて、ものすごく具体的なレベルにあるもの、生活論でやらないとできないんですよ。

竹山 具体的な生活論に絡めてやらなければできない、というときの生活論とは、たとえばどういったことでしょうか。

長谷川 小住宅だと、予算のことに限らず、敷地も、与えられるあらゆる条件が厳しいわけですね。ところが逆に、小住宅の方が要望は多いんです。大邸宅だと、私がもし自分の考えでつくっても、どんなふうにでも逃げられると思っているので、任せてくれるんですね。そして、建築家の側で考えたことを提案してくれることを望む。何か新しい考えでつくられているなかに、自分が住もうと思っているんです。それが、私の場合は松山の仕事なんですね。だからインテリアもみんなやらせてくださるんです。

小住宅の場合は、住み手がまだ若くて、生活がちゃんとフィックスしていないのに、夢はいっぱいあるから、子ども部屋はこうしたいとかキッチンはこうしたいとか、自分の考えをできるだけ出してやろうとします。つまり小住宅だと、生活のレベルでも建築家と闘おうとするのね。自分でつくろうという意志も、もっとあるし。建築家の側が論理的な平面をつくってもダメなんです。じゃあ、建築家として住宅に何の提案ができるかというと、小住宅の場合にはあまりできない。住宅をつくることは、建築に生活論を問うことでもあると思うんですよ。続けてやっていると、個々の生活のありようは、実に違うということを認識させられるというか……。ニューライフの提案とか、都市生活のイメージを売りものにしても、早々に古めかしくなってしまうし、平面の新しさの難しさ、そう簡単にプロト化なんかできないことを知らされましたね。

たとえば、〈緑ヶ丘の家〉に斜めの壁が一枚あるでしょう。クライアントは、書斎とキッチンとダイニング、上に寝室二室の、四部屋欲しいと言うわけです。間口が狭いなかで、どうやって四部屋つくるか、パズルみたいにやっていく。ごく当り前のこと、風通しを考え、日当たりもよく、北側の部屋にならないようにと考えていくと、南北に長い縦割りにしなくちゃいけなくなるのね。そうすると、廊下を広げたような部屋になってしまう。〈焼津の家1〉のときも同じような敷地条件で、間口一間半の幅で我慢して、「長い距離」をつくったりしたんだけど、こういうのはすごく空間性に乏しい。つまり、この幅では使い勝手が悪い。いろいろな機能に応じられないのね。生活ではいろいろな出来事が起こるんだから、それらに応じられるようにしよう、人が集まる場所も、ふくらみも欲しいとなると、これは必然的に斜めになる、ごく自動的に。斜めの壁は、いろいろな意味を持っているというような批評家的な読み方があって斜めになるわけではないんです。

私は、全部そんなふうに、自動的に自然にできたことっていうので、言い訳をして平面を発表してきました。だけど結果としては、評論家が、斜めは全体の構成やヴォリュームをバラバラに分散するような力を持つとか、斜めの壁によってできあがった空間の質は、目に見えない多様な隠喩的な機能を持つ建築になっている、と後で読み取れるものになる。大建築だと、こういう操作をしなくてもいいんです、広さという特色だけでも成立するから。

それから、私は、小住宅ではインテリアは本当にちゃんとはつくれなかった。ガランドウにしておいて、彼らがそのなかで生活をつくり出すというものだったと思うんです。完成したインテリアとか、それからモダンリビングなんかなくたっていい。ガランドウというインテリアをつくっていましたね。その結果として、私は、空間に合わせて人が動くんじゃないと思うようになったわけ。住む人がものを置くと空間ができるし、パーティとか出来事のために人が集まると、そこに空間ができる。小住宅をやっていると、家というのはいつでも未完成でしかあり得ないってことを知らされますね。人が生活し、生きている空間、しなやかさ、やさしさといえるもの、そういうものは拭い去ることができない、ということを知らされましたね。それから、建築という概念や、建築の芸術性を問題にするより、日々生活している人間の、身体的直感とでもいえるものに支えられた、弾力性のある思考のうえにあるのが、住宅建築だと思うようになりました。

竹山 さっき、「長い距離」と言われましたね。「都市住宅」[1]で〈鴨居の家〉を発表されたときに論文を書かれて、そのなかでも「長い距離」ということを書いていらしたと思うんですが、そのへんのところを少し説明していただけませんか。

▼1…「物理的スケールと多視点」「都市住宅」一九七六年二月号。第一章収録

長谷川　初めて発表した〈焼津の家1〉の原稿の題名が「長い距離[2]」でした。その文学的な言葉に、私はいろいろな意味を託していたんですね。物理的に長い距離をつくることで、距離感覚を奪い去ってしまうほどの拡散化とか空間の断片化作用、それから逆に、空間の凝縮という作用も、臨機応変にできるだろうと。それは、人間と人間の距離においても、臨機応変な自由な関係がつくれる、ということも語ってきたと思います。「長い距離」という言葉は、初めての小住宅でのテーマだったわけです。小さい住宅は、プランをつくらないと結果的にもたない。私は、こういう小さいのをやっているときの方が、ここで生活をして生きている人たちがすごく信用できるっていう感じがします。こちらに任される大邸宅の方が、コミュニケーションが少ないから心配も多いのね。

小さい家だと、施主はすごく細かい要求をいっぱい、私に投げつけるわけですね。キッチンがああだ、浴室がこうだというのを、みんな持っている、色のことまでも。そのなかで話し合い、闘いながらつくっていく。結果的にこんなふうにシンプルになるというのは、小住宅をやっているときには、その生活がすごくたくましいと感じるし、本当に生きているという感じを託せる。だから、建築がどんな抽象的でも住める感じがしちゃう。反対に、大きな住宅はすごく抽象的で非日常的にできていてもいいはずなのに、任されると逆に、ごく何でもないプランになりやすい。たぶん私は、若い人たちの生活のたくましさみたいなもののなかで、その生きものとしての人間に信頼を置いてしまって、つくるんですね。

こういう小住宅をやっていて、社会を動かすほどの力になるような、プラスになるようなことって、ほとんどないというか。だけど、そういう一見マイナスなことが、発表することでプラスに逆転するんじゃないか。そういうことって、あるでしょう。すごく大きな建築のようになるっていう感じ。

▼2…「新建築」一九七二年八月号。第一章収録

小住宅というのは、そういうことを実感として感じさせてくれるんですね。

竹山 いまの説明はよくわかります。ただ長谷川さんに興味を持っている建築家や学生は——いわゆる長谷川ファンですが——長谷川さんの空間の形式というか、空間の自立性みたいなものを支持しているわけですね、生活をベースにするにせよ、生活というものをもう少し抽象化して捉えるにせよ。だから、長谷川さんに対するいらだちのようなものがあるとしたら、たとえばいまの、生活にはさまざまな出来事が発生する可能性があるし、機能に対応するために幅の狭い部分と広い部分を取るといった語り口、にもかかわらず、そういったものが最終的に建築になったときに非常に抽象的なプランとして結実している、その飛躍の唐突さなんじゃないかと思うんです。いかに建築家が生活のことに心を砕こうとも、最終的に建築家のなし得ることは形式を定めることだと……。

結局、長谷川さんの建築の持っている最大の魅力は、その形式の新しさだと思うんです。

長谷川 建築って、結果的には形式が浮上してきますけど、その裏側に複数の出来事、複雑なことが絡み合ってあるということが感じられたとき、初めて形式としてちゃんと成立するんだと思う。単なる形態の問題じゃないというのはそこだと思う。だから、結果的に非常に形式的なものになろうと、造形的なものになろうと、生きていくことに関わるいろいろなことの複雑さと、関係を持たないところにある形式はつくりたくない。その私の意志が、そういう語り方をさせるんですね。

建築というのは基本的に、ものすごくいろいろなものが複合したものですよね。平面というのはひとつの断面でしょう。建築計画学では、床から一メートルのところの断面だと教える。断面は立面とは違う。だから私は、平面図と断面図とは同じレベルにあるものだと思う。だけど立面図というのは違う感じがする。まさに面なのね。それはアートにもなっちゃうし、グラフィックにもなっちゃうし、一元的に語られちゃってもすむものなんだけど、断面というのは生活のひとつの断面であって、テーブルひとつ置き換えても全然違って見えるでしょう。ものによって、ものすごく作用される。そういうふうに生活のひとつの断面であり、ある時期のひとつの断面なんですね。だから平面は、時間やいろいろなことで動くんですね。

平面の形式というのはそういうことで、一面的なことじゃない。それから多面的な生活が読み取れる、いろんなことが読み取れるのが平面だという気がします。だから平面の持っている形式が感じられるというのは、いろいろな複雑なことを人が感じ取ってくれることだと言っていいと思う。だから私は、結果としてひとつの形式がはっきりあるプランは、嫌いじゃないですね。

ものにはいつでも、複雑さをナマに出すものと、単純にすることでその裏側に複雑さを隠しているものとがあると思うけど、私は、プランはどっちかというと単純明快な方がいいと思う。その方が、あとで自由がきくという気がするのね。完結したプランということと違いますよ……。

竹山 完結の回避ということで興味深いのは、斜めの導入ということですね。非常にシンプルで、完結に限りなく近い建築にも、どこかそれを壊して逸脱させているという……。その斜めが、長谷川さんの形式だという感じがするんです。完結さの崩しとしての斜め、逸脱の形式というかな。

長谷川 そういう意味では、正面性というのがないんですね。どこかが支離滅裂、どこかが歪んでいるかズレているかする。安藤忠雄さんはもう少し違う、自分でつくったひとつの形式を持って一途にやっているという感じがするし、篠原一男先生は分割という形式を基本にずっとやっているんですね。

私は、一途に何かができない、いろんなことがしたいタイプなんですね。東工大の篠原研に入って、工学的厳密さというものを知ったというところがあります。工学的建築のありようの伝統を逸脱したというか、そんな建築が多くつくられていますけど、東工大にはそれへの批判があるんですね。私はその厳密さに徹しきれなくて、曖昧にすることで建築をつくってきたところがあって、常に批判の的だったんですよ。〈緑ヶ丘の家〉〈鴨居の家〉の斜めの壁も、〈焼津の文房具屋〉のいくつかの谷のある屋根の架け方も、批判を受けました。私、東工大に行くことで、ずいぶん拘束をつくったんです。

篠原先生も、いっぱい拘束を持ってやっていらっしゃるんです。篠原先生は自分でつくった拘束だから自由なんですけど、私たちはそれを学んだから、文字どおり拘束なんですね。この頃、いろいろなことにいっぱいこだわっていて、それをクライアントに押しつけているような気がして、何にもこだわらずにヒョイヒョイつくれるといいな、と思ったりして。

竹山 でも、こだわりがなければ自由を見い出せないという感じがあるでしょう。

長谷川 そうかな、私にとっては、こだわることは自分の観点に執着しているということで、自分の文脈をつくっているにすぎないと思うんです。自分をなくすことで、初めて自由な発想ができるという感じがあるでしょう、そういうことです。自分は本来ないものだとすることができたら、透き通ってスースーとイメージが湧いてくる感じってありませんか。こだわるものがなければ自由は見い出せない、というのと違うと思うんです。

私は次つぎにつくることで建築の可能性を求めていきたいと思うから、ひとつのことを一途にやっていこうという姿勢に欠ける。リチャード・マイヤーに頼むクライアントは、ああいう白い家が欲しいと思って発注するわけでしょう。つまりひとつのスタイルを持続してやっている建築家は、スタイル自体が売りものになっているんだと思うんです。日本でスタイルが売りものになっているでしょうか、日本では建築のスタイルは売れないのではないかしら。ひとつのことをずっとやっていても仕事が来る、そういうファッショナブルなスタイルで売り込みができるというのは、たいへんなことだと思う。そういうのを目指した方がよかったかもしれないんですが、仕事がなかったものだから、いろいろやってしまったのね。だから、頼む人はとても不安でしょうね。何をつくられるかわからないから。

竹山 篠原さんがやられたことに、大きな空間を取るということがありますね。そうした建築は、バシッと一発、決定的ワンショット建築で、猛烈な力がある。プランもそれを物語っていると思うんです。一本の線だけで分割したり。

ところが長谷川さんの場合は、たとえば相同に分割しちゃうわけですね。

長谷川 そう。大きい部屋がなくて、みんな同じ形の部屋をつくるんですね。だから雑誌に出すとき、カメラマンだとか編集の人にすごくすまなくて。一枚の写真ですむものなんかないので。一枚でバッチリ全部を表わせるものがあるといいんだけど、私の場合はたくさん写真を載せないと、どうもわかってもらえない。そうすると何か迫力がない、作品性が乏しいんですね。作品にするには、広間が、正面が必要だと思うんですけれども、私の場合、中心も正面もなくて、グルグル歩いて体で感じないと、どういうものかわからないものになってしまう。

斜めの壁なんて、ものすごい迫力があると思ってみんな見に来るんですよ。でも、コルビュジエの〈芸術家の家〉[3]みたいな対角線じゃなくて、ちょっと振れているだけでしょう。

▼3…一九二二年、実現していないプロジェクト

ささやかなものですから、これだったら斜めだからって生活に支障ないね、と言われる。そのへんが迫力を欠くんですね。

作品をつくりたいって、あせることもあるんですよ、正直なところ。建築家になるためには作品をつくらなきゃダメなんでしょうけど、好き嫌いや、良い悪いの問題でなく、現実につくれないんですね。

もちろん結果的に斜めというのはいろいろな意味を持つだろう、ということぐらい予測しているし、そういう目に見えないものが感じられるように、意図してつくっていることは確かです。でも、まずそれを先行させてつくっていないというところが、弱くしていると思う。初めから斜めをやろうと思ったら、こんな弱いものじゃなくて、コルビュジエの対角線みたいなものになるんじゃないでしょうか？

竹山 その斜めが、平面に出てくるというところが、独自のものだと思うんですね。断面や平面は最も生活に関わる部分で、立面というのは何とでも化粧ができる、そこでグラフィックにもなり得る、だから立面の操作で斜めを持ってくるというのはたいしたことじゃないと思うんです。ところが平面に斜めを持ってくる計画というのは、かなり意図的でない限り、あり得ないと思うんですが。

長谷川さんの斜めというのは、平面に出てくるものでも立面に出てくるものでも、たとえば「家型」という言い方をして抽象的な意味を込めるような斜めじゃなくて、本来的に資質として斜めだというか……。

平面の抽象化を進めていくというのも、そういった建築家の原型指向、プロトタイプ指向、アーキタイプ指向というのがあると思うんですが、長谷川さんの建築にも、抽象度の高さという意味で、プロトタイプ的な意味合いが強いと思うんです。さまざまな生活の多様性を突き抜けた向こうに、長谷川さんはそういうことも見ようとされていると思うんですね。それに対して、斜めとか鋭角というのは、むしろプロトタイプを崩す方向へいくわけですね。そういう点で、斜めの意味をどういうふうに考えておられるのか……。

長谷川 アーキタイプをつくろうと思って出発して、抽象化を論じることから始めるのではなくて、逆なんですね、語り口が。できるだけ個別性を論じておいて、ものをつくって、できることならアーキタイプ化しないかなあ、と考える。空間と生活の問題と一緒で、空間が生活をつくるんじゃなくて、生活が空間をつくるんだと考える。だから、できるだけ自然なものを全部加味したものをつくっておけば、そこで生活が始まると空間ができる。出来事が起これば、空間が演出力を持つだろうと。

建築的思考というのは、先にまず、建築とか空間の自立の問題があると思う。設計は敷地からも自由で、敷地の線を消しても存在するような建築でなければならない、いかなる環境からも、施主からも自由でなければならない。私の場合そうはいかないんです。ある敷地があって、ある施主がいて、そこで契約は成り立っているわけで。

先ほどから斜めということで、再三〈緑ヶ丘の家〉が出てきますが、「新建築」誌に発表したとき、斜めの壁は、斜めの列柱でありたかったと。インテリアの模型写真も出しましたが、ワンルームで列柱が建っていたら、作品としてもっと評価されるんじゃないかな。斜めに取った列柱を通して広い空間が見えた方が、写真に撮ったってカッコいいから(笑)。壁だと、逆パースはまっすぐになっちゃったり、パースの方はもっとパースがつくという、当り前の写真を撮ることになって、カメラマン泣かせでした。

すごく個別な条件でつくっておいて、結果的に一般解が持てたらいいなあというところでやっているんですね。個別から発するから、どうしても一般解になれない部分を引きずっていく、それが残っているのが斜めだと思います。建築家はプロトタイプ化しようと思うことからやって、逆にものとか、住み手の趣味などで個別性をつくるわけでしょう。一律なものをつくっておいて、住み方によって個別性を演出させると。私は逆に、住み手の個別性からつくっていって、結果的にいろんな読み方をされたり、プロトタイプになるといいなあ、という希望を託してやるわけです。そういう考えが残っているのが、斜めの壁だと思います。斜めは個別のもの、ボックス型の外枠だけがプロトタイプですね。どうしても引きずっていくんですね。斜めというプロトタイプを崩すものを、プロト化から発想してつくるときに作品になる。個別なことから出発していくとテクストのようなものになる、そういう感じがするんです。

幸いに、つくったものはみんな、ずうずうしく作品として発表しているんです。本当は作品になる質のものじゃないと思うこともあるし、住宅というのは、そうならなくたっていいんじゃないかと思うときがあるんですね。だけど、個別なるものが、作品として発表できたときに持つ意味はたくさんあると思って、発表してもらうわけです。発表していろいろな人の目に入って、いろいろと読み取られることが、批評を受けて問題になることが、私にとっては必要なんですね。

菊竹先生、篠原先生からたくさんのことを学びましたから、それを越えて自分のものをつくっていくのはたいへんで、時間もかかりそうですね。だからまだまだ、延々やらないとダメそうです。そう言いつつ時間を稼げるのは楽なこと、幸せなことかもしれません。

竹山 作品はなかなかできそうもありませんが。

長谷川 そう。建築家というのは、どこかで生き物としての人間を信頼して先行させるより、よく冗談で言うんですが、いい人にはすごい建築はできないんじゃないかしら（笑）。

自分の作品としてつくることが先行しちゃうんですね。人間を信頼して生きている人と、もともと信頼できないところで生きている人といるような気がするのね。あまり信用するとダメみたいね、建築家になるには。

竹山 一時、篠原さんが、人影すらも消したいと言われましたが……。長谷川さんの場合、比較的人影を描いて設計されるわけですね。

長谷川 ええ、描いていますね。人がどんなふうにするだろう、といろいろ予測してつくっていますからね。人がいないと建築にならないんです。女性って、みんなそういうところがあるでしょう。人が入って、生活をして、初めて家になる、というでしょう。多木浩二さんの『生きられた家』というのもそうだと思いますけど、私もそういう家を考えてつくりますね。開放されて広びろとつくっている所などは、ひとりポッツといるより、大勢いたらいいなと思ってつくっているんです。

竹山 建築物という作品自体が、ある意味では建築家の心の形だ、そういう解釈が成り立つような気がするんですね。画家が誰かの肖像を描いたら自分の顔に似てくる、というのと近いのかもしれないけど、たとえば長谷川さんが建築空間をイメージするときに、長谷川さんの資質として、乾式工法がよくて、床は響くような固い材質で、石とか金属とか、そういうもので醸し出される空間の爽やかさみたいなものは、おそらく建築家の心が投影されるんじゃないかという感じがするんです。

長谷川 はい。人から見ると、私の資質というものがとても出ていると思います。ほかの建築家でも、みんなそうだと思うけど。

竹山 そうだと思いますよ。心の形象化が建築になるとすれば、そこに他者の進入を拒むというのは、その建築家の心のなかにどこか他者を認めないところがあると思うんです。心の形というのは宗教的な意味じゃなくて、そんな湿っぽい感じじゃなくて、もう少し即物的に、スンナリと、ある心の形象化がそこに成立しているんじゃないかと思うんですね。そこに他者が信頼されて導き込まれているか、他者を排斥したところで自分の心の形象化をやっているか、それは取りも直さず建築家の心の問題だと思うんですけど。そういう意味で、長谷川さんの建築に優しさが漂うとしたら、他者が導き込まれているということなんだろうと思いますね。

長谷川 多木さんに健康的だと言われたり、また、ほかの人に女性的感性でつくっていると言われたり、私の個人的な資質のことを言われることが多いんですよ。いろいろな建築家の建築を見ていて、それはどんなことをしても消せないと思う。それを引きずっても、さらに何か共感を持てる建築をつくれないと、だめだと思いますね。つくり手の資質に重なって、初めて客観性というのがあるんですよ。客観性は独自にはあり得ないですよね、人がつくるものには。

竹山 人の前に自分の心のなかを素直にスッと出せちゃうというのは、やはり人を信頼しているということで、男の世界では、あまり人を信頼しちゃいけないと教えられているような気がするんだけど（笑）。

長谷川 西欧的男性社会の理性というか、習慣でしょう。東洋的思想では、突き詰めていくと、生きていくことが楽しくなり、解放され、素直に生きられる世界があると思って、それをめざすんじゃないですか。自分で、あれはだめ、それはだめと思っていることがたくさんあって、解放されたいと思っているところがあるんですよ。

篠原研にいる頃は、この先生のところへ来たんだから影響を受けるのは当然で、それでいいということにしていたんです。それが、出た頃から、たまらないという感じになってきたんです。なかにいたときの方が楽なのね。出ちゃってからは自分を入れ替えないといけないでしょう。解放されるって、単にあるシステムから別のシステムに移行するというようなことではないことがわかりました。そんなに自由にやっているわけでもないんですよ。

竹山 長谷川さんは、すごく感覚に信頼を置いてやっておられるような気がしますね。

長谷川 そうですか。あまり自分では信頼していないんですよ、本当は。もっと論理的に明快なものをつくりたいと思っているんだけど。それをやるとどうしても危なっかしさを感じちゃうから、やはり感覚を信頼しているということになるかなあ。論理や、何かを企てやっていると、全然自分で納得したものにならないんです、私は。すぐ壊したくなるんですね。ときどき、いろいろな言葉を羅列して、みんなにつくらせたりするんですけれども……。ひとつのことに集約してできているものが好きではないんですね。そのために理路整然ということになれないで、いつも迷路をさまようようなことになるのでしょうね。

第六章

・・・

「菊竹さんとの出会い」

第六章「菊竹さんとの出会い」には、長谷川にとって「ふたりの師匠」のひとりである菊竹との関係が伺えるテキストを年代とは関係なく三編収録した。その内容は、古谷誠章との対談「続いてきたものから新しい考えをつくる」(第一部第七章)、ヤマハでの講演「住宅設計の発想とプロセス」(第五章)、ロイヤルアカデミー建築賞受賞のレクチャー(第一部巻頭)とも連関しているので、併せてお読みいただけると幸いである。

「「かた」チームの五年」(二〇一八年)は、今回の出版のために、新たに起こしたインタビューである。いくつかのテキストで不整合となっていた年代の確認や、菊竹事務所での仕事の進め方と、菊竹と長谷川の関係、事務所のなかでの長谷川の立ち位置など、従来のテキストでは曖昧であった部分についてできるだけ具体的にインタビューをしている。収録にあたっては、既存テキストとの重複をある程度省いたが、文脈上必要な重複は残している。インタビュアは長谷川逸子・建築計画工房のスタッフ町田敦(『ガランドウと原っぱのディテール』編集)と六反田千恵の二名が担当した。

菊竹作品についての論考、「菊竹清訓　一九六〇年代前半の建築」(一九八〇年)は、「SD」誌による菊竹清訓特集「メタボリスト菊竹清訓」(一九八〇年十月号)のなかの一節、菊竹事務所卒業生らによる「私の中の菊竹清訓の作品」に寄稿されたものである。一九六〇年代の菊竹事務所と菊竹作品については、この「SD」誌の他にも、伊東豊雄の論考「菊竹清訓氏に問う、われらの狂気を生きのびる道を教えよと」(『建築文化』一九七五年十月号、『風の変様体』青土社、一九八九年収録)や、『菊竹学校　伝えたい 建築をつくる心』がある。伊東がいう菊竹の「狂気」の発生源、「作家としての感性」に近いところにあった長谷川の独特の位置が伺える。

菊竹と長谷川の唯一の対談「生活の装置」は、『生活の装置』(住まいの図書館出版局、一九九九年)出版のためにスカイハウスの斜め前にある菊竹事務所で行われ、同書第一章に収録されている。文中に出てくる編者は、対談の企画と編集をされた植田実氏である。テキストの本書への収録にあたっては、いくつかの注を付し、若干部表記を整えた。ただし、『生活の装置』に収録されている菊竹・長谷川作品の図版は収録を見送った。これまでに出版された長谷川の唯一のテキスト集である同書第三章には、出版当時の〈柿生の住宅〉〈徳丸小児科〉〈AONOビル〉〈桑原の住宅〉の写真と、各施主と長谷川の対談が収録されている。

・・・インタビュー

「かた」チームの五年

二〇一八年六月八日、長谷川逸子・建築計画工房にて

菊竹さんとの出会い

――出会った頃の菊竹さんについて教えてください。

大学四年生になる春頃に〈京都国際会議場〉[1]の模型づくりに呼ばれ、〈スカイハウス〉を見学させていただいたのが菊竹さんとの出会い[2]です。その頃は菊竹さんのことはよく知りませんでした。雑誌でメタボリズムのことは知っていましたが、自分が関われると思ってなかったから。〈海上都市〉のスケッチなどを見たのは事務所に入ってからじゃなかったかな。〈スカイハウス〉は一般誌にもたくさん出ていて、それだけは知っていました。その頃のいちばん新鮮な住宅だったんですね。ご夫妻に案内していただいた当時は、急な斜面地でまわりに建物も少なく、ムーブネットはありましたが、下にまだ和室はありませんでした。「伝統をベースにしてものを考えているけど、意識的に否定するところがないと先に進めない」、伝統を越そうとする意識がないとダメだし、引き継ごうとする意識もないとダメだ、という言葉が印象的でした。

――次に菊竹事務所に行ったのは〈浅川アパート［浅川テラスハウス］〉の仕事でしょうか。

そうです。三年生の夏になる前に〈浅川アパート〉の設計をやってください、と菊竹さんに言われて事務所に行きました。最初から全部やらせてくれるのが驚きでした。菊竹さんと一緒に住戸形式をつくるとか、マンツーマンでやるわけです。その頃まだ設計事務所

▼1…国立京都国際会館のこと。一九六三年コンペ開催

▼2…詳しくは第一部第七章、または『住宅・集合住宅 1972-2014』序文参照

でアルバイトをした経験もなくて、もちろんアパートの設計も初めて。でもなぜか、菊竹さんと一緒にやることは非常にスムーズだったんですね。すごくはやく設計図を描きあげたと思います。一ヶ月くらいアルバイトに行って、平面図、立面図、断面図をまとめました。それで建築事務所というのがようやくわかった。先日、国立近現代建築資料館の展覧会[3]で、円形の大きなガラスケースのなかにその図面が展示してあって、丁寧に保管されているなあと驚きました（笑）。

——その後、菊竹事務所との関係はどうなりましたか。進路が気になる頃ですよね?

〈浅川アパート〉のあとは一段落して、菊竹さんが汎太平洋賞をもらったときにお招きいただいたりしましたが、行き来は特にありませんでした。まだヨットをつくることに凝っていたので、横浜の石川島播磨重工に面接に行って、「女性は設計部には雇いません、事務しかありません」とか言われたりして（笑）。でも事務をやる気はありませんでした。

勉強するつもりがあるなら藝大に行きなさいと大学から指導されて入学手続きをしていたときに、菊竹さんから事務所に入りなさいと連絡をいただいて、十人目のスタッフになったんです。当時、菊竹事務所は東大か早稲田のディプロマで一位をとってこないと入れてくれない会社だったのに、〈浅川アパート〉の図面を見て、私とは最初のイメージから議論できるという思いが菊竹さんにはあったようです。「この人、図面かけるんだ」と遠藤［勝勧］[4]さんに言った、と聞いたことがあります。

卒業設計は集合住宅

——松井源吾研究室に入ったきっかけは何でしたか?

松井先生は非常勤でしたが、研究室を持っていて、学生をとっていました。菊竹さんの

同展覧会で浅川アパートの図面を解説する長谷川

▼3…「建築の心　アーカイブで見る菊竹清訓展」二〇一四年十月二十三日から二〇一五年二月一日開催

▼4…（一九三四－）建築家。菊竹清訓建築設計事務所の最初のスタッフ。「かたち」チームのリーダーとして閉鎖まで四十年以上菊竹事務所を支え続けた

伝統的な柱と梁の構成をモチーフにした〈国際会議場〉を見て、構造は面白いなと思っていたので、三年生になると松井先生の研究室に出入りするようになりました。「光弾性」といって、光を当ててみると、実際に力の動きが見えるという実験器具があって、それを操作するのが好きでしたね（笑）。鉄やコンクリートの弾性の実験をしていたんです。

――卒業設計も構造ですか？

いいえ、違うんです。構造については丁寧に書きましたが、集合住宅の設計という意匠的な内容でした。「柱が空間に場を与える」とか、「床は空間を限定する」とか、菊竹さんの好きな言葉があるじゃないですか。だから柱・梁、構造についてしっかりと構成ができているのは集合住宅かな、と。すごく苦労しましたね。わたしが構造のことばかりを考えているので、ちっともまとまらなくて。手伝ってくれる学生も、構造図を描くのか、と戸惑う（笑）。

その頃はまだ集合住宅というものがなかった。オリンピックのために、表参道に清水建設が〈コープオリンピア〉[5]をつくりだしたという時代です。戦前の同潤会アパートも見ましたが、どうも違う。アアルトの〈パイミオの結核診療所〉（一九三三）を、これアパートにいいなあと思ったりして（笑）。でも卒計の講評では設備計画が弱いという指摘があって、二番にしかならなかった。関東学院は設備が強い学校だったから。

菊竹事務所に入ると、松井先生が菊竹さんの構造をやっていましたから、ますます構造に興味を持つようになりました。入所してすぐに菊竹さんの横に座らされるようになって、ファーストイメージを一緒に描くことになります。〈浅川アパート〉と同じで、菊竹さんと直接一緒に設計を進めるという関係でした。

▼5…一九六五年、清水建設設計施工。神宮橋交差点に面する「高級マンション」の先駆けとなった集合住宅

当時の菊竹事務所のプラン

——菊竹さんのデスクのすぐ横が長谷川さんの席だったとか。

最初に行ったのは八重洲の事務所でした。ビルのなかの一室で、テラスにでるドアがふたつあるんですが、異常に細くて、五〇〇ちょっとくらいしかない。みんなスマートで痩せてたからいいけど（笑）。奥行きの深いスペースで、入ってくると左に秘書の人のカウンターがあり、正面中央に菊竹さんのガラス張りの所長室がある。菊竹さんは入り口側を向いて座っていました。菊竹さんのデスクの前に応接セットがあって、何かのお祝いに来た丹下さんや芦原さんが座ったりしていたのを覚えています。丹下さんにお茶をお出ししたことがありました（笑）。

スタッフの建築家たちは全員、入り口側から窓側まで壁沿いに製図板を並べて座っていましたね。反対側の壁沿いに資料室があって、事務、会計が三人くらいいました。菊竹さんの部屋の後ろ側に会議室があって、全員が座れるほどの大テーブルが真ん中にありました。内井［昭蔵］[6]さんの席が大テーブルの窓側、その対角線の位置、菊竹さんの部屋と会議室の間の扉のすぐ脇が私の席でした。所長室との間仕切りはガラスでしたから、菊竹さんは事務所に来ると、「〈都城［市民会館］〉やろう」とか「〈佐渡［グランドホテル］〉をやろう」とかすぐに声をかけて来ます。菊竹さんだけが敷地を見ているから、こういうところだ、と説明しながら。

——長谷川さんと内井さんは会議室で仕事をされていたんですか？

そうです。内井さんは副社長みたいな感じでした。遠藤さんはいつも現場に行っているから、たまに戻ってくると、建築家たちの机の並びに座っていました。

▼6…（一九三三－二〇〇二）建築家。創成期の菊竹清訓建築設計事務所のスタッフのひとり。一九六〇年代「かた」チームのリーダーとして活躍した

「か」「かた」「かたち」の三セクション

――当時の菊竹事務所は「か」「かた」「かたち」に分かれていたとか。

伊東〔豊雄〕さんが「か」[7]。チームは武者〔英二〕[8]さんと二人だったと思いますが、武者さんは〈出雲〔大社庁〕〉の現場に行っていたので、ほぼ伊東さんが一人で「か」を受け持っていました。万博のミーティングに行くのは伊東さんでした。私は「かた」で、菊竹さんとスケッチをつくって、伊東さんが丹下さんのところでの会議に持って行く。

「か」は設計がはじまる前の段階、都市の分析をするので、しょっちゅう「都市軸」や「軸線」という言葉を使っていました。個々の具体的なプロジェクトに対して、都市のなかでどう位置付けるか、この敷地がどうなっているか、人の動きなどを分析する。動線、人の動きをつくるのが「か」で、それを形にするのが「かた」でした。「かた」は設計図を描くので、内井さんがリーダーで、大勢いました。現場を監理する「かたち」は、遠藤さんのもとで少人数しか行きません。現場に行くのは「かた」で図面を書いた人ではなくて、菊竹さんが現場に適していると思う人が行かされるんです。私がいた五年間は、三つのセクション間でメンバーが変わることはなかったですね。富永〔譲〕さんに聞くと、後で変わることもあったようですけれど。

それから事務所が四谷に移転して設計室が広くなり、ようやく自分のコーナーをもらったのですが、いつも材料で埋まっていました。私の母は自分でデザインした着物を着ているような人だったので、菊竹さんが、長谷川ならテキスタイルもできるだろうと、カーテンから絨毯までデザインさせられていました。大阪の住之江[9]にいって織り方まで指示してくるので、布や家具の材料が集まって、わたしのコーナーはそういうモノで埋まっていました。「かた」ですから、建築の設計図もインテリアの図面も書かなければならなくて。

▼7…伊東豊雄「菊竹清訓氏に問う、われらの狂気を生きのびる道を教えよと」『風の変様体』青土社、一九八九年参照

▼8…（一九六〇―二〇一二）建築家。創成期菊竹事務所のスタッフのひとり。

▼9…住江織物株式会社、一八八三年、ウィルトンカーペットの販売から創業

家具図からサイン図から、インテリアの図面をすごい量を描かされていました。「かた」というのはエンジニアからデザインまでやるところですから。おかげで田中一光[10]さんとJALの飛行機のコンペをやってみたり、東光園の襖のことなどでお会いしたグラフィックの先生など、打ち合わせで大勢の方に会う機会に恵まれました。

菊竹事務所での仕事

——長谷川さんの仕事の進め方には、菊竹事務所時代にモデルがありますか？

どうでしょうね。菊竹事務所にいる間、どうも自分が考えているものから遠いものができる気がしていました。なにか距離がありました、篠原研究室時代と違って。とにかく現場に出してもらったことがないんですよ。近くなら行ってもいいんです、たとえば〈茅ヶ崎のホテル〉［〈パシフィックホテル茅ヶ崎〉］なら現場に行っていいんですけど。でも、女性は危ないから現場に出してはいけないと菊竹さんは思っていました。

インテリアは私が中心になってやっていましたから、菊竹さんと一緒に家具屋に行ったりしましたね。家具屋なら、菊竹さんの車に一緒に乗って行ける。そういうときにおしゃべりする機会が多かった。〈萩市民会館〉の件[11]もそうでした。菊竹さんと車に乗っていて、長谷川はどういう建築に興味がありますかって聞かれて、船です、鉄板でバンッとつくるものです、小さいとき、造船所で溶接とかを見てきました、ああやってつくると小さくてもとてもリッチな感じがします、と答えた。次の朝、菊竹さんに〈萩市民会館〉の鉄骨の案の、こんな小さなスケッチを渡されて、明日の朝までに平面図と立面図をかいてくださいい、と言われて（笑）。遠藤さんはコンクリート造で実施図を描き上げていて、もう見積もりに出していましたから、みんなに相当怒られました。

▼10…（一九三〇–二〇〇二）グラフィックデザイナー

▼11…一九六八年。詳細は第一部第七章参照

あと、構造の松井先生との打ち合わせに同席させていただくこともよくありました。〈都城〉の「乳母車」のイメージは、松井先生との打ち合わせで、地盤が悪いから一点に荷重を集中しておきたいと聞いて、スケッチしました。でも〈都城〉の雑誌発表では乳母車ではなくて「耳の構造」になっていました（笑）。内井さんの考えですね。内井さんはもっと論理的な解説を組み上げたのだと思います。

——菊竹さんとの仕事はとてもスムーズだったようですね。

ええ、なぜかスムーズでした。私は敷地を見ていないんですよ、菊竹さんの説明だけで。でも、〈佐渡〉だと、川があって、その水濠みたいな長い水場に沿って建物があったらいいじゃないかと提案したら、すぐ買ってくれました。水との関係がすごくいいと。

菊竹さんや構造の先生が話している横に座って、イメージをつくって、それを伝える。そういう役割を初期の頃やっていました。だから〈萩〉でも、鉄にしましょうよ、と言えたんだと思います。私から鉄にしようと言ったのではなくて、「なにをつくりたい？」と聞かれて「鉄の建築をつくりたいです」と言っただけですが。それが菊竹さんとできたのは不思議ですね。そのためか、とにかく、ものすごくいっぱい仕事をくれて困りました。図面をよく描き、家具も設計し、サインまで設計し、照明器具まで設計した。そしてたくさんの人にしょっちゅう会いに行く。とにかくすごく働いたという気分がありますね。

——当時の菊竹事務所のスタッフは、長谷川さんが羨ましかったのではないですか？

あとで聞くとそのようです。

——メタボリズム的な文脈での議論はありましたか？

私がいた頃は、メタボリズムについて社内で議論するという雰囲気ではなくなっていました。六〇年の「メタボリズム宣言」からほんの数年ですけれど。私が入った頃には〈東光園〉とか〈出雲〉とかをやっていましたから、むしろ、もう一度伝統論をやっている感じがしていました。

菊竹事務所で感じていた距離感

——自分が考えていたのと違うものができていく気がしていたとは、どういう意味ですか？

でき上がってからの情報がまったくないんです。インテリアをやっていましたから、一生懸命考えた家具を本当にうまく使ってくれているかなって気になって、現場を見に行ったスタッフに聞くわけです。菊竹さんも気にしてくれて、竣工写真の撮影に私を行かせてくれる。これはなかなかありがたいことでした。そのときだけは完成した家具を現場で見られたから。村井［修[12]］さんの撮影の助手だった藤塚［光政[13]］さんに初めて会ったのもその頃です。電車に乗って現地に行くあいだ、ずっと雑談していました。

でも、人がいないときに撮影に行くから、そのテーブルが本当によく使われているのかは、やっぱり見えない。使う人との距離が近い家具とかサインを設計しているのに、使う人が見えないというのはすごくつらいものがありました。地方の仕事が多かったので、菊竹さんのイメージが町の人にどう伝わって、どう使われているのか見えてこないのがストレスでした。

——菊竹さんはそういう「使われ方」についてはどう思っていたのでしょうか？

わかりません。トンカチが落ちてくるような危険な場所に女性なんか連れて行けるかって思いが菊竹さんにはあって、現場に近寄らせてくれなかった。インテリアとか家具は「使われ方」がないと設計できないという思いがあって、現場に出たい、と私はよく菊竹さんに訴えていましたけれど。菊竹さんはもっと違うところで建築の形態をつくっていた

▼12…（一九二八-二〇一六）写真家。建築・彫刻の撮影を多く手掛けた

▼13…（一九三九-）写真家。新潟市民芸術文化会館をはじめ長谷川の建築を数多く撮影している

ところがあるかもしれない。

——菊竹さんは、家具やインテリアなど、使う人が直接触れる部分を長谷川さんにまかせていたのでしょうか？

そういう大事な部分は菊竹さんは自分でやる方です。私は手伝いです。ときどきはまかせてもらっていましたけれど。菊竹さんは「か・かた・かたち」という大きな思想のなかにも生活への眼差しがすごくある建築家です。生活にすごく意識の高い人だから、みんなが使えるものに近づけるために、相当丁寧にインテリアなどの仕事をさせてくれていました。

——たしかに〈スカイハウス〉を見ると、菊竹さんは人が触れる部分を大切にしているという印象をうけますね。

現場をやる遠藤さんと一緒で、わたしも家具を設計するベースとして、いろんなところの実測をやらされました。「神田の蕎麦屋でテーブルの高さがとてもよかったので、蕎麦を食べに行きながら計ってこい」とか。帝国ホテルが壊されるときには、家具だけでいいから寸法を出してこいとか。三渓園の茶室の玄関のたちあがりの高さを測ってこいとか。

神宮前の菅原さんという東大の外科の先生の家の設計をするにあたっては、その家にあるものの寸法を全部取ってこい、と。靴からなにからなにまで全部、絵も描いて。写真撮ってきたらだめですか、といったら、スケッチしてきなさい！と叱られた。菅原先生が家にいる土日くらいしか家には入れませんから、一ヶ月くらいかけて、食器一つ一つからぜんぶ絵を描いて提出しました。これから住宅を設計するとき、こんなことをするのかと脅威を感じました。あれはすごいものでしたね。

——菊竹さんの六〇年代は爆発するような勢いで仕事をしていましたね。菊竹さんもメタボリズム宣言や〈国際会議場〉以来、デモーニッシュともいえる十年間を過ごして変わっていったという印象ですが。

私たちがいる頃はほんとうにたくさんの公共建築を設計していました。その後、富永さんの時代になると、京都の信用金庫のシリーズなど民間の仕事が多くなって、仕事の仕方も内容も変わって行きます。世のなかが変わったのか、スタッフが変わったのか。私がいたときはずっと公共建築でしたからね。最後は〈久留米〔市民会館〕〉のホールのパースを描いて机のうえに置いて、さよなら、と書いておいた（笑）。十二月に辞めるにあたって。

——三月とかではなかった。

貧血気味で体が持たなくなっていて、菊竹さんに聞いたら、それでいいと言ってくれました。もしかしたら菊竹さんは、休んで体が治ったら戻ってくると思っていたかもしれません。東工大に移ってしばらくした頃、清家〔清〕先生が「菊竹さんから電話があって、事務所に戻って欲しいようですよ」と篠原研にいる私に伝言をしてくださいました。清家先生は両立したらいいのにと言ってくださいましたが、そのときはもう篠原先生の助手の仕事をしていましたから、結局戻らなかったのです。

・・・菊竹清訓　一九六〇年代前半の建築

一九六〇年の前半は菊竹清訓の時代だったといえる。この時期に菊竹氏の熱いまなざしと肉体的なるものを強く感じさせる建築が集中してつくられている。なかでも〈ホテル東光園〉と〈都城市民会館〉は、多くの人と同様に、私も代表作と選び、近代建築としての意義、建築と社会の関係性を考える重要な資料であった。あらためてこの時期の建築雑誌をみなおすと、技術的実験と取り組みながらつくった線的構成の建築が目立ち、即物的でありながら全体に装飾的ともいえるデザインが豊富にうめこまれている。そして葛藤しながらも野心的姿勢で建築家の欲望と建築の自律性をストレートに主張していたことが読みとれる。かつて私は菊竹事務所にいるとき、〈徳雲寺納骨堂〉をその時期としては異質な作品としてみていた。この建築は二本の壁柱と水中に浮ぶスラブでつくられた単純だが、力学的な構成である。異質にみえたのは私が注目していた、空間あるいは空間性を主題につくっていた住宅建築のありようとオーバーラップさせて読みとれたからであった。この時期のほとんどの作品は、空間性より架構や装置そのものが全体の表現となってつくられていた。架構や装置を露出させ構築的であることは、高度成長が始まり出そうとする状況のなかで神話になりうるものだった。そして今日のように建築が建築という閉域空間にとどまるのではなく、菊竹氏は建築を社会文化的に効果をもたらすものとしたのだ。

私はそのような神話が成立しえなくなった今日的状況がはじまってから建築をつくり出

「SD」一九八〇年十月号

したのだが、この開放に向かう効果を、複合性とか通俗性という建築のありようから考えるというように別なレベルで問題にしてきた。そして実体としての建築が虚構として意味を生産しはじめるなら、その建築は外に向け新たな建築的なる詩を語りはじめ、拡がりがつくれないだろうかと手さぐりしてきた。そして今日、モダン、ポスト・モダンと建築家がさけぶ状態があるが、私はどっちつかずであいまいな建築をつくることしか選べないでいる。そして一九六〇年代前半、高度成長をつくった皮層構造とテクノクラートとして関係したことに変えて、建築外の全体の厚み、また生きていくスタイルにも関わるイデオロギーを問題にすることで、外への拡がりを新たに探し、建築の自律性を考えなければならないと思っている。社会はこれまでより建築家を必要としなくなってきており、かつての建築家とは比較にならないほどつくるチャンスがなくなって来ている。そのことの反省を含め、一九六〇年代前半の菊竹氏の建築と今日的建築との差異を読みなおしてみる必要があると思う。

・・・対談

装置としての建築

菊竹清訓×長谷川逸子

『生活の装置』住まいの図書館出版局、一九九九年。文中の「編集」は植田実。一九九八年八月十四日、K-OFFICEにて

スカイハウス、浅川テラスハウスの意味

長谷川　七〇年代から八五年頃までに自分が設計してきた小住宅のことを、改めていま考えてみると、いつも立ち戻るのが〈浅川テラスハウス〉であり、装置としての建築という考え方だったといえます。私が菊竹さんのところでアルバイトした大学三年生のときに[1]、この平、立、断面をまとめる仕事を集中してやらせていただいたときの、鮮烈な記憶がずっと自分のなかに残っているんです。そのあと四年生のときには[2]〈京都国際会議場〉のコンペ（一九六三年開催）のお手伝いをさせていただいた。そのとき奥さまがお札に何かさしあげたいとおっしゃって下さったので、「では、〈スカイハウス〉を見せて下さい」とお願いしたのです。それ以前に玄関までお伺いしたことはあったのですが、初めてなかにお邪魔し、帰りにはいろいろなお土産をいただいて、あの階段を嬉しくて舞い上がって降りていったのをいまでもよく覚えています。写真ではモニュメンタルな印象があったのですが、内部の居心地良さと夫人のゆったりしたご様子に、思いもかけないことでしたが、そこに生活するリアリティを感じました。それは、実際の生活の展開を拝見することで、それまでの考え方がまるで違うものになりました。〈浅川テラスハウス〉とダブるところがありました。

不思議なことに、〈スカイハウス〉で、夫婦が単位であるという家族構成にインターナ

▼1…原著は「三年生」だが正しくは「四年生」

▼2…三年生から四年生に進むとき。ここでは京都国際会議場（国立京都国際会館）と浅川テラスハウスの順番が入れ替わっている

ショナルなスタイルだという印象も持ちました。自分が、グチャグチャといっぱいいろいろな人が居る大家族で育ち、考えとしてなかったのですね。まわりにも親一人子一人をはじめいろんな家族がいたので、とにかく基本単位として夫婦があり、プラス・アルファとして子どものいる核家族、という住宅の形式を、〈スカイハウス〉で初めて見たという印象でした。同時に日本の伝統住宅に連なるワンルームにもなるし、いくつかの部屋に分けることもできるというフレキシビリティのあるプランとオーバーラップしていながら自立性が強く、なにか違う。スケールの良さと共に〈スカイハウス〉にはもっと生活の理想というものが込められている。建築を通して人がどう生きるのか、生活や家族というものをどう捉えるのか、そんなことを考えるきっかけがここにありました。

住宅を学校で学んでいるときには、そういうレベルの問題については、コルビュジエ、アアルトなどの巨匠たちや先輩建築家たちの空間や素材など即物的な見方をし、空間性ばかり追求する学習をしていたように思います。だから〈スカイハウス〉についても、コルビュジエのドミノに通ずる二枚のスラブ間の原形的な構成ばかりを意識していたのに、奥様にお会いしてお話を伺ったとき、建築には別のアプローチがあることに気がついたのです。〈スカイハウス〉は生活の場のデザインがテーマだということを、二時間ぐらいのあいだに知らされ、その経験はいつまでも新鮮に残っているんです。あの日の訪問はそれくらい大切な一会でした。

そのあと私自身も小さな住宅を設計してきましたが、クライアントと話し合いながらつくるやり方を通して生活をデザインするという方向をとってきました。〈スカイハウス〉のように強い建築はつくれないし、原点と考えてきた〈浅川〉を越えるようなものもつくれなかった。社会が次々と変化し常にゆらいでいる、ライフスタイルが固定できない日本のなかで生活の場づくりをテーマにしていきながら、その難しさを感じてやってきた。四季の変化を楽しみ、趣味を持ち、隣近所の人たちとの交流も大切にする日本人の生活様式に合った、歴史を継続させながら変化を楽しむ生き方に応えられる住空間はどうあったらいいのか。ときには余白を持つ住宅を追求し、そうして行き着いたのはその敷地にこれしかあり得ないと考えられるヴォリュームを不動のものとして立ち上げ、内部は生活を受け入れる積極的なガランドウしかできない、建築は変化にも対応する装置であっていいのではないか、という考えを導入してきたわけです。それは、装置としての住宅をつくり続けながら、生きていくプロセスと共に成長していく空間を住宅としたいという提案でもありました。住宅というものには装置がすごく重要で、そこにはクライアントが参加すべきではないかと思いつづけていました。建築は、竣工したときがスタートで、未完なるものを人が住みつつ住み手の生活の場にデザインしていくのがよいのではないか、って。

その考え方は公共建築でも同じで、ピーター・アイゼンマンさんとメキシコの大学で一緒になったとき、長谷川の建築は、住宅だけでなく〈湘南台文化センター〉のように一見複雑に見えるものでも、じつは中身は空、ヴォイドだと言われたのです。ガランドウのなかに、道具さえもち込めば、もっと多様な機能を立ち上がらせることが可能な、はらっぱのような性格をもった空間でよいのではないかと。それと同じ言葉なんですが、活動するソフトに対応できるような空間を公共の場とすることしか、建築家はできないのではないか。

建築のフレキシビリティとは、一貫して生活という横断面のなかにあるもので、公共建築もまた住宅と同じく生活の場の一部としてあるべきものと考えるからです。

ここ二十年ぐらいを整理してみると、私は住宅を先生のもとでぜひ設計してみたい気持ちがあったのに、いざ入所したら大きな公共建築ばかりだった。それで住宅をつくりたいという気持ちを、大きな建築のなかに投影していたのです。はじめ担当したのは〈都城[市民会館]〉の立面でしたが、その後に〈東光園〉、〈盛岡〉[〈岩手教育会館〉]、〈茅ヶ崎のホテル〉[〈パシフィックホテル茅ヶ崎〉]や〈図書館〉[〈島根県立図書館〉]の家具をやる仕事を設計の仕事と平行してやらせていただいたことは、忙しかったけれどとてもよい経験でした。〈佐渡グランドホテル〉や〈久留米[市民会館]〉、〈島根[市民会館]〉、〈萩[市民会館]〉。先生は本当に大建築をズンズンやられ、どんなに忙しくても納得いくまでものをつくろうとしていらっしゃった。先生が書かれた小さなスケッチを渡されると徹夜で拡大し、次の日に先生にお渡しする。その結果、皆のトライしている案が変わってしまう。そのお手伝いをするたびに皆の恨みを買っていました（笑）。五年近くをそうやって過ごし、万博のタワー[〈エキスポタワー〉]に少し関わり、最後に〈久留米〉の外観のパースを書いて終わりました。

菊竹事務所のスタッフとして過ごした日々はエキサイティングでしたけれど、やはり最初に知った建築としてある〈スカイハウス〉と〈浅川〉の図面を書いたことが大きい。でも家具もやらせていただいてエクウィップメントに対する興味をもちつづけた。東急のアパートメントの〈ペアシティ〉[3]や、その展覧会をやったときは、私は一戸の住宅のプランとかパースを書くようにいわれたんですね。それで、部屋と部屋の構造は格子状のものを選び、収納棚に利用できる装置壁の住宅を提案した。そのとき、住宅の設計をする建築家になりたいと思う気持ちが強くなっていきました。それで東工大の篠原先生の〈白の家〉に魅かれて研究室に入れていただいたのですが、振り返ってみると、何をするのにも菊竹さんの考えを引きずっていたようです。

多くの大建築に関わるなかで、住宅とは矮小化したものではなく、〈スカイハウス〉で

▼3…東急ペアシティ・プロジェクト、年代不詳

あり〈浅川〉のプランであるという確信が高まり、いまの公共建築まで、そのことを原点にしてきたのだと思います。

菊竹清訓　ヨーロッパもアメリカもラテンアメリカも、世界のシンポジウムに出て必ずといっていいほど長谷川さんの名が出る。その意味では世界の建築家たちが大きな関心をもって、次にどういうことをやるのか、長谷川はどういう考えをもっているか、みんなとても気にして、それが議題になったり、ランチのときの話題になったり。で、いつも嬉しく思うのですが、私もこうしてはおれない、何かいい仕事をしなければと刺激を受けるわけです。いまも話に出たみたいに〈スカイハウス〉とかテラスハウスとしての〈浅川アパート〉は長谷川さんが刺激を受けて土台にしているといわれたんですが、じつは私も同じように、いつでも考えるときにそこに立ち戻ることになるんです。

どうしてそうなのかなと考えてみると、〈スカイハウス〉をつくるときに、親からいろいろお金を出してもらったり財産を相続したりして、パッとつくるというような実現の仕方じゃなかった。私の家は九州で、地主として生活はそれなりに心配しなくていい状態、しかも本家だったのでいろいろな人が集まってくる、そういう家だったのですね。おじいさんたちも、まだ健在で、番頭さんも女中さんも子守さんもいた。そういう多人数の家族のなかで生活していて、それがいつまでもずっと続くと思っていたんです。そしたら大学をちょうど出る間際に終戦になって田んぼだけでしたから全くの無一文になって。[4]それから後は財産税などで借家とか倉庫とか物納して身売りするような形の生活でした。私の学費も途端に出なくなった。ですから無一文が田舎に住むのか東京に住むのかということもあるし、卒業してすぐ竹中に入ったのも大学院なんかに残らないでくれ、お金がないから自分で給料もらってやってほしいという次第です。そんな状態のなかで結婚したので、わ

▼4…一九四七年の農地改革による

ずかでも貯めて自分たちで家をつくる決心をした。

だから、つくる以上は普通の家をつくったらダメなわけ。もう一つの問題は生活の基本が特殊で、地主の家というのは冠婚葬祭全部自分の家でやる。ホテルでやるなんていうのはありません。近所の人たちにお手伝いしてもらってするわけで、そのときに使う座敷が四間×四間の大きさです。その間に仕切があるけれど、そのふすまを取り払って一部屋約三十畳にして使うわけ。だから、どういうときにどうしつらえて使うかはみんなわかっている。そのため家をつくる以上、まずあれ位の広さがいるな、と。とにかく住宅公団から借りてつくるので、そんなに金額の余裕はないわけです。一部屋つくるとそれでいっぱい。次の間も必要だけど、とにかく座敷だけは確保して生活できないか。そんなことで広さを決め、家内ともに無一物なのでライフスタイルもどんな生活をするかなんてことは考えられなかった。

ちょうど戦争が終わったときの家族像は大混乱でした。これまでの家族制度がみんな消えてなくなって、新しい家族に対してどうつくっていくか、男女同権とか選挙権の問題とかが一挙に出てきて……、家内とは恋愛結婚でしたから、一緒に建築を勉強していて、岸田［日出刀］先生の研究室におりましたから、どういう生活をするか未知数。一方で、実家の方ではブリヂストンを初めのころ援助したりしたことがあったので、社長の石橋さんが少し仕事をあげて応援しようということで関係が始まったのですが、仕事というのは、古い木造の改造で、それが一通り終わったあとはアパートの設計でした。会社の工員が入る社宅です。でも初めから社宅とはこういうものという既成枠組があって、それ以外はやらせてくれない。それがイヤでイヤで、本来の生活を考えるのが私の仕事なのに、決まったことしかやれない。でも設計せざるを得ない。このままでは自分の考えが時代のなか、社会のなかに埋没してしまう。どんなことがあっても自分の考えを何かの形にまとめて石橋社長にも見てもらって、私はこういう家をつくりたい、こういう家を依頼してほしいと理解してもらわなければ、埋没し消えてしまう。そういう切羽つまった思い込みだったと思うんです。

〈スカイハウス〉はそういう意味で、だから相当行き過ぎている（笑）というか、当時のライフスタイルからいっても、どこをどう使っていいのかわからないようなところがありましたしね。

ヨーロッパの生活様式とアジアの生活様式

長谷川　家族の崩壊とかいわれるなかで、商品住宅などは家族像がちゃんとあるような感じで寝室をいくつ確保して……、そういう家族をもつことを理想とするような、普遍的であるような形が決まっているんですが、実際はいろいろな人たちがいて住宅プランと家族像とはずいぶんズレている。そのズレを埋めることもなく、ずっとやってきている国なんだけれど、ただ現実にクライアントがいて仕事をしようとすると、ライフスタイルの定義もどうやって生きていくかも何もない。改めて対話することが必要になる、この国では。先生のお話のとおり、戦争と一緒に家族像は粉砕されていて、社会がいろいろな意味で活発になるなかでさらにいろいろな生き方が認められ、家族はゆらいだままですね。そういう現実を見ているときにいつでも、〈スカイハウス〉は、私の言葉ではガランドウのままどんな生活も引き受けてくれるような、自由さ、それがリアルな生活の場に見えていた。それは日本独特のものかも知れないけれど、そういうひとつの住宅の原型化しているところがある。日本の国の社会を反映した原型というか。いつもそういうところに位置していた。

その後、「都市住宅」誌でアメリカの良き生活と建築が紹介され、ケーススタディハウスの代表作を実際に訪れる旅行をしたときに、〈イームズ邸〉（一九四九）に強く魅かれました。レイ夫人にもお会いし、生活や趣味のお話を伺い、そのコンパクトな生き方のなかに豊かさを見ました。アメリカの住宅のプランを見ると、マスターベッドルームが中心に厳然とあって、子ども部屋が附帯していても高校生になると家からトットと出て自立してしまう。そういうプランが新しい生き方になるかもしれないということもあったので、そうした家族のあり方も意識してきてみたのです。

菊竹 ぼくは住宅に関していうと、一九五四年にＭｏＭＡのキューレターが二つの実物大の住宅を庭につくってアメリカ人に見せた[5]ということは、とても大きな事件だったと思う。ひとつはマルセル・ブロイヤーの設計した、ベッドルームとリビングを両端に分けて、中央にキッチンやバスや入口を置くヨーロッパ型の住宅プラン。これからの生活には、これしかないというヨーロッパのスタイルをつくって見せた。それとほとんど同時期に、吉村順三先生の書院造を展示した[6]。これは一部屋といっていい。庭まで続いているようなオープンな住まい。書院造というから古建築みたいに思われているけれど、じつは吉村先生の完全な独創による日本型の住空間の展示なんです。

本当はこのときアメリカ人に、アジアのスタイルを選択するか、それともヨーロッパを選ぶか、その決断を迫ったのだと思う。

その意味でぼくにはとても印象的な展示だったんですが、大衆はコロニアルスタイルを選んだんですね。つまり、ヨーロッパのミックスで結局はアジアのオープンな、曖昧などんな風にも設営できる、さっき家具とおっしゃったけれど、家具に相当するいろいろな道具類をうまくセッティングした場をつくる住み方については、アメリカの文化的背景が、

▼5…ニューヨーク近代美術館「House in the Garden」展

▼6…松風荘（一九五四）。展覧会後、移築され、現在はフィラデルフィア市フェアマウント公園内にある

日本は一千年なのに比べて、一方は百年か百五十年しかないからうまく理解されなかったように思う。最近になって、キチッと仕切って部屋を限定するやり方は、どうも問題があるということをカリフォルニア大学の心理学者、ロバート・ソマーがいいはじめて、じゃあどうしたらいいか、どうもヨーロッパの建築家が迷っているのもその辺で、ファンクションをうんと限定するっていうのは、ワンパターンで生活しやすいけれど、生活を拘束しすぎて自由度がない……、その究極がプリズンだというのですね。むこうでひとの設計した建築の悪口をいうのに、設計はうまくできているけれどプリズンだという言い方をよくしますね。だからそろそろ日本が注目され始めているのは、日本の建築家たちが非常に面白い、ファンクションをこえた空間性をもった建築をつくっているからです。

それともうひとつ、ヨーロッパの生活のファンクションをうまくとりこむのは簡単なんですが、日本の曖昧模糊とした生活を取り込むのは非常に難しいらしい、向こうの人びとにとっては。だから私と同世代の向こうの建築家たちからよく言われたんですが、日本の建築家はなぜ和風をやるんだ、というんです。村野藤吾先生をはじめ多くの建築家が和風をこなす、そうするとわからなくなってしまう。歴史的に一度否定してしまったものを何で繰り返しやるのかと。自分でも何で和風になってしまうのかなと思っていたけれど、長谷川さんやみなさんのやっていらっしゃるやり方を見ていて、少しずつ理解が変わってきた。空間の透明性とか、互換性、曖昧性とか……。しかしなぜそれを形にできるかが、やはりわからないらしい。先ほどのお話につながるんですが、〈浅川アパート〉も同じようにどれぐらいのスペースをどう限定して、あとは相当生活で自由にということを考えた設計ですね。あれは社宅ですから本当ならベッドルームも子ども部屋もとらなければならないのに反抗して……。

長谷川　〈浅川〉は畳の部屋が三つ並んで、キッチンもムーブネットみたいに置かれているだけですね。構造も〈スカイハウス〉と同じようにボイドスラブ二枚だけで規制している。それはヨーロッパのファンクションが固定している建築とどこか違う。向こうでは固定しているものは物体的に見える。いつも社会が動いていて、いつもプロセスのなかにある都市のなかにいるという様子でつくっている私たちの感覚というのは、何か情報というのが流れていて、それが生活といつも一体で私たちの空間のなかにある。それがいま、コンテンポラリーな感覚がヨーロッパの人たちにも芽ばえてきた。固定したものではなくいつも動いている。そういうものが社会を形成している現代のなかで、彼等にとって日本の建築がリアルになってきている。あっちは建築をモノとしてつくってきた。私たちは別のレベルにあるものをつくってきた。空間というよりいろいろな出来事を引き受ける場として。

先生のいわれる、大家族のなかで行われるセレモニーの場ということに納得がいく、そうした出来事を引き受けるスラブを二枚の平面の間に場として立ち上げる、そのような〈スカイハウス〉における場づくりが建築という原形たるものを感じさせてくれたんだと思うんです。空間性とはもうちょっと違うものが先生の、特に初期の建築にはあった。古いとか新しいとか関係ない、いつもコンテンポラリーなものに対応することが可能な建築。ある意味では非常に素敵な「スカイハウス」という名が、シンボリックにその内容を伝えていると思うのです。

もうひとつ、私が掲げてきた「都市の新しい自然」や「第二の自然としての建築」というテーマも住宅を考えるなかから生まれてきたと考えています。人工的な都市も私たちのフィーリングに合う身体の快適性をベースにすべきで、そのことと建築の場とは切り離せないという気持ちがある。初めての公共建築の〈湘南台文化センター〉を設計したときに建築を第二の自然という、ストレートでちょっと恥ずかしいようなタイトルを付けたわけですけれど、空間であるよりも生活を展開する場であるようなときには、私たちの風土では、自然と快適性というものがイコールになっている。それは先生が空間の質を決めるときにもあったのではないでしょうか。

生活の装置としての建築

菊竹 それは鋭敏な感覚ですね。つくった本人のぼくでも、後で気が付くことが多いわけですよ。無意識にでも、そのときにとにかくやっておかないと社会に埋没する思いでしたからね。例えば、とくに増沢洵さんは、当時レーモンドさん、前川國男先生、坂倉準三先生、清家清先生のいいところを集めて淡々と仕事をされていて、コアシステムなどをやって、スペースも外観もとてもシャープにまとめられていた。それには圧倒されましたが、私としては本当にコアがいいのかというと、心の底では疑問だったのです。それで実際にコアシステムのお家を拝見に行ってみると、欄間の扱いに困っていらっしゃる、ガラスにしてみたり。なかの音は完全にコンクリートの壁でつつんでも、よくならないわけです。何で真ん中に持ってくるのか、田舎の家では設備は家の真ん中にないんですよ。

長谷川 アパートでも室内の真ん中に開口部のないユニットバスを置いているけれど、窓がないことの不愉快さといったらないですね。建築の外側につけるムーブネットは快適な装置でなければという考えがあったと思うんです。先生が平気でキッチンを南側につけたりしたのには、はじめはびっくりしたんです。でも食べものをつくるという楽しい場所が北側の寒い隅ではなく、ムーブネットにして南側の快適なところにキッチンを置くというのは、料理好きの私にはよく理解できた。本当に生きものの巣としての住宅にはいろいろなレベルのことが含まれている。特に人間という生き物の自然の感性が働いている。それが住宅をつくるのに必要な感覚だと思うんです。先生がわざわざコアの住宅を見に行かれたというのにはびっくりしましたけれど（笑）。

菊竹 雑誌はしきりにコア礼讃をやっている。これからの住宅はそうなっていくとしたら、ぜひよく見ておかなければならないと、細かく見てきました。自分でも試みに図面をかいてみたのですが、コアを真ん中に置くと周囲の空間が非常にプアになってしまう。人の生活する部分が貧弱になってしまうんです。

長谷川 ムーブネットをつけた建築を見てきた私としては、建築とは何ですかと外国で学生なんかに質問されたりすると、建築とは生活の装置。エクウィップメントだと答える。みんなびっくりするんですが、装置という言葉にリアリティがある。そのとき、空間は自然さに含まれていないといけない。キッチンをコアに入れたりすることを私は一度もやっていません。アパートの中心にテーブルのように置いて、必要なときに開くと流しが出てくる装置を大阪の〈コナヴィレッジ〉の基本住戸でつくったことがありますが、建築全体が装置ということと同時に、それが快適だということが一体でなければいけないのが、場の装置化なんですね。椅子ひとつテーブルひとつ設計するときでも、快適な座り方とか食事の仕方が考えられているのと同じように建築も考えられなければいけない。住宅は生活をしていくための装置であって、芸術的、オブジェクティブな強いイメージを必要とするものではない。生活の場のシステムをつくる方向をもっと先に進めていきたいんです。できるだけ簡単な素材を使って、ときにはリサイクル・マテリアルの利用、さらにはリサイクル可能なディテールも導入して、もっと生き生きとしたものとして立ち上げたい。これまでは建築を装置として考えても、そのデザイン性を優先して堅苦しいものにしてしまって

〈コナヴィレッジ〉
左：模型（部分）

いた。一回だけやるとすごく高いのが装置なんですね。これからは少し違うやり方もできるんじゃないでしょうか。

私はリサイクル・マテリアルとウォーターフロントを取り上げて、「プロセスシティ」[7]というテーマで若い建築家たちと一緒に研究会をやっていたんです。島国に住んでいる私たちはウォーターフロントのゆらぎのなかにまちをつくり海と親しんできたのに、工業化社会で遠のいてしまったその空間を取り戻しつつ、美しい風景も取り戻そうという目的で。港湾にはいろいろな土木的な部品から、たとえばバラ船などのタンカーも余っている。タンカーの二重構造化を進めるなかで余り出している船に土を入れ緑の島にしてしまえば、新しく埋め立てるより安く多島美を出現できるし、グランドや野外シアターもできるし、海岸にアーキペラゴ（群島）みたいに配置していくと新しい海のエッジが出現するというのが、私たちのグループの提案でした。そのひとり、岡河貢さんは、歯抜けになってきた川崎の工業地帯の運河として残されているリバーサイドを調査に行ったんですが、働いている人が変わってしまっている。コンピュータの導入に伴い、若い女性もどんどん進出しているのに厚生施設が貧弱でとても困っている。いままでの労働者と違う。そういう人たちに応えられるレストランやキオスクや映画館などのレジャー施設を、リサイクル部材をつくって運河に浮かべながら新しい時代の工業団地の回復をはかっていく。そういう提案をされました。宇野求さんの木場の見直しなど、いろいろな提案を得ました。そういうことをやっているときに、いまは関空にいらっしゃる古土井光昭さんが運輸省第二港湾局長の時、対談をしたことがありました。[8]そのとき、古土井さんが菊竹さんの話をされたのです。運輸省に入ったとき、もっと海を使ったらいいと考えた。それで、当時〈海上都市〉構想を発表された先生に会いに行って、海上都市を実現に向けたらという話をしたんだけ

▼7…『PROCESS CITY: NEW WAVE OF WATERFRONT』（新建築社、一九九八年）参照

▼8…「アンフィニッシュド・シティ」前出『PROCESS CITY』に収録されている

れど、建築家というのはすでに完成してしまったテクノロジーに頼って、イージーに実現すればよいというものではないと、言われてしまった。でもあのとき、もし何らかの形で実現していたら、日本の都市は、海をもっと有効に使った都市づくりができたのではないか。当時は菊竹さんを説得する力がなかったのが残念だったたって。

私たちも船を浮かべたりした提案をしたのだけれど、どうしてもっともっと積極的な提案をしないのかという意見もありましたが、私たちはささやかなことしかできないタイプの集まりだった。菊竹さんは本当にハイレベルなものを望んだから実現できなかったのだろうかと、その後みんなで話し合ったのです。確かに多くの人が海に住むとなるといろいろな問題が出るだろうし、いつも動いているなかで建築を組み立てなければならないということもあるし、テクノロジカルな問題があるわけですが、その後、先生が伊東豊雄さんや私を呼んで勉強していた、自然共棲住宅、あれがいちばん早く可能になるのは、海上都市ができることだったんじゃないかと思うのです。いまはリサイクル産業も発達し、汚物でもコンポストで小さくコンパクトにすることができる。それがリサイクルして使えたり発展しているわけです。建築そのものをつくる構造的な技術より、その生活を支える技術がちゃんとしていないと海に出せないと先生は考えられていたのではないか。排水とかゴミの問題を含めて、先生は建築家として〈海上都市〉を提案されたのではないのではないかと、いま思うのです。そういうことまでひっくるめて、建築は装置である、と。

菊竹 ケネス・フランプトンも、建築を恒久的なものという考え方から、もう少し弾力性をもったものに考え方に切り換えていかなければならないと、大きな歴史的な流れを指摘していますから、ヨーロッパもそういう方向に動いてくる。だからどこを動かし、どこをある程度持続的に維持していくかという向こうのアプローチの仕方と、日本のフレキシブルなところから、何を固定するかという、そういう両方で違うアプローチだけれど、人間と空間との関係にとっては必要なことですね。とくに住宅で面白い展開というのは、バンクーバーで国連のアビタ会議があったときに、コロンビア大学が世界中の現存する住居形式を全部実物としてつくった。プリミティブなものだと、例えば丸太小屋もあったし、水上住宅や日本の住宅もあった。フラードームみたいなものもあった。そのときに工法だけの問題ではなくリサイクルの、建てかえや増築をどう考えるかとか、一軒の家に降る雨で一年間まかなうには、その雨をどのようにうまく浄化したり循環させたりして使っていくか、それからソーラーの二次利用だとか廃棄処理の問題とか。また、住宅を設計するときに必ず温室を含めてつくるようにして、その家族が野菜に関しては自給自足できるとか、そういう全体的環境をとりあげていましたね。

長谷川 〈海上都市〉を発表されていた頃、事務所では、そういう話をいつもされていましたよね。形が上手だったためにどうも造形が強い印象を残してしまった。建築の形態ではないレベルでもっときちんとしようと努力されていたのですが、それが社会に記憶されていない。そういう、建築がどこか単純なものに見えてしまうような結果になってしまったのはとても残念で、実はもっといろいろなものを包括的に検討していた。いまこそジャストタイミングだと思います。リサイクルの技術も研究もすごく進んでいる。

菊竹 長谷川さんがおっしゃったように、河川の流域の開発などは本当に大事な問題ですね。ちょうどいま、揚子江の洪水が起こっていますが、チグリス、ユーフラテスやナイル、ミシシッピーも同じことがいえる、沿岸が酷い状態なんです。それらをどうしたらいいかというと、すぐ永久的建築をつくればいいんじゃないかという発想になってしまう。例えばしっかりとした発電所だとか、いろいろな施設をつくったとしても水位の差だとかいろいろな理由で大水は出る。それを解決するにはやはり船なんです。フローティングの仕組みを考えて、そこに施設だけではなくコミュニティ施設を組み込んだ、フローティング・カプセルともいえるようなものを日本でたくさんこしらえて、各地に曳航・繋留するようにすれば、水の汚染も防げるし廃棄物の処理もできる、食品を荷揚げした後は冷凍倉庫にストックもできるし……、それをいまはみんな日本でできるんです。持っていけば非常に有効に利用できるのですが、これまでのヨーロッパの考え方で河川の両側に堤防をがっちりとつくって、そこに文化施設、公共施設を配置すれば大丈夫という……。河川というのは必ず何年かに一度は氾濫します、それは日本でも同じ事でね。必然と考え、それに対応するにはどうすればいいかを考え、生活に密着したところから対応策を積み上げていくのが自然だし健全だと思う。エコシティをどう実現するかということは究極の目標ですね。

共同作業という基本

長谷川 私も公共建築をいくつかつくってみて感じたんですが、活動する主体である利用者の立場に立ってプログラムし、本来は普通の人たちの日常生活のシステムと接続したところになければ存在しえないと思う。しかし、実際にはその企画も運営も全然違うところで専門家たちが関与し、公共性とはほど遠いところで、ときにはある特定の人たちのためのものになっていたり、行政と議会、権力者のところで閉ざされてつくられている。どんなに大きな公共建築でも人びとの生活に横断するものでないと公共とする意味が見えない、そこに引き戻すために、いつもものすごい苦労をするんです。

菊竹 藤沢で〈湘南台文化センター〉をつくるプロセスで、地域の人との話し合いなどを見ても、ほんとうに長谷川さんはよくおやりになったと思いました。頭が下がりますね。

長谷川　利用者はコンペ案が公開された時点で初めて具体的に知り、対話を求め出すということになる。そこで、住民と話し合いながらつくっていく建築と、芸術作品としてつくり手主体の建築というのはずいぶん違う設計行為なのです。住民がその地域に関して専門家だし経験者だから、その情報も積み上げてつくった建築の方が豊かな建築になる。住宅と同じで、使われる、使えるものをつくろうとすると、コミュニケーションによる対話的プログラム抜きではできないんです。文化は生活のなかから生まれるものだと思うから、そこを見ていかないと本当に良い建築もできない、ある特定の人だけのため、以前は政治家だったけれど、いまは一人の芸術家のためにあったりするものは公共建築としても貧しい。使われるためにつくるというのを、公共建築を設計していくエネルギーにしている。そこで設計するといろいろなことをする必要があるのですが、いまそのソフトを同時につめていく担当者と予算がつかないので、自ら行う以外に方法がありません。

菊竹　〈墨田区〉［〈すみだ生涯学習センター〉］の場合も、ずいぶんオリジナルなコンセプトを出してじっくり地域の人たちと話し合い仕上げていかれましたね。それはとても正当なやり方で、そこがヨーロッパでもやはり評価されるんです。その評価は当然のことなんですが、日本では落下傘的に仕事をする建築家が多い。上からヒューッと降りてきていつのまにかいなくなる（笑）。

長谷川　建築は社会的なものだと思うんですが、それより個人的な作品、芸術作品的なものが評価される。

菊竹　良くないですね。作家主義とか造形をずっと主張してきたヨーロッパの悪い面が影響しているんじゃないでしょうか。そういうトレーニングしかしていないし。ミース・ファン・デル・ローエもほんとうに気の毒に思うんですが、それはバルセロナ・チェアなど溶

〈すみだ生涯学習センター〉

接に対する過信です。ミースに溶接に関するアドバイスができる技術者がいたらあのような椅子にはならなかった。いなかったから段々とへたっていくような椅子ができてしまったんです。構造的にものすごくプアなのに、形がいいから評価されていますが重たくて壊れやすくて、どうにもならない。〈バルセロナのパビリオン〉（一九二九）でも〈ファンスワース邸〉（一九五一）でも、造形がいいから構造のことは誰も何もいわない、神様ですから。それを日本でやってもだめ、技術がないし職人がいないから。ミースの柱と梁の溶接は不完全、鉄と鉄のつなぎ合わせ、ディテールの素晴らしさは石屋さんの職人芸と一緒ですが、ただ可哀想なことにそれしかできないんです。

たとえばファンスワース夫人がここは蚊が多いから網戸を付けてくれという。当然のことです。だけどプロポーションが悪くなるからだめだとか……。夏は最悪ですよ、暑くて。それで冷房を効かせようとするんだけど効くような空間じゃない。悲劇です。

長谷川　菊竹さんの世代は、発想の根底に、再利用はもちろん、社会の構造に対応できる形式を同時に考えていた感じがするんです。日本が好景気になってきて、私もそうなんですがポストモダンといわれたときに表現主義的なものをやっていた。それは全く社会とは関係のないところで自己表現としてつくられているところがありました。いまはもっと極端で、例えばこの間ある地方都市でガラスの箱の住宅の作品を見たんですが、まったくオブジェなんです。なかは酷暑酷寒で、住んでいる方に聞いたら夏も冬もいられない。ガラスの箱のはずが内側に全部発泡スチロールを貼って、「発抱スチロールの真っ白箱」（笑）に改善していました。なかはコンピュータが並べてあるようなショーケース。表現をつきつめると極端にそこまでいってしまうわけです。そうではなく自由で豊かな生活のためにはプロトタイプみたいなものを考える必要があるという意識が私にはあって、研究していたことがあるんです。いまは共同で研究するということがあまりないでしょう。それでは日本のプロトタイプというものはできない。

菊竹 長谷川さんのおやりになっているものが、社会にとって重要だと考えられはじめているというのは、ジャン・プルーヴェさんの仕事が日本ではあまり紹介されていませんが、これは共通する面白い内容を持っている。それをロジャースだとかフォスターもやりはじめているんです。でも日本ではすでに長谷川さんやその他何人かの建築家がもうやっていたことです。日本の均質なスケールの問題やモジュールの問題があって、そのこととヨーロッパのそういったムーブメントが、回り道をしたかもしれないけれど、いま少しずつ接触出来てきている。長谷川さんが何でパンチングメタルを使われるのかと考えると、多分外側と内側を仕切るものとして、スーッと軽く出てきた材料だと思うんです。ヨーロッパの人たちはそこまでくるのに大変、実際でき上がると、昼間の遮断性と夜の効果性からみて本当にいいスクリーンになっている。僕たち日本人は一般の人でも、その効果が良くわかると思うんです。だから長谷川さんが向こうに行かれたら、「なんだ」と……。

長谷川 設計の初期はほとんど木造でした。大きな空間をつくるものとして補強に使い出した鉄骨造をつくり、開放的な建築をつくりながらハーフオープンの膜でパッケージすることが必要でアメリカのパンチングメタルを使ってきました。ジャン・プルーヴェさんの仕事はマイスターと共同する仕事でそれまでヨーロッパに伝統的にあるものではない。精度の高い技術というのはさっきのミースのように石造からきている。マイスターのディテールと装置的なものに私たちは共感しますね。

菊竹 そうです。ぼくもとても好きで新しい工場を見て歩いたりしましたが……、みんな尊敬できます。日本の木造の見事さと相通ずるものがあります。でも長谷川さんはもっと進んでいると思うから、とても興味がある。

長谷川 それはどうもありがとうございます。いろいろ考えても制約が多すぎて。

菊竹 長谷川さんは施主や業者、スタッフとでもそうですが、共同作業という基本を忠実に熱心にやっておられる。これは他の人はかないません。

長谷川 コミュニケーションを通して住宅を立ち上げていくうちに共同作業をしている感じになって、それを素晴らしいと思いました。私が菊竹事務所にいた頃、思いがけずたくさん作品に携わって、どれも夢中になってやるという場をつくっていただいた。熱中できるような仕事の仕方、一生懸命やりたくなる空気がありました。菊竹事務所を出てから他の建築家をみていると、何か違うと気づくと同時に建築家はコラボレーションが下手だと思いました。菊竹さんはそこにいるだけでいろいろな人が寄ってきて議論が起こる。それを見たり聞いたりするチャンスが私にはあったんです。菊竹事務所にいたときくらい、多くの人と出会い、接したことはないんじゃないか。田中一光さん、粟津潔[9]さんとのコラボレーション、エクスポのため丹下健三先生のところに出掛けさせられ、お会いできたり……。そのときはよくわかっていなかったけれど、自然にコラボレーションを行っている雰囲気を見せていてくださっていたんですね。コラボレーションがスムーズにいかない社会では新しいものを生み出すのは大変だと思います。

菊竹 ヨーロッパはその点、オープンマインドですね。

長谷川 確かに。エンジニアの人たちの共同性が高いですね。日本ではみんなコラボレーションの意味はわかっていても、実際なかなかできない。そのなかから生まれてくるものの方が面白いということもわかっているはずなんですが。菊竹事務所では自然にやっていたのに、形式だけ共同設計だ、マスターアーキテクト制だとかいっても内容は効果が上が

▼9…（一九二九–二〇〇九）グラフィックデザイナー

らない。

菊竹　僕は全然知らなかったんだけど、長谷川さんはその頃ヨットをやったりしてたとか？

長谷川　菊竹事務所時代には違うんです。高校が古い女学校で担任が希望する大学を反対し、受験させてもくれず大学入学がうまくいかなかったものでひねくれて（笑）、ヨットができるということだけで関東学院に入ったけれど、学校にも行かず真っ黒になってヨットばかりしていたんです。それじゃあまずいなと思ってアルバイトを菊竹事務所ではじめたところ、思いがけずスタッフの方が評価をして下さって勤めることができた。そこで初めて、生きがいも趣味もすべて建築だという人がいるのを知って、びっくりしたんです。その頃の私は油絵を描いて個展をし、遠藤勝勧さんや他のスタッフの方にも見てもらったり、まだ自分の進路というものに迷いがあったんです。個展をしたときには事務所から夜遅く帰って絵を描くというような生活になってしまい、貧血を起こして救急車で運ばれた。そこで母に、建築か油絵かという決断を迫られたとき、建築事務所の仕事は面白いと答えたら油絵の道具すべてを静岡に持って帰られてしまい、それ以来、油絵という趣味もなくなりました。

　ヨットは大学を出て一年目の夏は乗りました。大学の大会で一位二位になり国体に出ていた。でも事務所でどなたかに「スポーツをする奴にインテリジェンスはない、菊竹事務所にふさわしくない」（笑）と言われ、ショックを受けて一切やめてしまいました。それから篠原研究室にいってもヨットのことは誰にも言わなかったんだけれど、清家先生がヨットファンだったからご存知で「研究室のディンギーに自由に乗っていいですよ」って。だから清家研の人にはちょっと知られちゃっていました。学会賞をもらった八五年にヨットの仲間からワーッと花束が届いたとき、スタッフが「どうして？」とびっくりしたので初めて打ちあけたんですが、それまではひた隠しに隠していました。

菊竹 やっぱり、スポーツをやった方は自分の限界に挑むという精神力がある。それは建築でも意外に重要なんです。判断力や協調性ということもそうですが。

編集 菊竹さんも何かスポーツをおやりになっていましたか？

菊竹 中学二年まで水泳をやっていたんですが、病気になってそれが直るときに脚気になってしまって止めました。

編集 菊竹さんの強靭な意志は、どこで確立されたのかと思ったのですが。

菊竹 地主だったからでしょうね。地主というのは普段何もしないんです。黙っていても米が稔るわけですから。英国のカントリーハウスのオーナーでもそうらしいですね。そして、いざというときのためにトレーニングで身体を鍛えて、何か事が起これば身を挺して行動するという。私も日頃は、ぼーっとしていますよ（笑）。

長谷川 いろいろなことを多角的にお考えになるのがお好きですね。

私が一番印象的だったのは、菊竹事務所ではアルバイトも所員も関係なく、仕事をさせてくださったことです。〈京都国際会議場〉の計画案が「建築」という雑誌に発表されたとき一番最後に私の名前が載っていたので、所員と勘違いされて年齢もいつも二つほど上に見られていたくらい。学生アルバイトなのに、スタッフとして名前を載せてくださって感激しました。そのうえご褒美で奥さまに呼んで頂いたり。〈国際会議場〉のパースの下書きをしていた頃は、内井昭蔵さんから、学校を休んでくれとまで言われました。他で話したりして案がバレたらまずいからと（笑）。

菊竹 長谷川さんが書く図面はとてもきれいでした。でなければコンペは手伝ってもらわなかったでしょう。やっぱり優秀でしたよ。

長谷川 〈浅川アパート〉のときに線をものすごく細く書いたら、遠藤さんがとても褒めてくださったのを覚えています。それで嬉しくなって、少し一生懸命建築をやろうかなと。菊竹事務所には入れないかもしれないと思っていたので、藝大の大学院に行く準備をしていたところ菊竹さんからお話を頂いて……。でも一年間くらいは自信も持てず、まだ絵描きになろうかと迷ったりしていました。いまでは母親に絵の道具を取り上げられたことが非常に良かったと感謝しています。そこから、自分でも驚くくらい、建築に打ち込めるようになりましたから。打ち込みすぎて世のなかのことは何も知らずに過ごしていました。東工大にいって初めて「ああ、ボーリングがいま盛んなのか、ディスコが流行ってたのか」と思ったくらい(笑)。

菊竹 長谷川さんくらいしか女性でまともについて来られる方が、いなかったですから。

長谷川 みなさん優秀な女性だったんですが、すごく長い時間働かなくてはならないから他のことがやりたくなってしまうんですね。遊びたいし、結婚したいし。だから一年くらい能力を発揮し、集中してやりたい仕事をするとやめていくという。楽しんで仕事をしてパッとやめる、そういう人が私のいた五年の間にも四、五人はいました。

編集 話が戻ってしまうのですが、〈スカイハウス〉のプランについて、当時「これは座敷のスケールとプランだ」ということを見抜いた方はいらっしゃいましたか?

菊竹 それはどうでしょうか。ただ、格子などは実家のものを使っているので、それを見て伝統的な座敷だとわかった方があると思います。コンクリートのうえで直接生活するということも考えられなかったのでその解決方法に苦しんで、あのプランができました。

編集 構造からディテールまでの問題がすべて解決されていますね。ヨーロッパ的なものと日本的なもの、曖昧なものをどう形にするかということを誰も展開できなかったころに、

〈スカイハウス〉という答えが突然出された。それを知らず知らずのうちに長谷川さんや伊東さんが継承して、五十年かかったけれど、やっとそれが海外にも浸透してきたということなのでしょう。それはスタイルの問題ではなく、先程お話にあったように一戸の住宅から地球までのエコロジーを考えるような時代になったということからもベストタイミングですね。建築というとどうしても形や空間を見ることに偏していたけれど、見直してみると〈スカイハウス〉に影響を受けてスタートした長谷川さんたちが、スタイルではなく基本的なところから自由に建築を考え、つくられている。

菊竹 長谷川さん自身に、非常にフレキシブルなところがあるでしょう。考え方に弾力性がある。討論、会話というものができる人です。自分によほど強固なものがないと巻き込まれてしまう、自分の形がつくれなくなってしまう危険性もあるんです。長谷川さんにそれが出来るのは何故だろうと、謎だったんですが、今日スポーツの話などを聞いて納得しました。相当強靭でないと官僚の機構、日本の既成概念や仕組みのなかで仕事をするのは大変ですから。他の国では建築家の仕事は尊敬されていますが、日本はそれが少ない。ヨーロッパでは行政に携わる人でも自分の国の建築家の名前を、少なくとも五人くらいは言えます。彫刻家や音楽家でもそうですが、どんな仕事をしている、この人が好きだというのを持っている。日本の行政の仕事に関わる人は不勉強なのか、それがない。常識として、もっと文化が行き渡らないといけないと思います。

長谷川 行政はクライアントとして公共建築を使用するための理念ができていないんです。だから街としてもぐちゃぐちゃなものが残る。ミッテランさんみたいな政治家も出てきそうもないし。公共建築で、私が市民と対話することは苦痛ではないのですが、行政の人はすぐに上下関係をつくり、頑固にふるまう。ルールもがんじがらめで、対話にならない。

一方的に考えを押しつけてよいものと思っている。市民に行政の場がつながっていない。議会で決定したことは変えられないとして押しつけてくる。代表といいつつ市民と何のつながりも持たず、尊敬も受けていない議員がやっている町が多すぎます。建築をつくる場が開かれているとは言えない。それは日本の政治が悪いのと一緒ですね。デモクラシーの時代の政治の主体が見えていないだけでなく、政治が生活の場のシステムを考えるところであることからずれてしまっている。それが私たち建築家にとって深刻なのは、建築をつくることではなく、使う人に手渡すことが私たちの本当の仕事なのですから。

第七章

・・・

「篠原先生、そして東工大時代」

第七章は、篠原一男と多木浩二を中心に、東工大時代と、安保闘争や万博のあった一九六〇年代から七〇年代という時代についてのテキストを集めた。

章頭の「ぶつかり合いのなかから」は、今回の出版にあたって、二〇一八年に新規に起こしたインタビューを置いた。このインタビューは第六章の「菊竹さんとの出会い」と同日ひとつながりのインタビューとして実施し、おなじく町田敦と六反田千恵が聞き手を務めた。これまで、長谷川が篠原一男について論じた文章はほとんどなく、また、両者の対談に類する記録もほとんどない。『この先の建築』（TOTO出版、二〇〇三年）に唯一、篠原と長谷川が同席した鼎談が収録されている。このとき、すでに病を得ていた篠原は鼎談の途中も休み休み参加していたという。篠原と長谷川が直接対話する場面はほとんど含まれていないのだが、長谷川によると、鼎談書き起こしに最初に篠原が朱を入れ、対話を削除してしまったのだという。今回のインタビューでは、篠原研究室時代の設計活動における両者の関係をできるだけ具体的にヒアリングし、清家清、倉俣史朗、多木浩二、内田祥哉、木村俊彦、朝倉摂、東工大時代の交流、六〇・七〇・八〇年代の時代背景について伺った。

篠原一男追悼文「三十五年の歳月」（二〇〇六年）は、長谷川が篠原についてまとまった量を書いた唯一の文章である。追悼のなかで慌ただしく書いたと思われる文章の性格から、やや一般にはわかりにくい部分もあり、一部語句を補い、表記を整えた。その他、篠原と菊竹が「機能」をめぐって激論を交わしたくだりを前出のインタビューから加筆している。

「多木さんとの出会い」（二〇一三年）は、長谷川が多木浩二について書いた唯一のテキストではないかと思われる。東工大時代だけではなく、湘南台、新潟などの公共建築を実現していく過程で対談を積み重ね、建築についての思考を触発し合ってきた多木浩二の著作や姿勢に長谷川が深く感化されていたことが伺われる。ここでは収録を見送ったが、初出の「建築と日常」誌上では、このあと、藤塚光政・大橋富夫との交流や、多木による伊東豊雄〈中野本町の家〉の撮影の顚末、「エル・クロッキー」誌における鈴木久雄の写真などに触れている。

ぶつかり合いのなかから

二〇一八年六月八日、長谷川逸子・建築計画工房にて

篠原研究室時代の民家調査

——〈白の家〉の雑誌発表を見て、篠原一男研究室に入ったと伺いました。最初の一年間の民家を巡る旅はどんなものだったのですか？

研究室に入って一年くらい、民家を見るという旅行をしていました。その間一度だけ、大橋［晃朗］さんと長崎をご一緒しましたが、あとはずっと一人でした。車を一人で運転して最初は関東から青森まで行って、日本海に出た。京都のへんでぶらぶらとまた下に降りて、そのへんをぐるっと回って四国に渡って、九州に渡って、それから沖縄に。三ヶ月に一度くらいは帰っていましたけど、ほとんど行きっぱなしで。ときどきは車のなかで、たまには高級ホテルにも泊まって、その土地の風景や祭りを堪能し、美味しいものを食べて……、菊竹事務所で稼いだお金を使って旅をしました。沖縄の久米島にいたとき、「篠原先生から学校に来ないのか！って電話があったよ」って、母親から知らされて（笑）。こちらから母親に電話したのかな。それで東京に戻った。一年サボりましたね。最初に研究室に伺ったときに「女性は建築家になれるか」というゼミが開かれ（笑）、女性は一度男性化してもう一度女性にならないと建築家にはなれんぞ、というような難しい話を聞いて、それきり研究室には出なかったので。

——篠原研もそのころ民家調査をしていたようですね。

長崎にて。
左は大橋晃朗氏

はい。六〇年代には民家の実測調査などもやっていたようです。私は研究室の二年目に、東北の調査に二回くらい参加して、横手[1]などの古い街を見にいきました。少しずつ篠原先生が都市に興味を持ち、考えようとし始めていた時期でしたから、個々の民家がどうというよりは、古い町の成り立ちとか構成とかを見ていたと思います。だから、民家の保存とか建築史学的研究というよりはデザインサーベイ[2]に近かったんじゃないでしょうか。大学院生たちですから、研究室の講師と助手と、あわせて七、八人くらい、多くても十人くらいで。みんなでぞろぞろ街を歩いて、夜はお酒を飲みながら議論して、東工大出身の地元の新聞社の人が来て話に加わったりしながら。

——民家調査はその後の作品に影響していますか？　篠原先生の住宅や坂本一成さんの住宅、長谷川さんの〈松山・桑原の住宅〉には民家の土間のような大きなスケールの室があり、共通しているようにも見えます。

私の場合は篠原先生の「民家はきのこ」っていう言葉に惹かれて、体験しようというだけで、民家のスケールを取り出して意識的に見るというよりは、もっと全体的な雰囲気やそこにある状態を見ていましたね。坂本さんとは一年重なっているんですけど、ゼミ発表のときに坂本さんは篠原先生に逆らうみたいな発表をしていました。その後すぐに武蔵美に行って、それきり研究室に顔も出さなかった。でも、最近では上海で篠原先生のシンポジウム[3]を伊東［豊雄］さんと三人でやった際に、天井が高いのやいろんなことが篠原先生の影響だと先生にオマージュを送っていました。やはり坂本さんの作品には篠原先生がベースにあるんですよ。私は具体的な形やスケールまでは、篠原先生に直接影響を受けるということはなかったと思っています。私が民家の旅をやめて研究室に戻ったのは〈未完の家〉がほぼ完成するときで、篠原先生は伝統を脱却して、次のステップに進んでいまし

▼1… 秋田県横手市増田、伝統的建造物群保存地区に指定されている

▼2… 六〇年代後半から七〇年代にかけて、伝統的集落や城下町、下町や繁華街などの自然発生的な空間の調査が各大学研究室で頻繁に行われた

▼3… 「篠原一男建築展」のオープニングシンポジウム。上海現代美術館、二〇一四年四月二十日–六月二十二日開催

た。先生がもう民家は卒業したと言うのに、私はずっと民家にこだわって、先生の六〇年代の住宅がいいと言っては先生を怒らせていました。どちらかといえば民家から発生した考え方で、ずっと来ているように思います。

——篠原作品には七〇年代以降も、土間的なスケールが通底して現れます。民家のなかに脈々とあったスケールを抽象化して現代にも残していこうとしていたのではないでしょうか。

篠原先生は「民家はもう卒業だ」といって、コンクリートのボックスをつくり、モダニストになろうと思ったんでしょうけどね。菊竹さんと同じように、伝統を否定するところに新しい建築があるかもしれないと思っていても、一見、より強く伝統を否定していた篠原先生の方が、菊竹さんよりもこだわっているところがあったのかもしれませんね。それを超えなければ、と繰り返し言っていました。

篠原一男「第二の様式」の時代

——長谷川さんがメインでやっていたのは「第二の様式」の頃になりますか？

そうですね。〈未完の家〉ができた直後なので。「第三の様式」の頃まではいましたよ。〈上原通りの家〉は竣工式に行きました。〈高圧線［下の住宅］〉も私が敷地などを調べました。発表は遅いんですが、設計はもっと早くに終わっていました。だから最後が〈上原通り〉と思っているけどね。

——篠原先生に自分の設計作品について相談することはあったんですか？

まったくなかった。先生には、一番初めに「研究室にいる間は自分のものはつくってはいけません」と言われていました。〈焼津の住宅2〉は最初、母のアトリエだったんですね。その話をしたら、先生が「いいよ」とおっしゃって、そのあとは私だけ許されてつくっていました。年齢も皆より上でしたし。だいたいが小さな家ですから、普段は休日に家で設計図を書いて、現場は夏休みか冬休みの二ヶ月くらいでやっていました。

——七〇年代前半の「第二の様式」は、〈未完の家〉はじめ、篠原先生がもっとも多作な時期です。長谷川さん以外に先生の設計作業を手伝っていたのはどんな人たちですか?

助手、研究生、大学院生です。大学院生はわりに多かったんですよ。助手の白澤［宏規］さんが、図学の助手ですが、参加していました。〈直方体の森〉は白澤さんが中心になっていましたね。わたしは全体を見させられていました。大学院生のスタッフが八人くらいはいました。研究生も数人いたかな。もっとも学生たちは自由だから。研究生で、専属で図面を書ける人がいたと思います。

七〇年万博の「デザイン・ゼロ年」

——七〇年頃には、篠原先生は独りで戦っている建築家のように見られていたのではないでしょうか。

社会的に見るとそうでしょうね。そのせいかその頃、磯崎［新］さんに、私はみんなのまえで「なんで篠原研に行ったんだ！　ちょっと理由を述べろ！」って言われたことがありますよ。伊東さんも当時、磯崎さんのところが面白そうだと言っていました。磯崎さんたちが万博とか国家的なプロジェクトをやっている脇で、こつこつと住宅をつくっている人、とみられていたと思います。そういう意味では、菊竹さんも篠原先生に注目してはいませんでしたし、丹下さんとか東大系の人たちも、まだ評価していなかったかもしれない。やっぱり多木さんですかね、篠原一男や伊東豊雄、坂本一成、私たちの世代の建築を社会に見えるようにしていってくれたのは。多木さんという評論家がいなかったら、やっていけなかったかもしれない、そう思いますよ。

――篠原先生は万博に行かれましたか？

実は篠原先生と一緒に万博に行ったんですよ。菊竹事務所時代には丹下事務所にティールーム[4]の設計図を持っていったのに、施工する頃には篠原研にいて。万博なんか行くもんかと思っていたら、先生が行こうと言う。でもいざ会場に着くと、二人ともどこにも並ぶのがいやで。ほとんどなかは見ないで、夕食を食べて、さよならって別れて、私は友だちが用意してくれた色街のなかにある旅館に泊まりました。先生のホテルも予約してあったんですが、その日のうちに帰っちゃったらしい（笑）。

先日、伊東豊雄のことを研究している人に会ったんですが、その人が言うには、伊東さんは万博を見てないんだそうです。多木さんが直接万博に関わっていたかどうか私は知らないんですが、多木さんが「デザイン・ゼロ年」と言って、篠原先生があんなくだらないものに自分から関わっておきながら、ゼロ年とはなんだ！って怒った、そういう場面に居合わせたことがあります（笑）。

――多木さんの「ゼロ年」は肯定的なニュアンスだったんでしょうか？

もうああいう世界は終わりだという意味ですね。篠原先生はなんにも関わることができなかったけれど、関わった人が「ゼロ年」なんて言っていいはずはない！って。

――六〇年代に国家と個人の関係という問題があって七〇年万博が総決算になるという印象があります。

岡本太郎さんみたいな人もいたし。国家とかそういう大きい社会と個人の関係の捉え方が変わったように感じましたね。万博の後、建築の社会性みたいなものがダメだなあと意識し始めたとき、ダンスとか演劇とか、非常に個人的なパフォーマンスに興味を持つよう

▼4…七〇年万博のエキスポタワー内のティールーム

になったんですよね。太田省吾[5]の転形劇場にしょっちゅう行ったし、いろんな人の演劇を観に行って。太田省吾を大学に呼んできたり。黒テントが東工大のエントランスに来たり。当時演劇をよく見ていたこともあって、のちに〈湘南台〉に、太田省吾を招くことになりました。やっぱり万博のあとの衝撃で、菊竹さんとか丹下さんも入っている国家的な活動がこんなに意味を持たないのかという感覚がうまれた。私だけではなく、多くの人がそう考えるようになったんじゃないかな。その変化のなかで、篠原先生がいろんな人に見直されていくというプロセスがあるように思いますね。

六〇年安保の頃

実は高校生のときから演劇には興味を持っていました。高校時代の終わりに、脚本を書いて演劇を披露したことがあるんですよ。五〇年代末は六〇年安保を控えていましたからなんとなく騒がしかった。高校三年生のときにほとんどよく意味もわからず、電車に乗って国会議事堂まで見にいっちゃったんです。夜行で帰ったりして、親に怒られたけど（笑）。六〇年安保闘争ってなんなんだろう、演劇にしようと思っていた。女学校なのに、みんなに学生服とかスーツとか着せて、国会議事堂の前みたいにみんなで群れをつくって、学生と教授、政治家として激論させる。そういう演劇を脚本書いて演出した。

――静岡の女学校で、それはあんまり受けないような気がしますね（笑）。

受けない受けない（笑）。でも、国の動きと学生たちの動きについて、女学校でもみんなで議論をした覚えがある。初めてデモを見たわけでしょう。そういう活動家たちに興味を持って、みんなに、学生側の、運動する側の格好をさせたんですよ。すると、国と戦って成功するということがこんなに難しいことなのか、女性はもっと生きにくい、とかそうい

▼5…（一九三九－二〇〇七）劇作家、演出家。転形劇場を主宰、「水の駅」など無言劇という独自の表現様式を築いた。湘南台文化センター内シビックシアターの芸術監督をつとめた

う難しいことになっちゃって。脚本もずんずん難しい内容になってしまって、みんなの同調を得られるまでにはならなかった（笑）。とにかくやってみたかったんですね、芝居をつくってみたい。高校生のときは個展をやるとか、なんでもやってみたかったですね。

――六〇年安保の直前などはみんなでなにかすることで国を良くできるとか、国も応えてくれるとか、そういう期待感が高校生にもあって……。

調べるとパリの学生運動とかあるし、学生が運動するということで社会が変えられるのかもしれない。この古典的な女学校を壊そう！なんて思った、それで嫌われたかな（笑）。

――工学部に女の子を送れないというような学校を（笑）。

女性は工学部には行ってはいけないという学校だった。後に同期くらいの女性たちからも同じことを聞かされたように、工学は男性のものという考えがあったのですね。藝大のピアノかお琴かバイオリンか、そういうところでなければ行かせない！みたいな（笑）。反抗心は強かったですね。わざと違反して長いスカート履いたり、短いスカート履いたり、違反する。修学旅行で私一人だけかっこいい帽子をかぶって、コートを着ているんですよね（笑）。中学校ではおとなしかったんですけど。わざとファッションで違反ばっかりして歩いて、抵抗してましたね。

六〇年代のヨーロッパ

――一九六五年にヨーロッパに行ってらっしゃいますね。菊竹事務所二年目のときですか？

そうそう。事務所に入った途端に、菊竹さんに「アアルトに会いたい」と言ったんです。藝大に行ってアアルトの研究をするつもりで、もうアアルトに手紙を出してあるから、と（笑）。

そうしたら、ミラノから始まって、デンマーク、スウェーデン、ノルウェーとやる家具展の招待が松屋から菊竹事務所に来ていて、それに行かせてくれました。各地の家具展で駿河銀行日本橋本店のための家具を選びながら旅行してきました。菊竹さんが最後は一週間お休みをあげますと言ってくれて、アアルトのところへも行きました。結局飛行機事故があってＪＡＬが帰国の便を延ばしてくれて、二週間、居ちゃいましたけどね。

菊竹さんの紹介で会うのはイタリアの建築家では例えばジオ・ポンティ。いちばん最初に会って名刺を出したら、お前はまだ名刺を持つようなものじゃない！　アーキテクトじゃなくて、スチューデントと書け！って（笑）。フランスではコルビュジエの作品も見せていただきましたが、〈サヴォア邸〉（一九三一）は戦争中に傷んだままだった。モダニズムのショールームだったんだと思いました。ロンドンに行って、雑誌でアーキグラムをみて、ピーター・クックたちの絵が載っている雑誌を買った。ああすごい、と。ついミニスカートも買って履いちゃったりして（笑）。アーキグラムのメンバーたちと会ってはいないんですけどね。ロンドンは単なる通過で、すぐにデンマークに行かなくちゃならなかったから。でも一日あったものだから、本屋さんを覗いて。それだけでもロンドンですごい刺激を受けた。

――当時の若者文化の発信はロンドンだった。

パリもすごかったですね。街中、学生たちのメッセージを書いた看板だらけでした。アーキグラムの載っている雑誌をかばんにいれたままフィンランドに行って、アアルトに会って、静かに過ごしてきた（笑）。アアルトのアトリエを訪ねると、伝統的なレンガを使っていろんな積み方を研究していて、赤いレンガを白く塗った抽象的な表現に感銘を受けました。お金がなくてあまり遠くまでは行けなかったんですが、アアルトの作品だけではなく、若い建築家も含めフィンランドのいろんな建築家の作品を見て回った。アール・デコの建築がいっぱいありましたね。北欧のいろんなファブリックのデザイナーを紹介してもらったし。森と湖の美しいランドスケープの国でした。二週間もいるとは思っていなかったから、部屋代がなくて、むかし菊竹事務所にいたトンプソンさんの家に泊まりに行ったりしてやりくりしました。そうしたらすごく質素な食事が出てきて、ほとんど菜食のスープみたいで、どうしていいかわからなかった（笑）。

スウェーデンにはこれまでに三度行きました。菊竹事務所時代の旅行のほかに、住宅展[6]とレクチャー。レクチャーは鉄鋼会社の主催する鉄骨造関係のシンポジウムで、外務省の依頼でした。[7] このシンポジウムでは、世界の大建築が紹介されたのに、私は〈桑原の住宅〉など鉄骨の住宅を発表して評価していただきました。

――アーキグラムをみたときに、メタボリズムとの関係を思いましたか。

思わなかったですねえ。こんな自由なものを描けるなら、わたしもできそうだと思うくらいで（笑）。メタボリズムと違って、アーキグラムはそりゃ明るいわけですよ。風船飛ばしていますから（笑）。イタリアの雑誌でも面白かったですね。スーパースタジオとか、あいう新しいキューブの白いものを組み合わせたりして。いろいろ雑誌ばかり買って帰ってきました。

――「a+u」[8] もまだない時代ですよね。

当時はまだ海外の若い世代の情報はほとんどなかった。

――磯崎さんの「解体」[9] くらいからですか？ 海外からリアルタイムで情報が入ってくるのは。

「解体」は七〇年代に入ってから。あのころまだものをつくっていなくて、雑誌でコンセプトを発表している段階だから、雑誌が面白かった。帰国してからはものすごく忙しくて、

▼6…一九八七年から翌年にかけてオスロ、コペンハーゲン、アルハース、ヘールレンを巡回する住宅展を開催した

▼7…一九八六年。このときのレクチャーの記録、「スチール建築の可能性」（「鉄構技術」臨時増刊号、一九九九年一月）は第二部第五章収録

▼8…「a+u」創刊は一九七〇年

▼9…磯崎新『建築の解体 一九六八年の建築状況』美術出版社、一九七五年。「美術手帖」で一九六九年十二月から七三年十一月の全十回連載

ゆっくり読む時間もありませんでしたけどね。篠原研に行って、『建築の解体』が出てきた頃、ああ、ロンドンで買ってきた雑誌、と思い出してひっぱりだして読みました。

清家先生の存在

――日本の近現代住宅を見ると、東工大と藝大が大きな存在になっています。その両方をブリッジする位置に清家先生がいます。

藝大だと吉村〔順三〕さんですね。日本の建築においては、丹下さんの系列以外に住宅の系列があるとすると、清家先生の存在は大きい。本当に生活とか家族とかを大事にしてつくっている人ですからね。

――清家先生が東工大に来なければ、住宅作家としての篠原一男が生まれたかどうか、と思わされます。

そうかもしれませんね。林雅子も生まれなかったかもしれない。塚本〔由晴〕さんや長谷川〔豪〕さんたちまでずっと続いているんですよ。清家先生とはご一緒に仕事をするとか、どこかで生徒の前で一緒に喋るというようなことはなかったけれど、グッドデザイン賞とか、いろんな審査員になると私も誘ってくださる。二人一緒に審査員になる機会がいく度もありましたね。

――清家研から篠原研に図面の描き方が伝わったと聞きました。

清家先生は物づくりが好きでしたね。自宅の改造を何回もやったり。篠原先生は、清家先生を尊敬していたと思います。喋り方も清家先生の女ことばを真似してましたし、やること全部そうだったんです。大橋〔晃朗〕さんがいる頃までそんな感じだったようです。私が入って図面の描き方も変わっていきました。篠原先生のデスクには、ユニの鉛筆がたくさんあって、全部7Hとか6Hとかなんですよね。私は描くときはHBかB。私がまっくろになってスケッチしているのをみて、篠原先生はびっくりして、ユニの硬い鉛筆は全部捨ててしまった。ステッドラーも、わたしが使っているのを見て使うようになったんです。模型も粘土でつくっていた篠原先生が、バルサでつくる私を見て、粘土を使わなくなってしまった。そんなふうに、清家先生から受け継いできた図面の描き方や模型のつくり方などを、私が変えてしまった。

——清家先生は生活へのまなざしという点で、長谷川さんに共感を持たれていたんでしょうか。

わかりませんが、女子美のインテリアに教えに行きなさいと言ってくださって、非常勤になりました。篠原研に入ってすぐの頃ですね。「君、先生やるほうが建築家やってくのは楽だよ」といってくれたのは、清家先生。でも、清家先生が私にそこの助教授のポストを紹介してくださったときに、逃げた（笑）。篠原研でやっていることをやめたくなかったから。

篠原先生の住宅における作品性と生活

——篠原先生の五〇年代、六〇年代の住宅を実際に見に行かれましたか？

機会はありましたね。研究室の学生を招待してくれることはなかったので、みんなで見に行くことはなかったですけれど。施主を案内するとか、なにかの機会に〈白の家〉も見に行ったし、〈から傘の家〉や〈地の家〉など、見たいものは見たように思います。

伝統をテーマにしていた時期の住宅がすごく良かったです。でも思うに、かならずしも先生の考えるように住まわれているわけではない。先生が亡くなった後、雑誌やテレビが入りましたけど〈上原曲がり道〔の住宅〕〉は奥さんと息子で暮らしていて、物が溢れてる。

〈花山［第四の住宅］〉なんか、踏み場がないほど溢れてる（笑）。〈東玉川の家〉は、雨漏りかなにかでよく呼び出されました。行くと、老夫婦はコタツに入っていて、あの立派なダイニングチェアが物干しになっている。老夫婦が、どう見たって篠原先生の思うのとは違う生活をしている（笑）。でも、驚きはしなかった。だって物入れがないから、溢れてしまうでしょ。〈白の家〉は、わたしが行ったときはもう住んでなかったんです。ショールームっぽく綺麗になっていました。

——ただ、物が溢れているから住みにくいというわけでもないのでしょうか。

最近の若い人たち、例えば大西さんたちの〈二重螺旋の家〉[10]だって、しまうところがないからそのへんに溢れていますけど、溢れ方のセンスがいいから（笑）。子どもが溢れさせているだけだから、そう空間は壊れない。でも〈東玉川〉のなかでコタツ出して、先生のつくった椅子が物干しになってたりしたら、ぜんぜん雰囲気悪いんです（笑）。

——篠原先生は生活よりも作品性を優先していた？

〈東玉川の家〉、〈野見山先生の家［糸島の住宅］〉、〈谷川さんの住宅〉（一九七四）のスタート時に、先生は三回くらい入院しました。でも仕事をストップさせたくないから、私にやらせておく。施主との打ち合わせに図面を出さなければならないから、平面とか立面を私が出していく。そうしておいて、先生は病院から出て私の図面を見ると、全然違うものをつくりたくなる。〈谷川さんの住宅〉では、病院から出てきた途端、コンクリートの墓石が並んでいるようなスケッチを描いて。ご家族はもちろん、屋根も壁も床もないのは困る、「先生、住めるようにしてください」って言ってくる（笑）。谷川［俊太郎］さんは先生がつくるものなら何でもOKだった。でもそうやっている間に、あの斜面にうまく土を入れることで新しい建築ができたことは確かですよね。

▼10…o+h（大西麻貴、百田有希）二重螺旋の家（二〇一一）

そういう感じで九州の〈野見山先生の別荘〉とか〈東玉川の家〉も進んだ。〈東玉川の家〉はわりと私がスケッチしていたのと近いんですよ。老夫婦の話をよく聞いてやってたから。先生はあんまり人との打ち合わせをやらないですね。敷地も見に行かなくて「長谷川、見てきて」。だから、先生の出してきた結果が生活とか地域とかけ離れちゃうんでしょうね。

——当時の住宅で印象に強く残っているのは〈谷川さんの住宅〉ですか？

それはそうですね。〈上原通り〉も。構造の打ち合わせがたいへんでした。

篠原先生の設計の進め方

——研究室での設計の進め方について教えてください。

仕事が入っても、先生はすぐにはできないんですよ。時間がかかるんです、なにか考えが出るまで。研究室内でコンペやらせて、みんなからアイデアを集めようとするんだけど、そう簡単にいいアイデアは出ないから（笑）。アイデアが出るまではすごく苦しんで七転八倒する。研究室のスタッフや私にやらせておいて、クライアントにこんなの学生が考えたんだけどって見せて、反応を見ながら時間を稼ぐんです。研究室内コンペやったり、模型つくったりしているうちに、自分で考えがだんだん固まってくる。ロジカルにやっているようで、竣工式の帰りに電車のなかで、今度どんなタイトルにして文章書こうか、なんて言う。できてからロジックを考えたと思う。（笑）

——敷地を自分で見に行かないから、発想の手がかりがほかの人より少ない。建築は現実の条件に影響されるべきものじゃないっていう考えがあるんでしょうね。

そうです。自分のなかでカテゴライズしていき、つくる。多くの建築家は現実の条件にもたれることで、条件をプラスの価値に変えていくということをする。でも篠原先生は建築のことを考えて、考え方が先に進まないと、アイデアが出てこないわけですね。昔の建築家はわりとそうだったんじゃないかな。丹下さんでも誰でも、そういう条件に縛られるより、自分の考えがどういうふうに結束するか、建築化するかということを目指していて、私のように諸条件でつくるなんて絶対言わない。

——長谷川さんが、とくに初期の頃、敷地の条件などをさかんに挙げるのは、篠原先生との距離をとっていたのでしょうか。

あまり篠原先生を意識していないけれど、地域に根ざした民家が原点ですから、設計のスタートは違いますね。篠原先生の場合は、結果的にそれは敷地に載せなくちゃいけないけど、スタートが自分のところで組み立てている論理に乗らなかったら、手が動かない。「第二の様式」から私は参加するんですが、その頃はほんとうにすごいスピードでできていましたね。七〇年に二つ、七一年に四つ竣工していますからね。

——七〇年代の爆発的な創作力は、これで行くんだ、ということがはっきりとあったから生まれたのでしょうか。

本当のことをいって、コンクリートの家って楽なんですよ。フラットルーフでハコをつくって、どう吹き抜ければいいかとかやる。ハコの建築になっていったから、木造と違ってすごいスピードアップができるんです。五〇、六〇年代と違って、見ているとハコ建築というのは取り組み方がイージーなんですよ。

——そしてディテールは長谷川さんが考える（笑）。

どう屋根をかけるか、どう開口部をつくるかということだから。〈田園調布［久ヶ原の住宅］〉で、篠原先生は敷地を見てないから、変なところに開口部をとっちゃう。「隣地に怒られますよ」と言っても、「絶対変えない！」。でも結局、隣地に怒られました（笑）。「第二の様式」といって、コンクリートをやりはじめているのを見ていると、すごくスピードを出していたと思いますね。コンセプトが、テーマができれば、次々とすぐにできちゃうみたいで。

――長谷川さんが篠原研を離れて独立したとき、庇や手すりなどのディテールを積極的に付加していきますね。篠原先生の抽象性から距離をとるという意味がありましたか？

わたしには篠原先生のことをそんなに意識してないところがありますね、正直に言って。なぜだかむしろ反面教師にしていた。先生の後継にもなろうと思ってなかったし、発想するところも全然違うことでやっていましたし。先生がクライアントとコミュニケーションをしないから、私は生の声を聞いてコミュニケーションをとる。敷地の歴史や状況をつかまえたり、コストを反映したり。先生のやらないところから私はつくってきたという感じはありますね。

――ところで、篠原研の部屋はどんなレイアウトだったんですか？

はじめの教室は先生の部屋が奥にあるんですよね、みんなの部屋の隣に。入ると応接セットがあって、本箱が壁沿いにずっとあって、一番奥に篠原先生が壁に向かって座っていました。みんなの机は真ん中に向き合って、大きなアイランドをつくって座っていました。ゼミも同じ机でするので、つくっている途中の模型とかを片付けて。

――長谷川さんとしては学生に指示を出すのは楽だった。

そうですね。面と向かってたから。先生は、帰るとき机の下に物を置くと怒るんですよ。なんで机のうえに置かない！って。床だけは朝、全員で順番に掃除する。私が飲みすぎて朝掃除しなかったら「今日床掃除してないだろ、誰だっ！」。「私でーす、寝坊しました」って言ったら、ものすごい勢いで怒り出す（笑）。

——家族的な雰囲気の研究室ですね。

そうそう、菊竹事務所とは全然違っていました。

——研究室にきた仕事で長谷川さんが進めたプロジェクトはありますか？

私が最初に発表したのは〈焼津1〉ではなくて、〈東玉川の三世帯住宅〉[11]で、研究室内コンペで入ったんです。最初の設計でしたが、老夫婦に振り回されてたいへんでした。気密性が高くなって外の音が聞こえなくなったと、いじめられたりして（笑）。

もう一つは、朝倉摂[12]さんが「長谷川じゃないとだめだ」と言ってくれた〈粉と卵〉というケーキ屋さんの仕事。倉俣［史朗］さんと組んでショーケースをつくった、いいものでした。発表の段取りもできていたのに、すごくよくできているから、と先生が拒否して発表させてくれなかった（笑）。

「篠原先生の作品として発表すればいい」とも言ったんですが、自分が何もしていないからそれはできないと。

倉俣さんとの出会い

——倉俣さんとはいつからのお知り合いなんですか？

高三のときです。静岡県立美術館でアンデパンダン展がありました。高校生の展覧会に出していた私の抽象的な油絵に、倉俣さんが興味を持って声をかけてくださった。倉俣さんは疎開してきて以来、静岡にいらっしゃったようでした。私は藝大に行くのは父親に反対されて行けなかったんですけれど、ずっと油絵を描いていて、それなりに活躍していたんです（笑）。それで、高松次郎さんたちの芸術家たちのシンポジウムを聞きました。

▼11…一九七一年、「都市住宅」一九七一年九月号掲載

▼12…（一九二二―二〇一四）舞台美術家、画家。六〇年代から、演劇以外にオペラ、舞踊、歌舞伎、映画などに及ぶ幅広い舞台美術を手がけた

――それが〈徳丸［小児科］〉の壁画につながる？

いいえ、すぐにではなくて。東京に出てきて以来、菊竹事務所にいる間はすごく忙しくて会えませんでした。篠原研に行くようになった頃、倉俣さんとよく会うようになりました。倉俣さんの仕事の発表に行ったり、飲みに行ったりすると、高松次郎さんたち美術関係の人たちと、よく一緒になりました。篠原先生に倉俣さんを紹介したのも私です。

――伊東さんの〈中野本町の家〉、坂本さんの〈代田の町家〉、長谷川さんも〈緑ヶ丘〉〈鴨居〉〈焼津2〉などが七六年前後に一斉にできていますね。

伊東さんの〈中野本町の家〉の発表会を早稲田の人たちなどに向けてプロデュースしたんですが、あんまりうまくいかなかったんです。それで私が多木［浩二］さんに相談したら〈上原通り〉でパーティをやるときに連れてこいと言われた。そこで伊東さんは初めて多木さんと会って、多木さんが〈中野本町〉の写真を撮ることになる。それ以来、伊東さんは多木さんを「多木コーチ」と呼んで、展覧会にも多木さんのパネルを出すような密接な関係を持つようになったと思います。

――多木さんは篠原先生の周りにいる若い建築家たちにすごく期待をしていた感じがします。

そうですね、私もはじめの頃の仕事、〈焼津2〉〈文房具屋〉から批評を書いていただきました。

――多木さんとはよく顔をあわせることがあったんですか。

そうですよ、研究室で。多木さんが篠原先生に会いに来ると、いつも立ち会っていました。ご飯食べるときも、喧嘩するところも（笑）。万博で喧嘩した後しばらく来なかったんですけれど、また来るようになって、先生の住宅の写真を撮るようになりました。

――篠原研によく来ていた人は、多木さんと磯崎さんですか？

林昌二さんも来ていました、先生と同級生だから。先生がご飯食べるのはその三人くらいで、わたしも同席していました。林雅子と一緒のときもありました。林雅子が「建築家には女はなれないよ」といつも言うんですよ（笑）。「女のスタッフ雇っちゃダメよ」とかね。

――篠原先生は多木さんの写真をどう評価してらしたんでしょう。

多木さんの写真は「新建築」などの雑誌に出すために撮ってもらうんですが、多木さんの抽象的な写真を「新建築」がわかりにくいといって嫌う。それで篠原先生は「新建築」に撮り直させて、結果的に多木さんの写真をボツにしたことがあったんです。〈未完の家〉は出してくれたんですが。多木さんはすごく怒って「写真家は辞めました、誰のも撮りません」と言い出した。篠原先生が「撮ってくれ」と言うと、多木さんが「もう撮りません」あなたの写真を撮って、無駄な時間を費やしたくない」と。

――最後は嫌々だったと伺いましたが……。

〈上原通りの家〉〈谷川さんの住宅〉も撮ったし、私の〈徳丸小児科〉も撮ってくれました。でも、篠原先生と仲がずんずん悪くなっていって。私が出て行く頃には、篠原先生が呼んでも多木さんが来なくなった。

――多木さんの『生きられた家』はみんな読んでいましたか?

みんなあれは読みましたね、篠原研にいる間に。篠原先生がだんだんあの本を批判するようになって、そのころから多木さんはだんだん篠原研に来なくなるんです。私も坂本一成さんも山本理顕さんも、最初は伊東さんの事務所で多木さんと勉強会をやったり、多木さんのアトリエでやったりしていたんですが、〈湘南台〉のコンペで一等になり、伊東豊雄や坂本一成の嫉妬をかって行かなくなりました（笑）。

篠原研での交流

――篠原研時代はそのほかにどんな交友関係がありましたか？

例えば、東大の内田［祥哉］先生。篠原研と内田研と交流があって、みんなをつれて内田研によく行っていました。篠原先生も行ったことがあります。内田研はプレファブの研究成果を発表してくれる。篠原研は篠原先生の作品をお見せする。内田先生はものすごく評価してくれて、東大の本かなにかに書いてくれたこともあったと思います。そうやって内田研にしょっちゅう行っていました。内田先生が廊下を自転車で走ってくるんです（笑）、楽しかったですよ。篠原研を出てからも、内田先生といろんなシンポジウムで、住宅の問題など、よくご一緒しました。

――東工大時代は、設備関係の仕事もされていたとか？

清家先生が「住宅の照明というものも研究した方がいいから、ヤマギワの顧問になりなさい」と、私をヤマギワに送ってくれました。もう一つは、ＰＳ暖房機の顧問です。〈未完の家〉の撮影に立ち会ったとき、ＰＳ暖房機の社長に何度かお会いして「開発顧問になってください」というお話をいただいた。篠原研で北海道のＰＳの工場や従業員宿舎を設計して、私が監理をしました。それまでは外国から輸入していた置き型の暖房機を壁につけ、建築化するための工法を設備の寺島先生と一緒になって開発しました。その先生から設備のことをだいぶ学びました。ポンプのこととかセンサーのこととか、そのとき知ったドイツ製のセンサーを〈山梨［フルーツミュージアム］〉につけました（笑）。

篠原研に十二年間もいて長いんですが、その間にエンジニアのことも勉強させてもらったのがすごく良かったですね。研究室には一級建築士が私しかいなかったから、確認申請

〈山梨フルーツミュージアム〉

を取るのもぜんぶ私でしたし、構造の木村〔俊彦〕先生との窓口も私の担当でした。木村先生は厳しい人ですけど、私とはよく議論してくれました。木村先生と構造の話をするのは楽しかったですね。その後、自分の事務所を開いて〈湘南台〉や〈新潟〉をやるときに木村先生にお願いしました。

　そういう意味では、事務所を開くまで長く研究室にいましたけど、いろんな人に会えたんですね。篠原先生がいろんな人と対談するときに立ち会わせてくれましたから。多木さん、林昌二さん、林雅子さん、磯崎さん。いろいろな人が来ていました。村野〔藤吾〕さんにもお会いしました。

――篠原先生のクライアントは谷川俊太郎さんとか、野見山〔暁治〕[13]先生とか、朝倉摂さんとか。

芸術家が多いんですよね。清家先生は学者仲間とか文学者が多かったけれど。どうしてそういう人たちと知り合ったのかは知らないんですけど、篠原先生は朝倉摂さんと二人でデパートのなかで住宅展をやったことがありますから、多分、朝倉摂さんの紹介なんじゃないかと思うんですよ。朝倉摂さんは、私にもすごく親切でした。朝倉さんの別荘をつくるときに、私が三角形の家をスケッチしたら、「こんなのつくらない！」って篠原先生が言ったのに、朝倉先生が「私はこれがいい」って選んでくれて、山中湖にできた。[14]そのときに少しお手伝いしたらすごく評価してくれました。篠原研在籍時に自分で設計した七〇年代の住宅を「一連の住宅」として、日本文化デザイン賞をいただいたんですが、梅原〔猛〕さんから賞状を受け取るとき、メンバーに朝倉さんがいて、ああ朝倉さんの紹介だな、と思いましたね。

――朝倉さんとの展覧会で、多木さんも篠原先生を知るわけですね。

そうです。篠原先生にとってはすごいチャンスだったんですよね。朝倉さんは舞台をや

▼13…（一九二〇-）洋画家。海の階段、糸島の住宅の施主

▼14…直角3角柱（一九七四）のこと

るし、桑沢で教えていたし、いろいろな意味で人のつながりがすごくある人で、そういうなかで篠原先生の、芸術家のクライアントが生まれていたんじゃないかな。

――野見山先生の住宅のとなりに、長谷川さんの〈練馬の家〉がありますね。

私が東玉川のアパートに住んでいたとき、目の前に田中小実昌[15]さんのうちがあって。私がシトロエンなんかに乗って目立っていたから、小実昌さんに「娘たち、みんな外国に行ってしまっていないから遊びに来ない？」って言われて、行ったんです。そこに野見山先生が来た。まだ野見山先生のうちをつくってないときです。それで奥さんと五人でご飯を頂いて。それから小実昌さんと親しくなって、夜中に突然「いま小説書いているんだけど、絵をまっすぐ掛ける方法がないか」とか言ってくるようになった。「建築には水平を図る小さい器材がありますよ」っていったら、「明日持ってきてくれ！」(笑)。「いま、小説書いてるんだけど、ふつうは時計をどこに掛けるものだったかな」とか(笑)。「そんなの、うちによって違って掛ける場所なんか決まってるか」と言うと、「おまえはどこにかければいいと思う、壁の真ん中か？　いや違う。じゃあそう書こう」って(笑)。でも野見山先生が篠原先生に頼むことになったのは、清家研時代にいた女性のご縁で、朝倉先生との関係ではないですね。

――篠原先生は谷川俊太郎さんとはずいぶん昔からですよね、お父さんの代からですか。

それは清家先生の紹介かなと思います。お父さんの徹三先生は軽井沢の別荘のすぐ横に住んでたので、私もお目にかかりました。キャビアとか出してくれてびっくりした。贅沢な方でした。

▼15…(一九二五―二〇〇〇)小説家、翻訳家。練馬の住宅の施主

篠原先生と菊竹さんはまるで違うひとだった

——長谷川さんは演劇とかダンスとかいわゆるパフォーミングアーツがお好きですけれど、篠原先生もそうだったんですか？

いやあ、まったくなかったですね（笑）。私は菊竹事務所にいるときは、飛び帰って寝て、朝飛び出てくるみたいな日々で、ボーリングが流行ったって、ディスコが流行ったって、行く時間がまったくなかったです。一年に一度くらい伊東豊雄に誘われて、スキーに行ったことがあるくらいで、もう本当に何もしなかったんです。それが、篠原研に行ったらですね、ディスコだ、京都遊びだと（笑）。スタッフに女性がいないから、雑誌社の誰と誰を集めてって言われて、私が電話させられるんです。私はできるだけ避けてましたけど。旅行といえば京都がほとんどなんですが、京都に行くときは舞妓さんの接待を受けに行くから、学割で朝倉摂にセットしてもらう。学生の見学会についていきて、その後は舞妓さんと遊ぶんです、篠原先生は。菊竹さんとは全然違う人でしたね。菊竹さんはお酒も全然飲めない。篠原先生は大酒飲み。毎日、五時ごろになるともう飲んでいる。それで病気ばっかりしている。菊竹先生とすごく違う人でしたね。

——菊竹さんと長谷川さんは、「乳母車だね」「そう！」と、起こす波が同じ方向でイメージが膨らんでゆく。篠原先生と長谷川さんはまったく違う。〈谷川邸〉では「こんなの住宅じゃないですよ」「じゃあお前明日辞めろ！」。そういうぶつかり合いのなかから何かができてくる。

素直には従ってなかったですね。五回くらいは大批判をして、辞めさせられそうになった（笑）。

——そういうぶつかり合いのなかから得たものはありますか？

わたしが？　先生は大修正をするけれど、私はどうだろう。菊竹事務所では批評をするとかそういう立場ではありませんでしたが、篠原先生は表切って言わないんだけど、菊竹事務所での経験者だということもあってすごく立ててくれていましたから、批評とか批判を割とスムーズにすることができました。

——むしろ篠原先生は批判を求めていたんでしょうか？

わかりません。先生は怒るんだけれど、批判するのも一方で期待されているみたいで。何度も先生に逆らった気がしますね。そういう環境を篠原先生がつくってくれていたのかもしれません。在籍していた頃は息が合っていて、批判とか批評も求められるとできました。そういう関係は面白かったんですよ。他のスタッフは大学院生でしたから、篠原先生にはそうやって日常的に議論できる相手があまりいなかった。だから研究室の居心地はそう悪くはなかったですね。それなりに先生に評価されていたから。

——菊竹さんと篠原先生の「通訳」をなさったことがあるとか？

二年目のときでした。初めて会うお二人の言葉がまったく通じないんです。「機能」「空間」「伝統」「近代」といった言葉の使い方がまったく違う。私は通訳するみたいにしてお二人の間に座っていましたが、大議論になってしまいました[16]。その対談の翌日、篠原先生から「菊竹さんは機能とか伝統という言葉をどういうときに使うのか、機能という言葉の前と後ろにどういう言葉があるのか探してみなさい」と言われて、篠原先生の文章と併せて分析したレポートを研究室で発表した。それを篠原先生がすごく面白がって、修士の学生にも、林雅子、清家清など東工大の出身者の言葉を分析させせました。次の年も同じ方法で二人の修士論文の面倒を見ました。篠原先生から、言葉をきちんとしたいという感じで課題をいただいてやったように思います。そのあとは、先生は、自分の原稿の清書をぜんぶ私にやらせるようになりました。自分の言葉をわかる人になったと思ったらしくて（笑）。

▼16…詳しくは本章後出「三十五年の歳月」、および「AA Files72」参照

篠原研を出た後の篠原先生との関係

――やめてからの長谷川さんは、作品が明るくなる感じがします。篠原研を出た、解放された！という実感がありましたか？

実はその前から独立したくていたんですが、篠原先生がさせてくれなかった。〈徳丸小児科〉のような大きな仕事が研究室でできるものでもなくて、〈徳丸〉の事務局長さんに「独立してください、そうしないとあなたがどんなに図面を書いても設計料は払いませんよ」と言われて（笑）。それで出たんですが、一年くらい先生に引き止められながらだったので〈徳丸小児科〉の設計に二年もかかっちゃいました。そうやって強引に出たけれど、それでもまだ一、二年は、何度も篠原先生から電話がありました（笑）。

――独立してからの長谷川さんは〈眉山ホール〉〈湘南台〉と立て続けに建築界の話題を攫いますね。

その頃から篠原先生とあまり交流がなくなってしまいました。〈湘南台〉を取ったときは最悪でした。ちょうど〈眉山ホール〉の建築学会賞もほぼ同時だったんです。篠原先生は「弟子が先生を超えてはいけない、学会賞とコンペが同時というのは問題だ」と言っていました。

――篠原先生も同じ頃〈浮世絵美術館〉をやっていますね。

〈浮世絵美術館〉の頃、私はまだ先生のところへ通ってました。多木さんと先生と美術館に行きました。

――その頃は付かず離れずだったんですね。「第三の様式」くらいまでは。

〈ハウス・イン・ヨコハマ〉の頃は、もうダメでした。もう少しあとに、伊東さんが行こうと言ったけれど、私は行きませんでした。〈東工大百年記念会館〉は私も招待されて、

〈眉山ホール〉

先生から磯崎さんや谷口［吉生］さんを案内する役を仰せつかって、二人がことごとく批判するのに付き合いました（笑）。

――篠原先生の実作は「第四の様式」以降すごく少なくて、〈ハウス・イン・ヨコハマ〉、それから〈百年記念館〉。先生のご定年はいつですか？

先生の定年はたぶん〈東工大百年記念館〉ができた頃です。[17] 私はそのとき〈星田[18]［アーバンリビング］〉のコンペの審査委員で作品審査があるのに、その日行けず、次の日も台風にあって遅れて行った、という出来事があって記憶があります。そのコンペで坂本さんが勝って、その後東工大の篠原研の後継になります。だから〈東工大百年記念〉のすぐ後、八七年頃、先生は定年したと思いますよ。そして横浜の家をアトリエにして、新しいスタッフと仕事を始めたと思います。

――篠原的な設計の方法とか、ディテールは長谷川さんの建築にも反映されていますか？

篠原研でやっていた私の主な仕事に「ディテールをつくる」ということがありましたからね。巾木をなくすとか、天井の押さえをなくすとか、ドア枠を無くすとか、目地だけでものをつくるとか。そういう抽象化を提案していましたからね。

――室内空間のディテール的な感覚、具象的なものを取り去った抽象的な表情には共通性があると思います。

室内はそうかもしれない。菊竹事務所と一緒で、篠原研でも、インテリアのディテールをずっと提案して、現場でもつくることをやっていましたから。私が辞めたとき、篠原先生は、私の事務所に毎日のように電話してきました。あそこはどうやって収めたの、と。だからここは篠原事務所アネックスか、とスタッフたちがぼやいていました（笑）。篠原先生から電話がくると、若いスタッフは緊張しちゃうから。外部は先生がいろんな提案をす

▼17…一九八七年。篠原一男は一九八六年東工大を退官、名誉教授となった。翌年九月に百年記念館が竣工している

▼18…一九九二年。コンペの応募要項が一九八七年七月に発表され、一九八八年四月に選考結果が発表された

るからそんなに関われないんですが、インテリアのディテールはすごく提案してましたね。

——篠原先生は「ぼくはかたちのことしか考えたことがないからね」とおっしゃっています。

「敷地は君が見てきなさい」「お金は自分で計算しなさい」という人（笑）。構造のことまで打ち合わせしてきてちょうだい、という人だった。私の方は研究室にいた頃の、例えば〈柿生の家〉とか。内から考えていって、外観はその結果みたいなものだから。外はむしろ表現しないくらいの「ボソッとアート」でいいんだと言ってね。「長い距離」だって、「ガランドウ」だって、内側「インテリア」の問題だから。

——あえて外のことを優先しない、ということですか？

そうでしたよ、意識的に、つくらない。篠原研でもそう発表したことがあります。なかをつくる、と。

八〇年代の長谷川さんの解放感

——八〇年代の長谷川さんの作品には「解放された！」という感じが〈湘南台〉に至るまで満ちています。篠原先生から解放されて……（笑）。

そうです。もっと自由でいたい！って（笑）。〈眉山ホール〉以来、たいへんなものをつくってましたね（笑）。

——八〇年代の作品にはほとんど何かしら屋根がかけられています。モダンな白い箱に対してどこかで距離を取ろうとしていたのでしょうか？

私の住宅は〈緑ヶ丘〉を除いて木造なので屋根は必要だったから。その後の、コンクリートの〈NCハウス〉でも、鉄骨の屋根で三角の小屋根を一つずつかけていましたね。〈眉山ホール〉は光を採るためだったんだけど、三角の小屋根をいっぱいかけて。もちろ

左：〈BYハウス〉
右：〈NCハウス〉

ん、ほかの光の取り方もあるはずなんですが、住宅地の仕事で大屋根がなかなかかけられなかったんですよね。周辺を取り囲む民家のスケールに合わせるために大きなヴォリュームを小さく分節したいということだったんですが、結果的にそれがすごくシンボリックな小屋根になって〈湘南台〉まで行ってしまうんですね。

——町家の下屋は仮設的で交換可能な生活の設えであって、母屋に付加されたものです。長谷川さんの建築では、篠原先生が抽象化しどんどん省略していった付加的な下屋的な部分が復活する。

町家を見に行くと格子が入っていたり、下屋があったり、いろんなものが本体の外にくっついている。ものすごく安っぽいんですが、なかに入ると天井が高くて立派な架構が組まれている。でもその安い材料でできているものが町のファサードなんですよ。延焼で焼けてもいいという発想でしょうか、それが農家と町屋とでまったく違うところですね。農家は、たとえば青森の方では、柱の周りに土壁を塗って、大きい屋根を載せて、本体が露出している。町屋はだいたいもう一重、板貼ったり格子をはめたり外側に安物の加工がしてある。そういったものが町屋のファサードをつくる装置になっている。知らない間にそういう意識を使っているような気がします。パンチングメタルを貼るときに、もう一度パッケージするという感覚は町屋ですね。

——〈BYハウス〉もそうですね。

本体はコンクリートで外の建物は鉄骨ですからね、パンチングメタルも貼って、通り庭があって。〈BYハウス〉はまさに町家の感覚です。小実昌氏の〈練馬の住宅〉なんて、典型的な町屋のプランですよ。外はパンチングメタルのなみなみの（笑）、とんでもないファサードがつくられているんですが、一歩なかに入ると、伝統的な家の構成になっている。外部のパンチングメタルは、やっぱり「自由」なのね。アートだっていいわけ。表だ

〈練馬の住宅〉
左：田中小実昌氏の書斎（2017年）

け見ている人はハイテックだとかいうけれど、中身は非常に古い、このうえなく古いお家で、それこそ「ガランドウ」なんですよ。

パンチングメタルを使いだしてから、ずっと二重構造をやっているんですよね。本体はコンクリートを打って、外側にパンチングメタルを貼るための鉄骨があるという町屋形式で。農家形式はなかなかつくる機会がなかったですね。

――八〇年代前半から後半にかけて、建築的なボキャブラリーを増やしていきますね。

あとで考えれば社会の変化もありますね。自由な雰囲気が社会にも出てきた。ミースが亡くなるのと、ヴェンチューリの『建築の多様性と対立性』[19]が出るのはほとんど二、三年しか違わない。すごく象徴的です。時代が変わったのを感じましたね、ミースが亡くなったとき。

――社会の変化といえばバブルがありました。

一九八三年に〈湘南台文化センター〉のコンペに入ってから七年間もかかって、二期工事が九〇年に竣工しました。藤沢市はこの建築のためにずっとお金を積み立てて準備していましたが、コンペ時には坪百万円だった施工費が、工事に入った頃にバブルになって経済状況が急激に変化しましたね。施工する頃には、木造住宅が坪二百万円以上になっていました。当時は、いまのようにコンペで決まった建築だからといって、社会状況や設計施工の都合で予算を拡張するというやり方はしていなかったので、どうやって当初予算でおさめるか、仕上げの左官や瓦を友人たちに頼んだり、スタッフまで住み込みでせせらぎの瓦積みをしたり（笑）……。二期工事のシビックシアターはコンクリート造、アルミパウダー仕上げに変えましたしね。ずいぶん大変な現場でした。〈湘南台〉でさんざん苦労したせいか、その後の公共建築でもコンペ時の予算枠をほとんど守ってきました。コストコ

▼19 … *Complexity and Contradiction in Architecture*, 1966. 邦訳一九七八年

ントロールも建築家の重要な職能だと思うから……。

――〈湘南台〉の評価はどうでしたか?

〈湘南台〉ができ上がると、ヨーロッパを中心に外国ではずいぶんと評価をしてくれて、講演や展覧会、コンペなどにもたくさんご招待いただきました。いろんな角度からの評価があったと思いますが、市民社会の建築として評価してもらったと思っています。

一方で、日本の建築界ではあまり評価されてこなかったかなあといま振り返っても思いますが、でもそんななかで、丹下健三さんが「これからの公共建築を見せてもらいました」と評価してくださいました。日本の公共建築のあり方をつくって来られた丹下さんの言葉ですから嬉しかったですね。パッと目に見えることだけではなく、建築としてのありかた全体を捉えてくださったのだと思っています。その後も丹下さんは私をＪＩＡの理事に迎え、ハーヴァード大学の客員教授に推薦し、そこでの展覧会を支援してくださるなど、一番励ましてくださっていたかなと思って、感謝しています。

・・・三十五年の歳月

篠原研究室に入ることが決まった頃、訪ねると、私のために「女性は建築家になれるか」というミーティングが開かれ、篠原先生は「一度男性化し、もう一度女性に戻る」ということができなければならないと締めくくられた。またもや女性が問題かと少々戸惑うことからスタートした。入室してまもなく、初めての海外旅行に行かれた先生は、研究室の皆にお土産を買ってこられた。大学院生の女性がピンクのマフラーを貰ったことはずっと語り継がれているが、最近になって、後輩から「長谷川はお土産を貰えなかったらしいね」と言われた。実は私には「ユニセックス」と描かれた黒いジャンパーを買ってきてくださったのだが、戸惑い誰にも見せることなく、いまもクローゼットにかかったままなのである。私は一般に先生と生徒といわれる難しい関係を在室中の十年、そして独立してからの二十五年、篠原先生と続けてきたように思う。

一九七〇年代の楽しさ

入室した直後の一九七一年に、建築学会で篠原先生と菊竹清訓先生が同じ日にそれぞれレクチャーをする機会があり、終わってホテルのバーで三人で飲むことがあった。あまりお酒に強くない菊竹先生に相当のお酒を勧めていた酒豪の先生だった。機能的なる空間にいまいちばん関心があると話す先生と、答える菊竹先生との言葉のズレに、真ん中に座ら

「新建築」二〇〇六年九月号、
収録に際して加筆

されて通訳を頼まれ、まるで国の違うふたりの外国人に挟まれたようで、とても面白かったことを思い出す。篠原先生は、メタボリズムについて、部分としての新陳代謝は可能であるが、菊竹さんの建築の新陳代謝を全面的に押し出す考えは技術としての機能であり、評価しないと言い放った。

一番衝突したのは「機能」についての考えであり、次は「変化」あるいは「メタボリズム」についての議論だったと記憶している。伝統をベースに住宅建築を考える菊竹さんは〈スカイハウス〉に見られるように、「空間は機能を捨てる」つまり空間は機能を捨てることによって自由を獲得しより多様な場となる、という考えを述べる。対して篠原先生は、もともと伝統をテーマにして来たのに強く反論をされ、空間などというのは抽象的なるもので初原的空間であればあるほど機能はしっかりと結びつけられている、と自分が見出しつつある新しい機能的なる空間について熱弁し、いま意識して機能について追求していると、機能建築を強調しつつ、その後は近代建築論に広がりそれは大激論となった。

もう一つは時間の変化の導入について、建築は交換できるものとし、ムーブネットという概念を話す菊竹さんに、そうした新陳代謝という考えは技術系の問題で評価できないとばかりに篠原先生は発言するので、このことも大議論となって続いた。ことごとく菊竹さんに向かっていく篠原先生をあのとき見た。

帰りがけに先生から、ふたりの文章を分析して「機能」という言葉がどんな考えで使用され、「空間」「都市」「伝統」なども取り出してその差異を引き出すことを、これからのゼミの課題にしなさいと言われた。この課題を研究室で発表した後に、建築家は言葉をどのように使用しているか、パソコンを使い、その頻度を数えたり、前後にどのような語句が使用されているかなど、大学院生が研究論文をまとめる手伝いをした。

菊竹先生だけでなく、さまざまなお客様との対談や、食事にも同席させてもらったが、篠原先生は食事に対しては気分的で理解しにくい行動が多かった。食事が食べられないということでもないだろうが、出される食事を次々にパスすることがあり、後日先生に失礼したのではないかとクライアントや前トヨタ自動車社長さんや野見山暁治先生などが私に尋ねてくることもあった。また、林昌二・雅子ご夫妻とのお食事は同級生ということもあってか、とても嬉しそうであった。私は雅子さんから女性としての建築家のやり方などを伺う一方、女性だけでアトリエを開きたいと言ったらとても反対されたこともあった。

磯崎新さん、多木浩二さんと激論する場面にも何度か立ち会った。多木さんとは万博についての捉え方の違いから大激論になった。先生は、大資本企業が住宅生産にまで乗り出し混乱を起こしていても、住宅をつくることを持続しようと戦っている。そうした企業の理論と真っ向から戦っているデザイナーが万博のどこにも見出せなかったと言い張っていた。その頃、書くことによって都市や建築をつくっていた磯崎さんは、万博に参加し大きな疲労を味わったうえに、万博に対する考え方が先生と近く、同世代の建築家として認め合うなかで、仲良しだった頃のふたりの議論にも立ち会うことができた。東大の内田祥哉研究室との交換ゼミは楽しかったし、内田研の人たちとの交流はいまでも続いている。

それ以前の菊竹事務所の五年間を、世のなかの流行に参加することもなく、休みなく働いていた私を、篠原先生はディスコ、ボーリング、バーと皆と一緒に誘ってくださった。東北地方の城下町調査や奈良や京都への旅行なども先生流のユニークな旅行であり、楽しかった。また、ほとんどの先生の原稿を清書することも私の役であり、いち早く原稿を読めるために嬉しかった。菊竹事務所で同僚だった伊東豊雄さんは、その頃屋根のうえで裸踊りをして警察に連行されるようなパフォーマンスをする磯崎さんのところが面白いから

篠原研のお花見（1969年）

行くべきだと言っていた。しかし、私は〈白の家〉と〈地の家〉に注目し、大きな問題の魅力に惹かれ、ぜひ先生のもとへと行きたいと考えるようになり、実行した。篠原研に入って最初にしたことは、先生から頼まれた多木さんが〈未完の家〉の撮影をする手伝いだった。そこで多木さんと初めて対面した。多木さんの撮影は建築の空間そのものを撮ることであり、家具も生活もモノすべてを外してしまえば、あとは何もない空間を撮ろうとしているようで、じっと見ていればよかった。自分の考える建築の撮影という行為とまったく異なる動きに、空間という途轍もないものにこれから挑戦するという思いを残した。それはその通りになり十年間の研究室生活は楽しくもあり、厳しくもあった。まずスタート時には先生の二冊の住宅論を読み込んだ。

設計の厳しさ

その頃の篠原先生は、伝統との直接的関係を離れて、抽象的空間に向かうコンクリートの直方体をつくり出すところだった。そこに出会うことになり、〈白の家〉への魅力を携えた私は戸惑った。「新しい自然」や「虚と実」というテーマを掲げてスケッチした〈箱根の別荘〉[1]（実現せず）に議論をぶつけられることから始まった設計活動は、厳しいものであった。新しいリアリズムを探求していた篠原先生には議論が必要で、お酒を飲みながら朝まで繰り返した。私が「民家はきのこである」という自然に近い建築に惹かれると話し、すでに先生が超えてきたことを取り出して叱られることもあった。仕事の話があるといつも研究室の皆でのコンペを行い、先生から講評を受けるのはドキドキ、ウキウキしたものであった。

篠原先生が必死で新しい建築を生み出す日々を過ごしている間、仮の私の案で、施主と

▼1…空の矩形（一九七一）の施主の別荘の計画であった

の関係を切らないで打合せをすることも私の仕事であった。〈海の階段〉、〈東玉川の住宅〉、〈谷川さんの住宅〉（一九七四）などは随分長い期間私のつくったスケッチでクライアントとの関係を続けてきて、ぎりぎりのところで先生の案にすり替えるのだから、何ともスリリングなコミュニケーションであった。先生と電車のなかや歩きながら、次々につくっていた住宅の作品名を付け合う作業もとても面白かった。〈谷川さんの住宅〉では、先生が病院から出てきたとき、プロポーションの異なる壁を連ねたフロアレス／ルーフレスのスケッチを掲げられた。住める住宅をスケッチしてクライアントと打合せを重ねてきた私は、それは住宅ではないと叫んでしまった。そのような飛躍が自然の土の斜面を床とする〈谷川さんの住宅〉を生み出すことになるのだが、その反論に怒り、助手に明日長谷川を辞めさせると言わせた。私が机を片付けていると辞めないように、と言ってきて、お酒を飲みに誘われた。十年間先生の元にいる間、「辞めろ」「いてほしい」と何度繰り返したか知れない。

独立した後もずっとこのような関係を繰り返し、嫌われ好かれてやってきた。ギャラリー・間主催の「この先の建築」（二〇〇二年）のシンポジウム[2]の事前打ち合わせでは、ビールをご馳走になり、当日は篠原先生の五十年近くの長い建築活動の話を、同席した若い建築家たちと伺いながら感激した日が最後となってしまった。

入院中のこの頃はお会いすることがないままに、友人から元気に病床で建築のスケッチをしていると伺っていたので、突然にいらっしゃらなくなってしまった感じで、寂しさひとしおである。いろいろな意味で先生として鍛えてくれたことには大いに感謝しながら、ご冥福をお祈り申し上げます。

▼2…田尻裕彦ほか監修『この先の建築』TOTO出版、二〇〇三年に収録

・・・多木さんとの出会い

篠原先生の「民家はきのこ」という言葉に惹き付けられた私は、その思想の実現である〈白の家〉の雑誌発表を見て篠原研究室で学ぶことを選んだ。入学後はすぐ、地域に根ざした全国の民家を見歩き、そこから住宅を学ぶことをスタートさせていった。久しぶりに研究室に出向くと、多木さんによる〈未完の家〉の撮影の立ち会いを篠原先生から頼まれた。篠原先生にとっては、日本の伝統との関わりから移行し、次の展開のスタートを切った最初の仕事であった。正方形のコンクリートの箱の真ん中に小さな正方形とスリット状の亀裂空間が導入された、閉じた白い空間。先生の実作で最初に拝見したのが〈未完の家〉で、まだ設計に参加していなかった私はその空間に驚きを隠せなかった。

その日はじめて多木さんにお会いした。その後、十二年も在籍してしまったのだが、その間篠原先生と多木さんが議論を交わすたび、立会人のように同席をさせられてきた。会話の内容は万博の賛否、確かさと不確かさ、都市と住宅、多木さんの写真についてなど、さまざまだったが、二人の議論は最終的に嚙み合ないまま終わることが多かった。振り返るに篠原先生は常に次の建築のことを考え、建築そのものを変えていく事しか考えていなかったのに対して、多木さんは言葉を以て世界を変えようとしたところに衝突の原因があったのだと思う。

「建築と日常」別冊「多木浩二と建築」二〇一三年四月、後半部分を省略した

篠原研へ行く直前まで在籍していた菊竹事務所でも村井修さんの撮影に立ち会ったこと

があったが、村井さんが生き生きと楽しそうに撮影していたのに対して、多木さんは撮影中どこか不機嫌で、撮っている姿を見られたくないとばかりの様子だったので、私は一日中体を固くして遠くに居た。中心から外光のさす空間は何処かで見た光の差す中庭のようで、快適ささえ感じていた。「難しい、難しい」とおっしゃりながら「何故私に写真を撮らせようとするのか、本当のところわからない」、「別にいい写真を撮ろう、なんて思っているのではない。眼に見えるものだけなく、読み込めるものを写真にしたい、と願ってカメラを覗いている」というような言葉を投げかけられた。多木さんは目の前にある空間を撮ろうと構えているというより、空気の動き・外光の変化を撮ろうとしているようだった。ディテールも置かれた家具をも撮ることなく、そこにあった時間、いや、流れている時代を写し撮ろうとしているようだとさえ感じさせられた。私も想っていた先生の作品とまったく異なった空間のなかで、多木さんの言うような空間の質を体で感じとりたいという思いにさせられていた。

当時から建築写真というものは、記録する作業に徹したものが多く、週刊誌等では消費材料のように扱われることさえあった。しかし、私は多木さんの撮影した〈未完の家〉の写真と出会って初めて、写真は硬直した現実なのではなく、現実を乗り越えたものを写し出せるということを知る。乗り越え否定しているような、現実を越える表現の可能性に魅せられたのだった。その後も多木さんの写真〈篠さんの家〉、〈谷川さんの住宅〉（一九七四）そして〈上原通りの住宅〉などの写真に魅せられてきた。しかしその抽象性故に雑誌社などは多木さんの写真を問題にするようなこともあった。撮ってもらうことで新しい問題を浮上させることを望む篠原先生と、あくまでも言葉で表現したい、撮りたくないと主張する多木さんとは、次第に話が噛み合わなくなっていった。

その後、私たちは建築の表現方法を課題にしてビデオ撮影にも挑戦した。東工大近くに住む篠田正浩映画監督にビデオの撮り方を学んでいくなかで、撮り手の個性が表れることを学ぶことができたが、なかなか新しい表現に持っていくまでにはたどり着かず、流れる映像と一枚の写真の強さについて議論していくうちに放棄した。写真機というツールは、確かに現実をリアルに写し出しているように感じられるものだが、そこには少なからず写真家自身の生きて来た過程や、思考が入り込んでくるものだと思う。多木さんの写真は見たことのなかったもので、独特で、空間のエッジの線は飛ばしているため、建築が抽象化し、まったく新しいものになって見えた。

「表現は人によってさまざまであるべきだ」というのが彼の考え方で、「写真表現の多様性が失われると、この先の建築文化には厚みがなくなっていくだろう」とさえ話し合っていた。そのころから建築写真のありようが見直され、そういった考え方を建築の書籍や雑誌が積極的に追求していたら、建築はもっと広く芸術として人びとに広報され、建築の質さえもまた違った方向に向かって広がっていったかもしれない。

多木さんの書かれた文章から知るに、彼は目に見えない思考をモノに託して、写真表現によって視覚化された新しい知として扱おうとしていたと思う。写真家でもあり、哲学者で評論家でもあった多木さんはモノを通して世界を論じることを好んだ人だった。その時代の家具や食べ物、ファッションなど生活の現れとしてモノをトータルに感じ取って、そのうえで、次の時代に向かう思考を写真のなかに見出していたと考える。それは、同じように写真を媒介としながら、近代の社会と文化を思想として展開したスーザン・ソンタグとも異なる世界の見方だったのだと思っている。

多木さんは、時代の産物を独自の視点から写し出し、それによって世界の見え方を変えようとしていた。本人の「人類史上の意義は……」とか「世界の不確実性を……」というような語り口からは、非常に大きなものを背負っているように感じられた。

多木さんは、東大の美学を出てから写真を撮り始めた方で、もともとはデザイン・クラフトの写真を撮っていた。『ガラス』という雑誌の編集長を務め、その後篠原先生や磯崎さんと交流するようになった。そのような経緯があるので、多木さんは特にモノを通して時代、人びとの生活、社会を写し出し、世のなかの世界観自体を更新しようとしたのだと思う。

建築家の職能は、生活、日常に与しない芸術としての空間を創ることだと主張する篠原先生や磯崎さんたちの世代にとって、『生きられた家』は受け入れられなかった。それに対して、私たち下の世代は『生きられた家』の考え方に惹かれ、生活を豊かにするような衣食住の細部に価値を見出して私たちの生命活動を支援し、活性化する方向性を見出そうとすることで、新しい建築の時代が生まれてきた。こうして振り返ってみると、多木さんは若い世代に常に新しい目を開かせてくれる、次の世代をリードする存在だった。

『長谷川逸子の思考』の構成について

『長谷川逸子の思考』は、最初の作品発表をした一九七二年から二〇一六年までの長谷川の論考や作品解説・講演録・インタビューなどのテキストの選集である。『ガランドウと原っぱの建築』（二〇〇三年）に収録された比嘉武彦との対談をベースとして、関連テキストを集め、二〇〇三年以降のテキストを補った。長谷川逸子・建築計画工房（一九七九年設立）では長谷川のテキストを継続的にファイリングしており、その膨大なファイルに国会図書館や大学図書館などから若干の拾遺を加え、収録すべきテキストを選出した。論考からインタビュー、そして多木浩二をはじめとする他者の批評をも組み込んでいるのは、長谷川自身の希望にもよるが、単なる著作集ではなく、長谷川の思考の軌跡を辿るテキスト集とするためである。

『ガランドウと原っぱのディテール』は、第一章「ガランドウ（初期住宅）」、第二章「第2の自然（湘南台文化センターほか）」、第三章「原っぱ（新潟市民芸術文化会館ほか）」、第四章「つなぐ建築（二〇〇〇年以降）」と年代順に構成されている。これに倣って、一九七二年から一九八四年までの初期住宅群に関連するテキストを第四部「ガランドウ・生活の装置」、一九八五年から一九九二年までの〈湘南台文化センター〉（一九九一）を核とする第三部「第2の自然」、一九九三年から二〇一六年までの著作を第一部・第二部として、時代を遡るように構成した。

『ガランドウと原っぱのディテール』から十五年以上のときを経て、すでに歴史的段階に入った一九七〇年代のテキストから始めるより、現在から遡行するほうが若い世代には理解しやすいのではないかと考えたからである。

第一部「アーキペラゴ・システム」は〈新潟市民芸術文化会館〉（一九九八）を核とし、第二部「はらっぱの建築」は〈新潟〉と並走していたプロジェクトを集めた。同時期のテキストを二部に分けた第一の理由は〈新潟〉に関するテキストの物理的な量であるが、〈新潟〉に結実する一九九〇年代の思考のディテールは、むしろ、より小規模な公共建築や経済重視の社会と向き合わざるを得ない集合住宅、七〇年代の思考と繋がっている住宅を語るテキストによく読み取れるからでもある。

各部の序章に『ガランドウと原っぱのディテール』の該当章を配置しているが、今回の出版にあたって、長谷川・比嘉両氏の意向で一部修正補足している。第三章「原っぱ」は、〈新潟〉とその他のプロジェクトで分けて第一部と第二部に分けて収録し、まだ計画段階のプロジェクトを含む第四章「つなぐ建築」は住宅関連だけを残して削除し、新たな論考と置き換えた。……………（編集：六反田千恵）

初出一覧

比嘉武彦＋長谷川逸子「ガランドウ」——『特集長谷川逸子　ガランドウと原っぱのディテール』第一章「ディテール」二〇〇三年七月別冊

「長い距離」——「新建築」一九七二年八月号

「物理的スケールと多視点」——「新建築」一九七六年二月号

「斜めの壁」——「新建築」一九七六年九月号、初出時無題

「直角二等辺三角形の立面」——「新建築」一九七七年六月号

「住宅建築の形式的構造の演習　1972-75」——「都市住宅」一九七六年冬号

「「長い距離」から「直角二等辺三角形」へ　1972-1977」——「インテリア」一九七七年六月号

多木浩二「多様さと単純さ」——同右

「都市への埋め込み作業」——「新建築」一九七八年六月号

多木浩二「実体と虚構のあいだ」——「SD」一九八五年四月号

「ひとつの形式から複数の形式へ」——「建築文化」一九七九年十月号

「建築の現場」——「新建築」一九八一年三月号

「AONOビル設計メモ」——「建築文化」一九八三年一月号

西澤文隆「長谷川さんの松山の仕事を見て」——同右

「住宅設計について思うこと」——「群居4」一九八四年二月

「このごろ考えていること」——「群居6」一九八四年八月

「私と建築設計」——「ヤマハ建築セミナー通信II」一九八一年六月

「住宅設計の発想とプロセス」——「ヤマハ建築セミナー通信II」一九八三年十月

藤井博巳＋三宅理一＋長谷川逸子「自然の法則に従うとき消去する空間」——「a+u」一九八四年四月号

竹山聖＋長谷川逸子「平面をめぐるディスクール」——「都市住宅」一九八四年五月号

「「かた」チームの五年」——未発表、二〇一八年六月八日、長谷川逸子・建築計画工房にて

「菊竹清訓　一九六〇年代前半の建築」——「SD」一九八〇年十月号

菊竹清訓＋長谷川逸子「装置としての建築」——『生活の装置』住まいの図書館出版局、一九九九年

「ぶつかり合いのなかから」——未発表、二〇一八年六月八日、長谷川逸子・建築計画工房にて

「三十五年の歳月」——「新建築」二〇〇六年九月号

「多木さんとの出会い」——「建築と日常」別冊「多木浩二と建築」二〇一三年四月

年譜	出来事	建築（本文と関連の深い事項、作品を中心に）
1941	十二月一日、静岡県焼津市に生まれる。 焼津の早春のお祭り「浜行き」が楽しみであった。	
1948	焼津市内の市立小学校に入学。 母と野原を歩き、花舟、押し花、スケッチを楽しむ。 「押し花と絵を組み合わせた作品」で図画工作の賞をもらう。（一年生） 「セルロイドのケースに多様な葉を入れた作品」で一番をもらう。（六年生） ブラスバンドで全国大会へ。 はじめてのコンサート体験、「フィガロの結婚」を聴く。	森博士の家（清家清、五一年）
1954	静岡精華学園中学に入学する（五七年卒業）。 油絵のセットを買ってもらう。 植物学者と野山を歩き、植物学者になりたいと思う。 軟式テニス部でインターハイに出場し、入賞する。 父の鉄工所の中で見た船の図面の美しさに感動する。	私の家（清家清）、久我山の家（篠原一男） 広島平和記念公園（丹下健三、五六年）
1957	静岡精華高校に入学する（六〇年卒業）。 初めてヨットに乗る。風や潮に敏感でヨットがよく走った。	東京都庁舎（丹下健三）、谷川さんの家（篠原）
1958	藝大に行って油絵を描きたいとか、船の図面を見て船の設計をしたいと思う。 友人に勧められ、東京大学建築学科への進学を考え始める。	旧島根県立博物館、スカイハウス（菊竹）
1959	静岡アンデパンダン展で倉俣史朗と出会う。 国会議事堂前デモを見に行き、学友たちと演劇化を試みる。 高校で国立大学工学部の受験を認められず、四ヶ月登校拒否。 知人の勧めで、神奈川県で女子ヨット部のある関東学院大学に進学を決める。	海上都市（菊竹）、から傘の家（篠原）
1960	関東学院大学に入学。 本牧のヨットハーバーに通う。一、二年次には国体にディンギーで出場。 画家糸田先生について油絵を描き、グループ展などに出品。	メタボリズム宣言 正面のない家（仁木邸、西澤文隆） 川添登『建築の滅亡』
1961		東京計画1960（丹下研究室）
1963	「建築学生会議」に出品したバルサの住宅模型が菊竹清訓の目に留まり、菊竹事務所で京都国際会館コンペの模型作りにアルバイトで参加。 菊竹夫妻にスカイハウスを案内してもらい、民家に興味を持つ。 松井源吾研究室（構造）に入る。 夏休み、菊竹事務所で浅川テラスハウスの平面立面断面を描く。 卒業設計（集合住宅）二位、藝大への進学を考える。	出雲大社の庁・館林市庁舎（菊竹） 土間の家（篠原） 伊藤ていじ『民家は生きてきた』
1964	菊竹清訓建築設計事務所に入る。 「かた」チームでインテリアから建築まで幅広く担当する。	東京オリンピック。国立屋内総合競技場（丹下健三） 篠原一男『住宅建築』
1965	東光園：天皇陛下の部屋のインテリア及び家具を担当。 初ヨーロッパ旅行、アアルトを訪ねる。	東光園・浅川テラスハウス・鈴木邸（菊竹）

年譜	出来事	建築（本文と関連の深い事項、作品を中心に）
1966	都城市民会館：「乳母車」案。 絵をやめて建築に集中することを決心。 東急多摩田園都市計画発表展の住宅とインテリアを担当。 雑誌で「白の家」を見て、住宅の仕事をしたいと思う。	岩手教育会館・徳雲寺納骨堂・東亜レジン相模工場（菊竹） コープオリンピア（清水建設） パシフィックホテル茅ヶ崎・佐渡グランドホテル・都城市民会館（菊竹）、朝倉さんの家・白の家・地の家（篠原） R・ヴェンチューリ『建築の多様性と対立性』（邦訳七八年）
1967	萩市民館：鉄骨案を提案。	岩手県立図書館・国鉄久留米駅（菊竹）
1968	エキスポタワー内、カフェのインテリアを担当。 佐渡グランドホテルのファーストイメージをつくる。 十二月、久留米市民会館のパースを最後に菊竹事務所を退職。	萩市民館・島根県立図書館（菊竹）
1969	東京工業大学篠原一男研究室研究生となる。 「民家はきのこ」という言葉に惹かれて全国民家巡りの旅に出る。 一級建築士の免許を取得。	久留米市民会館・エキスポタワー（菊竹） 桜台コートビレッジ（内井昭蔵） 磯崎新「建築の解体」連載始まる（七三年十一月まで） ミース・ファン・デル・ローエ歿 菊竹清訓『代謝建築論』
1970	篠原研秋田県横手市増田などの集落調査に参加する。 未完の家の竣工写真撮影で多木浩二と出会う。 篠原一男と大阪万博を見学する。	大阪万博 未完の家・篠さんの家（篠原） 芹沢文学館・島根県立武道館（菊竹） 篠原一男『住宅論』
1971	東京工業大学篠原一男研究室技術技官となる。 研究室コンペ一等の設計作品発表〈東玉川の三世帯住宅〉。 篠原一男の紹介でPS暖房機の顧問となり、北海道でPSの寒冷地仕様工場従業員アパート設計管理。 清家清の紹介でヤマギワのアドバイザーとなる。	京都信用金庫シリーズ（菊竹） 直方体の森・同相の谷・海の階段・空の矩形（篠原）
1972	〈焼津の住宅1〉 当時は原宿にある知人の事務所の一角を借りて設計をしていた。	久が原の住宅（篠原）
1973	〈鴨居の住宅〉の設計を始める（十二月）。 研究室業務のない週末と夏休みなどの長期休暇を使っての工事であった。 朝倉摂の紹介でケーキ屋〈粉と卵〉を設計管理（家具は倉俣史朗）。	東玉川の住宅・成城の住宅（篠原） ベルナール・ビュフェ美術館・井上靖文学館・柴又帝釈天鳳翔館（菊竹） 宮島邸（藤井博巳）
1974	〈鴨居の住宅〉の現場始まる（十一月）。 〈焼津の住宅2〉の設計を始める（十二月）。	谷川さんの住宅・直角3角柱（篠原） パサディナハイツ・萩市庁舎（菊竹） 群馬県立近代美術館（磯崎新）

1975	〈鴨居の住宅〉〈緑ヶ丘の住宅〉 吉阪隆正に〈緑ヶ丘の住宅〉を案内する。〈柿生の住宅〉の設計を始める（九月）。 吉阪隆正に請われ、坂本一成「代田の家」、伊東豊雄「中野本町の家」の見学と議論の会をプロデュースする。	軽井沢旧道の住宅（篠原） アクアポリス・黒石ほるぷ子供館（菊竹）、54の窓（石井和紘） 鈴木充『民家』、磯崎新『建築の解体』
1976	「都市住宅」誌上で住宅論を発表。 〈焼津の住宅3〉の設計を始める（一月）。 〈徳丸小児科〉の設計を始める（一月）。 米国留学から帰国したばかりの徳丸医師に「インフォームド・コンセント」を教わる。	西武大津ショッピングセンター（菊竹） 上原通りの住宅・糸島の住宅（篠原） 中野本町の家（伊東豊雄） 代田の町家（坂本一成） 台のような椅子（大橋晃朗） 篠原一男『続住宅論』、多木浩二『生きられた家』
1977	〈焼津の住宅2〉〈柿生の住宅〉〈焼津の住宅3〉 「インテリア」誌上で初の小特集。多木浩二による批評を初めて受ける（「多様さと単純さ」）。	花山第3の住宅・愛鷹裾野の住宅（篠原）
1978	〈焼津の文房具屋〉、写真家大橋富夫と出会う。 「ポストモダニズム」展に出品（ロンドン）。	上原曲がり道の住宅（篠原） レム・コールハース『デリリアス・ニューヨーク』
1979	〈徳丸小児科〉、高松次郎の抽象パターンをファサードに、倉俣史朗「スターピース」を床材に用いる。 長谷川逸子・建築計画工房株式会社を設立し、自由が丘に事務所を構える。 『住民時代』（新建築社）に吉阪隆正らとの鼎談が収録される。	田部美術館・学習院中等科・高等科本館（菊竹） 直島中学校（石井和紘）
1980	〈松山・桑原の住宅〉、初めてパンチングメタルをファサードに用いる。	福岡市庁舎議会棟・熊本県伝統工芸館（菊竹） 花山第4の住宅（篠原）
1981	新宿に事務所を移転。 ヤマハ広島店で「私と建築設計」講演。	軽井沢高輪美術館（菊竹）、高圧線下の住宅（篠原） 名護市庁舎（象設計集団） バードバッドシリーズ（大橋晃朗）
1982	〈AONOビル〉〈伊丹の住宅〉 西澤文隆に松山の仕事を案内する。 「第十二回パリ・ビエンナーレ」展に出品。	日本浮世絵博物館（篠原）
1983	〈金沢文庫の住宅〉	つくばセンタービル（磯崎新）
1984	〈眉山ホール〉〈NCハウス〉〈池袋の住宅〉 「ジャパン・フェスティバル」展に出品（ロッテルダム）。 「日本のデザイン　伝統と現代」展に出品（モスクワ）。	ハウス・イン・ヨコハマ（篠原） シルバーハット（伊東豊雄）
1985	〈BYハウス〉〈小山の住宅〉 事務所を文京区湯島のBYハウスに移転。 「SD」四月号で長谷川逸子特集。 「国際建築シリーズ」展に出品（オーストリア）。	東京都庁舎コンペ、つくば万博 銀座テアトルビル（菊竹） ハンナン・チェア（大橋晃朗） 八束はじめ『批評としての建築　現代建築の読みかた』

年譜	出来事	建築（本文と関連の深い事項、作品を中心に）
1986	〈菅井内科クリニック〉〈黒岩の別荘〉〈熊本の住宅〉〈練馬の住宅〉〈富ヶ谷のアトリエ〉 湘南台文化センター公開コンペで最優秀賞を得る。 日本建築学会賞作品賞（眉山ホール）、一連の住宅で日本文化デザイン賞。 SCI-Arc（ロサンゼルス）で講演。 ヴェネチア・ヴィエンナーレに招待作家として出展。 『現代建築空間と方法18長谷川逸子　合理的な骨組と自由な皮膜』（同朋舎）	世田谷美術館（内井昭蔵） ハウ・ハイ・ザ・ムーン（倉俣史朗） 三宅理一・藤井博巳『現代建築の位相』
1987	〈東玉川の住宅〉 湘南台の市民集会で「第2の自然」という言葉を得る。 丹下健三の指名でJIA理事となる。 MoCAでケーススタディハウスのコンペ（国際居住年）に参加。 ヨーロッパ巡回講演：AAスクール（ロンドン）、ベルゲン建築家協会（ノルウェー）、オスロ建築家協会、フィンランド鉄鋼建設協会（ヘルシンキ）、芸術アカデミー・建築家協会（コペンハーゲン）、フランクフルト建築学校（フランクフルト）を巡回する。 ギャラリー・ロム（オスロ）で個展。	東京工業大学百年記念館（篠原） OXY乃木坂（竹山聖） 新日本建築家協会（日本建築設計監理協会連合会と合併）設立、初代会長丹下健三
1988	〈自由が丘の住宅〉〈尾山台の住宅〉〈ならシルクロード博〉 「クライデのデザイン、マスターコース」RIBAワークショップ講師（グラスゴー）。 スカラ・ギャラリー（コペンハーゲン）で個展。 モエスガード・ギャラリー（アルハス、デンマーク）で個展。 「自伝的建築」展（ハーレン、デンマーク）。 早稲田大学非常勤講師（九〇年まで）	ハネギコンプレックス・テンメイハウス・花山の病院（篠原） ミス・ブランチ（倉俣史朗）
1989	〈不知火病院ストレスケアセンター〉〈世界デザイン博インテリア館〉〈横浜グランモール（コンペ）〉 湘南台文化センター一期工事完了。 塩竈市北浜沢乙線整備関連都市景観形成計画概略設計書作成招待コンペで最優秀賞。 マサチューセッツ工科大学で講演と個展（ケンブリッジ、アメリカ）。 「第二の自然としての建築　空中庭園」展（ギャラリー・間）。	数寄屋邑（石井和紘） バー・オブローモフ（イル・パラッツオ内、倉俣史朗） ドナルド・ダック（大橋晃朗）
1990	〈下連雀の住宅〉〈湘南台文化センター〉〈コナヴィレッジ〉〈下馬アパートメント〉 湘南台文化センター二期工事完了。太田省吾をシビックシアターの監督に招く。 子どもワークショップ（岐阜）、JIA国際ワークショップ（東京）を開催。 墨田区（仮称）文化学習センター指名コンペ最優秀賞。 エイボン芸術賞（藤沢市湘南台文化センターのプログラム）。 アーヘン工科大学で「第2の自然としての建築」講演。 東京工業大学非常勤講師（九二年まで）。	熊本北警察署・K2ビル（篠原）
1991	〈STMハウス〉 福岡県建築住宅文化賞大賞（不知火病院ストレスケアセンターのプログラム）。 アメリカの九大学を一ヶ月のレクチャーツアーで回る（イエール大学、コロンビア	東京都庁新庁舎（丹下健三） 八代市立博物館（伊東豊雄） 山田脩二吉田五十八賞（特別賞）

1992

1993

1994

大学、ライス大学、テキサス大学、イリノイ大学、北カリフォルニア大学、カリフォルニア大学ほか）。

「第二の自然としての建築」展（コロンビア大学アヴェリーホール）。

〈Fコンピューターセンター〉

フルーツミュージアム設計でオーブアラップと初めてコラボレーションする。

アラップのメンバーとゲバントハウスはじめ、いくつものコンサートホールを見学する。

第三十三回建築業協会賞（BCS賞、藤沢市湘南台文化センター）。

病院建築賞（不知火病院ストレスケアセンター）。

第十回RIBA国際学生コンペ審査員、講演及び個展（ロンドン）。

ロイヤル・アカデミー・オブ・アーツのシンポジウム（ロンドン）。

ベルラーヘ・インスティテュートで講演（アムステルダム）。

ハーバード大学デザイン大学院で講演と個展（ボストン）。

丹下健三氏の推薦でハーバード大学客員教授を務める（九三年まで）。


〈熊本市営託麻団地〉

新潟市民芸術文化会館コンペ最優秀賞。

関係者のためにヨーロッパコンサートホール見学ツアーをプロデュースする。

滋賀県立大学プロポーザルコンペ入賞。

ロンドン大学バートレット建築学校で講演と個展（ロンドン）。

マッキントッシュ建築学校で講演とワークショップ（グラスゴー）。

アウジモント国際円卓シンポジウムで講演（フィラデルフィア）。

ルーブル美術館で講演（パリ）。

Architectural Monograph No.31: Itsuko Hasegawa, Academy Editions, LONDON.

新潟大学非常勤講師（九六年まで）。

〈すみだ生涯学習センター〉〈大島町絵本館〉〈氷見市立仏生寺小学校〉〈横浜大桟橋国際客船ターミナル（コンペ）〉（竣工時、国際建築会議プロデュース）、〈岐阜県営団地「真正町地域住宅計画5000㎡計画」〉

カーディフベイ・オペラハウス・コンペに招待され、参加（ウェールズ）。

台中市庁舎コンペに招待され、参加。

マレーシア・ハウジングコンペ国際指名コンペ入賞。

長野市今井ニュータウンプロポーザルコンペ入賞。

富山県建築賞（氷見市立仏生寺小学校）。

カーディフ、モンテレイ工科大学（メキシコ）、ハイラーフォーラム（ロサンゼルス）で講演。

「長谷川逸子建築展」（松屋デザインギャラリー、銀座）。

「公共建築の世界」（ギャラリー俊、茅ヶ崎）。

九州大学非常勤講師を務める（九六年まで）。

ラピュタ（倉俣史朗）
コモンシティ星田（坂本一成）
江戸東京博物館（菊竹）

熊本市営新地団地C（富永譲）

慶長使節船ミュージアム（石井和紘）
旧ホテルCOSIMA・久留米市役所・飯能くすの樹カントリー倶楽部（菊竹）

年譜	出来事	建築（本文と関連の深い事項、作品を中心に）
1995	〈氷見市海浜植物園〉〈山梨フルーツミュージアム〉〈葉っぱの住宅〉〈滋賀県立大学工学部棟＋体育館〉〈霧島アートの森（コンペ）〉〈岐阜県「真正町地域住宅外観および景観計画」〉、ロサンゼルス現代美術館にて集合住宅コンペ この頃、岐阜県営住宅建設に向けた「女性建築家シンポジウム」をプロデュース。 新潟でN-PACワークショップを開く（九八年まで）。 （仮称）広島県倉橋町まちづくり指名コンペ最優秀賞。 塩竈市「ふれあいと遊びの施設概略設計」指名コンペ最優秀賞。 エコール・ド・アーキテクチュールで講演（ナント、フランス）。 ボルドーで講演（フランス）。 ニューヨーク・ジャパン・ソサエティで講演。 ロンドン大学バートレット建築学校で講演（ロンドン）。 フィリップ・ウザーン・ギャラリーで個展（パリ）。 「日本の今」巡回展に出品（ルイジアナ近代美術館、クンストハウス、ヴァルノアルトネン美術館ほか）。 「長谷川逸子　1985〜1995」（「SD」一九九五年十一月号、鹿島出版会）。	千葉市立打瀬小学校（シーラカンス）
1996	〈氷見市立海峰小学校〉〈岐阜県加子母村農村歌舞伎小屋明治座の改修〉〈同加子母村ひのきの家住宅展示場と迎賓館〉 国会図書館関西館（コンペ）、メルボルンフェデレーションスクエア（コンペ）。 太田市石原団地建替基本計画策定業務委託に係る技術提案最優秀賞。 トロンハイム大学で講演（ノルウェー）。 オスロ建築学校、オスロ建築家協会で講演（ノルウェー）。 第六回ヴェネチア・ビエンナーレ国際建築展に招待され、出品。	K-OFFICE（菊竹）
1997	〈松山ミウラートヴィレッジ〉 王立英国建築家協会（RIBA）名誉会員になる。 ウェールズ国会議事堂コンペに招待され、参加。 N-PACワークショップで歌舞伎「五人男」に出演する。 静岡県袋井市袋井北部まちづくり事業公共施設指名コンペ最優秀賞。 「長谷川逸子」ヨーロッパ巡回展（フランス建築研究所＝パリ、アエデス東ギャラリー＝ベルリン、ノルスクフォーム＝オスロ、オランダ建築研究所＝ロッテルダム）。 ポンピドーセンター、スペシエール建築学校、ナンシー建築学校、ベルリン工科大学、ドレスデン工科大学、オスロ建築学校で講演。 カリフォルニア・アーツアンドクラフト・カレッジで講演。 「クリエイティング・ホームズ」講演（モンタナ大学マンスフィールド・センター、アメリカ）。 ワシントン大学で講演（シアトル、アメリカ）。	

「変動する都市　21世紀への転換点にある現代アジア美術」展に出品（ウィーン、ボルドー、NY、ルイジアナ、ハムブルビーク、ロンドンを巡回）。
『長谷川逸子　1985～1995　現代の建築家』（鹿島出版会）。
Itsuko Hasegawa, Recent Building and projects, Birkhauser Verlag.
The Master Architect Series; Itsuko Hasegawa, Images Publishing.
『世界の建築家シリーズ10選　長谷川逸子』（メイセイ出版）。

1998

〈茨城県営滑川アパート〉〈今井ニュータウン〉〈倉橋桂浜ふれあいセンター〉〈塩竈ふれあいセンター〉〈新潟市民芸術文化会館〉竣工、柿落とし公演「オーシャン」。

岐阜県主催の木造戸建住宅コンペの審査員を務める（九八年まで）。

黒部市第二特別養護老人ホーム指名コンペ最優秀賞。

第七回ブエノスアイレス国際建築ビエンナーレでインターナショナル・ヤングジェネレーション賞。

カーディフ大学で講演（イギリス）。

「ユネスコ21世紀のための建築都市国際会議」に参加（バレンシア）。

「長谷川逸子・インスタレーション」展と講演（ボイマンス・ヴァン・ベーニンゲン美術館、ロッテルダム）。

「建築の20世紀　終わりから始まりへ」展参加（MoCA、カリフォルニア）。

「ポワン・ディロニー」（アニエス・Bのフリーペーパー）誌上展。

ブエノスアイレス国際建築ビエンナーレ参加（ブエノスアイレス）。

『PROCESS CITY: NEW WAVE OF WATERFRONT』（共著、新建築社）。

WEEKEND HOUSE（西沢立衛）
多木浩二『建築・夢の軌跡』
北九州メディアドーム・昭和館・島根県立美術館（菊竹）

1999

〈関西国際空港株式会社建設事務所〉

オペラ「魔笛」舞台美術、衣装デザイン（新潟、長岡で公演）。

ロンドン塔周辺整備コンペに招待され、出品。

F-PACワークショップ（袋井）開催。

英国ロイヤル・アカデミー・オブ・アーツで講演（ロンドン）。

「マリエンホフ展」（ラトハウス・カッセンホール、ミュンヘン）に出品。

ザルツブルグ・サマー・アカデミーでワークショップ講師。

「子供達のためのワークショップ」（NAi、ロッテルダム）を開催。

『生活の装置』（住まいの図書館出版局）。

法政大学大学院客員教授（〇一年まで）

2000

〈黒部特別養護老人ホーム〉〈オレンジフラット〉〈袋井月見の里学遊館〉〈東京都境浄水場事務所〉

ロンドンサウスバンク再開発コンペに招待され、参加。

第五十六回日本芸術院賞受賞。

第十二回ベオグラード・トリエンナーレ金賞。

第七回公共建築賞（大島絵本館の活動に対して）。

ハノーバー国際建築祭基調講演（国際女性大学ーFU）。

せんだいメディアテーク（伊東豊雄）
吉野ヶ里歴史公園センター（菊竹）

年譜	出来事	建築（本文と関連の深い事項、作品を中心に）
2000	第七回ヴェネチア・ビエンナーレ国際建築展に招待され、出品。 「日本。トータルスケープへ向けて　現代日本の建築、都市デザイン、ランドスケープ」展（オランダ建築博物館、ロッテルダム）に出品。	
2001	〈竹内整形外科クリニック〉〈宝塚ガーデンヴィレッジ〉〈小豆島の住宅〉〈YSハウス〉 ロンドン大学名誉学位を受ける。 「カーリュー・リバー」舞台美術、衣装デザイン（長岡、オックスフォードで公演）。 「モロッコ」展の展示デザイン（NAi-オランダ建築博物館、ロッテルダム）。 台湾台北キャピタルプラザコンペで最優秀賞（台北市庁舎で講演）。 パチンコホールデザインコンペ最優秀賞。 第四十二回建築業協会賞（BCS賞）受賞（新潟市民芸術文化会館及び白山公園）。 全日本建設技術協会賞を受賞（新潟市民芸術文化会館）。 「長谷川逸子建築展　インプログレス」（ミウラートヴィレッジ、松山）、合わせて子どもワークショップを開催。 「第一話　女性の建築　21世紀のための新しい物語」（ポルト）に参加。 個展「Island Hopping」（NAi-オランダ建築博物館）。 関東学院大学大学院客員教授を務める（一二年まで）。	
2002	〈SNハウス〉〈沼津中央高等学校〉〈K-ビル〉〈ホワイトトラッシュチャームズショップ銀座店、六本木店、自由が丘店〉〈パチンコ・サーカス（コンペ）〉 「この先の建築　ギャラリー・間100回」展（東京）に出品、シンポジウム参加。 コエックス（COEX）で講演（ソウル）。 チュービンゲン大学、コトブス大学、バウハウス大学など旧東欧を巡回講演。 「Itsuko Hasegawa」（住区特別号、中国建築出版）。	横浜大桟橋国際旅客ターミナル（FOA） 六本木ヒルズ森タワー（森ビルほか）
2003	台湾国立科学技術大学、国立成功大学で講演（台湾）。 「ガランドウと原っぱのディテール」（「ディテール」別冊、彰国社）。	
2004	〈静岡大成高等学校・中学校〉〈三重の住宅〉〈広尾アパートメント〉 新潟市都市景観賞（新潟市民芸術文化会館及び白山公園）。 第九回公共建築賞（新潟市民芸術文化会館）。 静岡県都市景観賞（月見の里学遊館）。 「アーキラボ：建築・都市・アートの新たな実験　1950-2005」展（森美術館、東京）に出品。 バークレー大学で講演（アメリカ）。 オリス大学で講演（クロアチア）。 ザルツブルグ・サマー・アカデミーでワークショップ講師を務める。 *Landscape architecture-Salzburg International Summer Academy–Architecture Class 2004 Itsuko Hasegawa*, International Summer Academy in Salzburg.	金沢21世紀美術館（SANAA） 九州国立博物館（菊竹）

2005	〈品川の住宅〉〈太田市本陣団地・太田行政行政センター〉〈徳丸小児科2〉 男女共同参画社会づくり功労者内閣総理大臣表彰。 大連国際会議で講演（中国）。	森山邸（西沢立衛） 茅野市民館（古谷誠章）
2006	〈珠洲多目的ホール〉〈静岡福祉大学スチューデントホール〉 ザルツブルグ再開発コンペに招待され、参加。 アメリカ建築家協会名誉会員となる。 「パラレル・ニッポン　現代日本建築　1996-2006」展（現代写真美術館）に出品。 ルンド大学で講演（デンマーク、コペンハーゲン）。 アメリカ建築家協会アジアで講演（香港）。 『長谷川逸子・デザインスタジオ2004』（関東学院大学出版会）。	篠原一男歿 新国立美術館（黒川紀章） 情緒障害児短期治療施設（藤本壮介）
2007	〈ストックホルム市立図書館増改築（コンペ）〉 ケネス・ブラウン汎太平洋建築文化賞審査。 第二十八回石川建築賞優秀賞（珠洲多目的ホール）。 JIA25年賞（松山桑原の住宅）。 「12人の現代建築家がデザインした12のカップ&ソーサー」展（松屋銀座デザインギャラリー、新宿OZONE）出品。	多木浩二『建築家篠原一男　幾何学的想像力』
2008	〈テクノプラザおおた〉〈徳丸三世帯住宅〉〈中野四の坂タウンハウス〉〈関西国際空港見学ホール〉〈イッシー・プロジェクト〉 第四十九回建築業協会賞（BCS賞）（珠洲多目的ホール）。 ハバロフスク大学で講演（ロシア）。	
2009	〈赤堤の住宅〉 上海儀電オフィスルームエリア再編成コンペ一等。 ポン・デ・イッシー周辺の再編成プロジェクトコンペで最優秀賞。 東華大学で講演（中国）。 「ランドスケープアーキテクチャー」展覧会と講演（イニシアチブ・アーキテクチャー、ザルツブルク）。 ザルツブルグ・サマー・アカデミーでワークショップ講師を務める。	
2010	〈はやし幼稚園〉〈かほくの住宅〉 上海漕河経区マスタープラン（コンペ）に招待され、参加。 『Design Studio Works-Itsuko Hasegawa Lab. in KGU』（長谷川逸子・建築計画工房）。	豊島美術館（西沢立衛） 武蔵野美術大学図書館（藤本壮介）
2011	〈江陰の住宅〉 バートレット建築学校で講演（ロンドン）。	多木浩二歿、菊竹清訓歿、「メタボリズムの未来都市」展 武蔵野プレイス（kw+hg）
2012	ジャカルタ建築トリエンナーレで講演。 『海と自然と建築と』（彰国社）。	ルーブルランス（SANAA）

年譜	出来事	建築（本文と関連の深い事項、作品を中心に）
2013	〈西馬込タウンハウス〉〈富士山静岡空港石雲院展望デッキ〉〈佐野美術館・収蔵庫新築工事及び本館リフォーム〉〈静岡大成中学・高等学校校舎増築〉〈沼津駅北拠点施設計画〉。 ベトナムドイツ大学（コンペ）に招待され、参加。 AAスクールで展覧会と講演（ロンドン）。	「ベニス・テイク・アウェイ」展。ロンドンの若手建築家たちが長谷川建築を見学し、研究成果をベネチアイギリス館で展示する。
2014	〈静岡ふじのくに千本松フォーラム〉〈芦屋の住宅〉〈上海漕河経3号地オフィス〉 上海金橋臨港プロジェクト（コンペ）に招待され、参加。 林野庁木材利用優良施設（静岡ふじのくに千本松フォーラム）。 第十四回公共建築賞（珠洲多目的ホール）。 個展「長谷川逸子作品展」（静岡ふじのくに千本松フォーラム）。 個展「Houses & Housing 1972-2014」（横浜） 『住宅・集合住宅　1972-2014』（長谷川逸子・建築計画工房、鹿島出版会）。	「篠原一男」展（上海現代美術館）
2015	〈沼津駅前計画（1）〉 事務所を神田明神の隣に移転する。 『長谷川逸子1・2・3』（長谷川逸子・建築計画工房、鹿島出版会）。	流山市立おおたかの森小中学校（シーラカンス）
2016	〈練馬の住宅改装〉〈焼津駅モニュメント〉〈BYハウス改装〉〈焼津駅前施設〉 〈BYハウス〉を改装し、ギャラリーI-HAとしてオープン。 バイエラー財団美術館増築国際コンペに招待され、参加。 上海都市空間芸術期間二〇一五年閉会式で講演（上海）。	台中国家歌劇院（伊東豊雄）
2017	〈新潟市民芸術芸術文化会館改修（一期）〉〈境浄水場ランドスケープ監修〉〈沼津駅前計画（2）〉 NPO法人「建築とアートの道場」を設立、理事長に就任。 サーペンタイン・ギャラリーコンペに招待され、参加。 上海武夷路都市再開発事業コンペ、上海金橋臨港プロジェクトコンペに招待され、参加。 「戦後日本建築」展（国立現代芸術美術館ポンピドーセンターメッセ）に出品。 「日本の住宅」展に出品（マクシー＝ローマ、バービカン＝ロンドン、国立美術館＝東京）。	
2018	第一回ロイヤルアカデミーオブアーツ建築賞（建築文化への貢献）を受賞。 上海奉賢区オフィス開発コンペに招待され、参加。 同奉賢新城市民広場コンペに招待され、参加。 上海徐州の開発計画を委託される。 第一回ロイヤルアカデミーオブアーツ建築賞受賞講演。	

作品概要

焼津の住宅1

静岡県焼津市
1972年4月竣工
敷地面積：121㎡，延床面積：78.65㎡
地上2階
W造

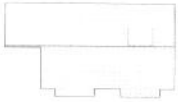

site plan 1:1000

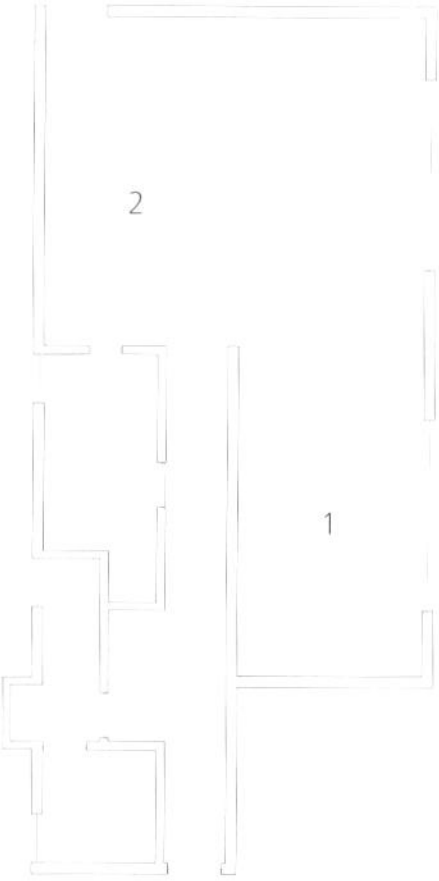

1F plan

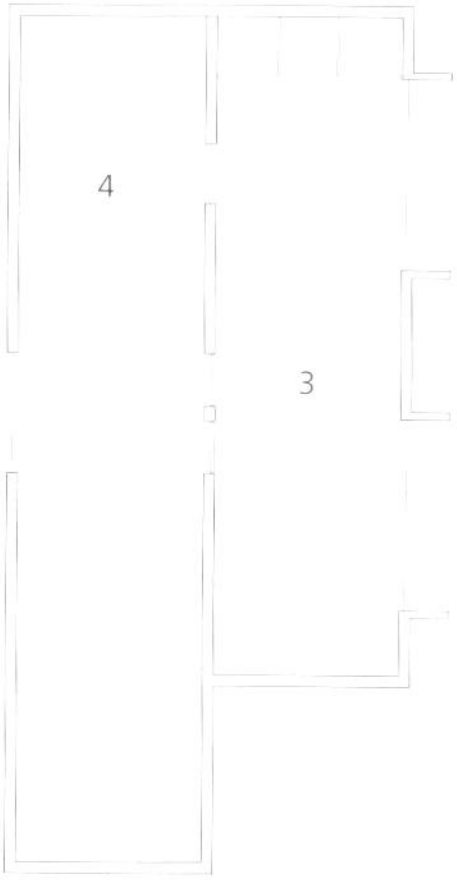

2F plan

1. リビング
2. ダイニング
3. 寝室
4. 吹抜

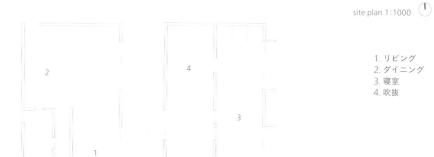

Plan & Elevation 1:200

鴨居の住宅

神奈川県横浜市緑区
1975年3月竣工
敷地面積：204.07㎡, 延床面積：120.3㎡
地上2階
W造

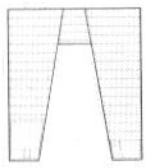

site plan 1:1500

1. リビング
2. ダイニング
3. 寝室
4. 吹抜
5. 中庭

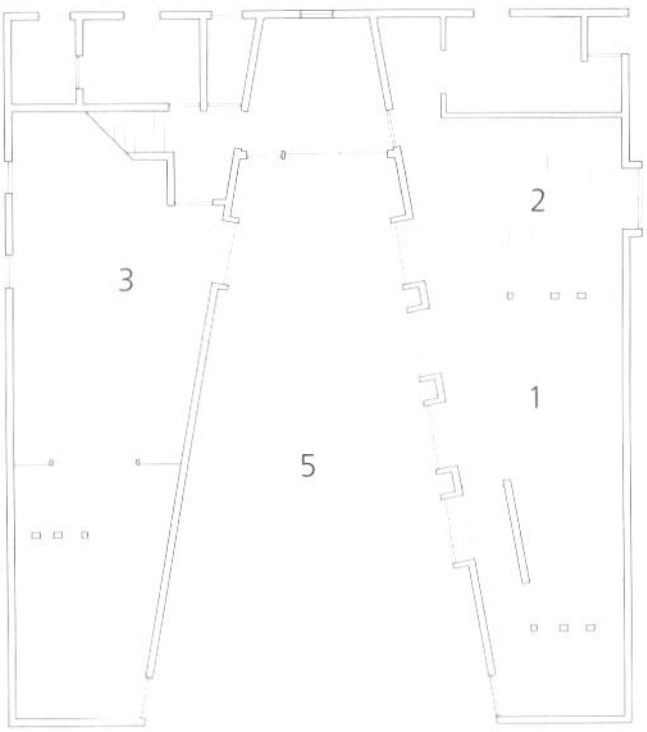

1F plan

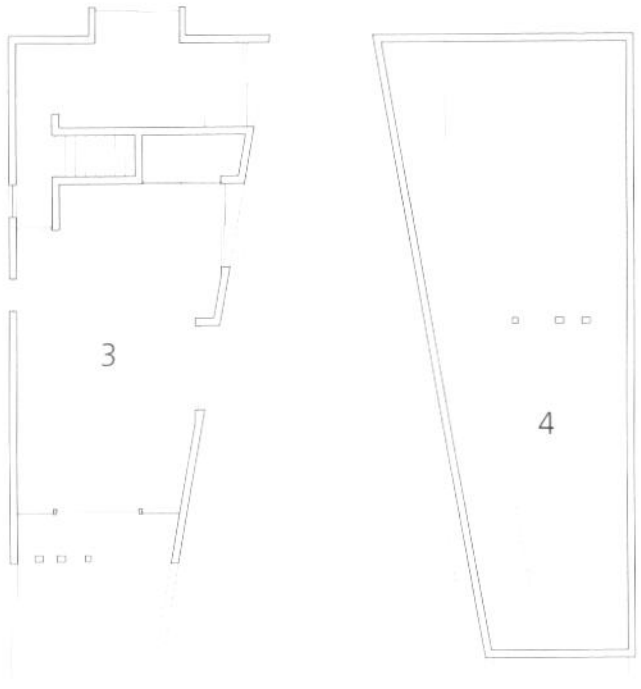

2F plan

plan 1:300

緑ヶ丘の住宅

東京都目黒区
1975年12月竣工
敷地面積：110.49㎡, 延床面積：119.06㎡
地上2階
RC造

site plan 1:1500

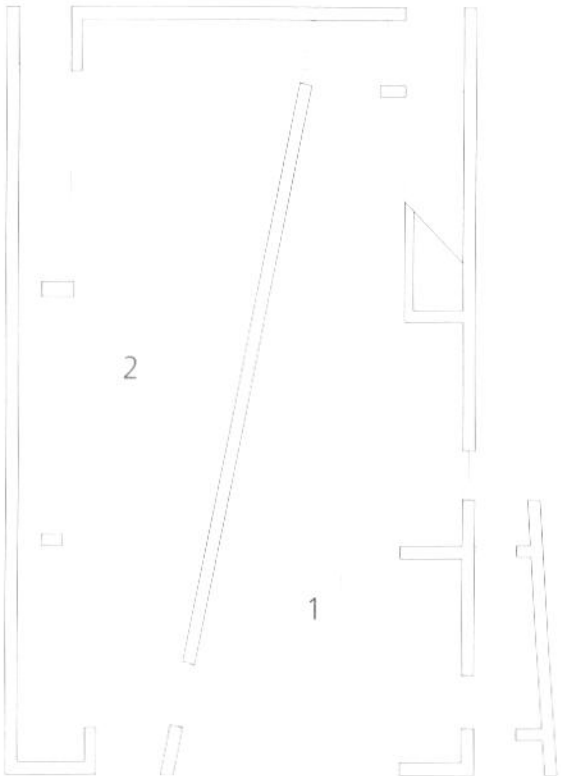

1F plan 1:200

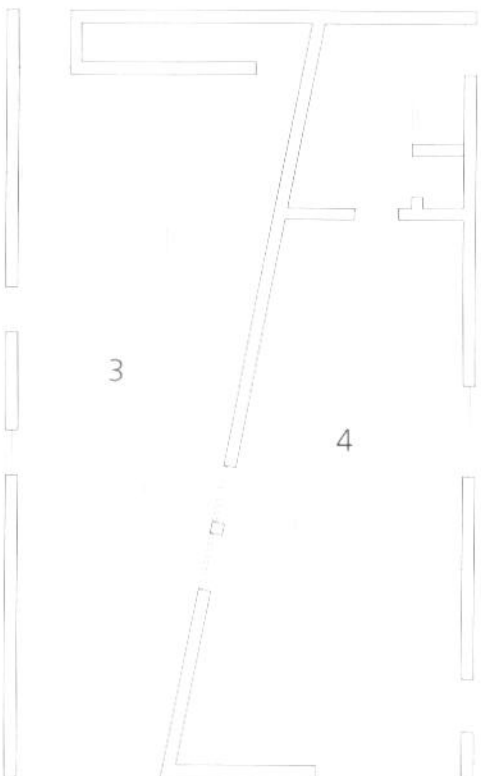

2F plan

1. ダイニング
2. 書斎
3. 寝室
4. 予備室

焼津の住宅2

静岡県焼津市
1977年3月竣工
敷地面積：546.8㎡, 延床面積：116.7㎡
地上3階
W 造

site plan 1:1500

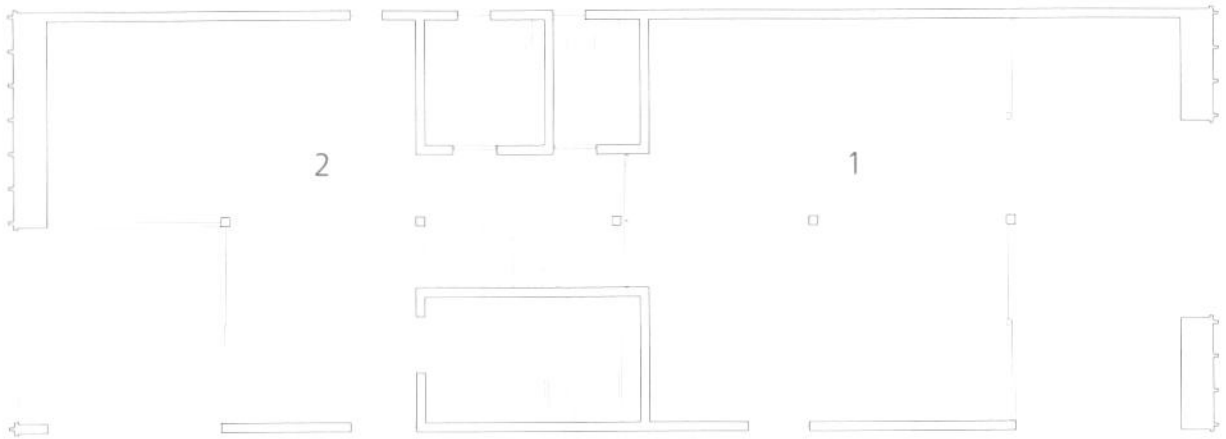

1F Plan 1:200

1. リビング
2. ダイニング
3. 寝室

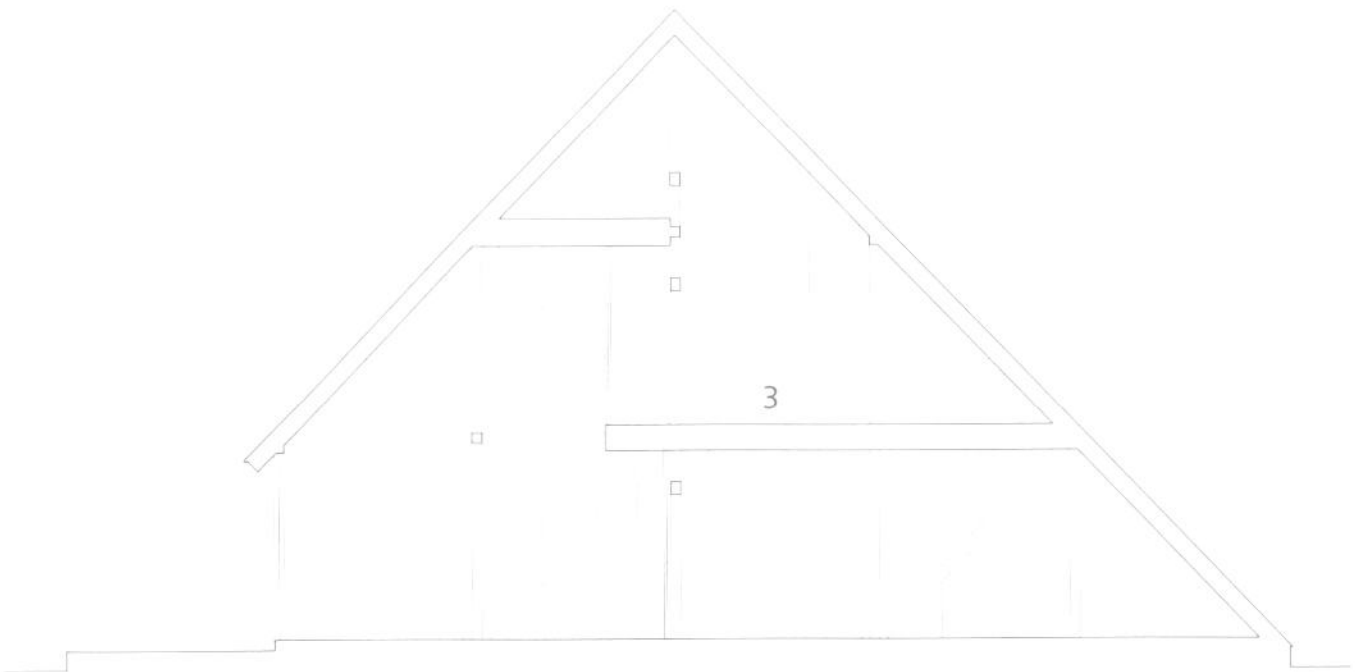

Section

柿生の住宅

神奈川県川崎市
1977年3月竣工
敷地面積：192.5㎡, 延床面積：138.3㎡
地上2階
W造

site plan 1:1500

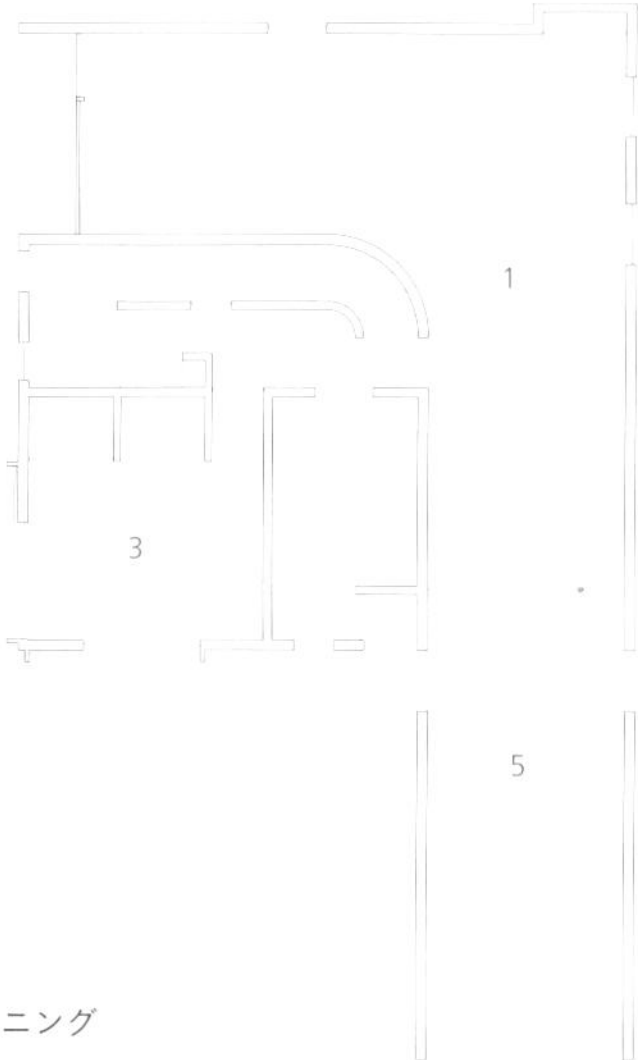

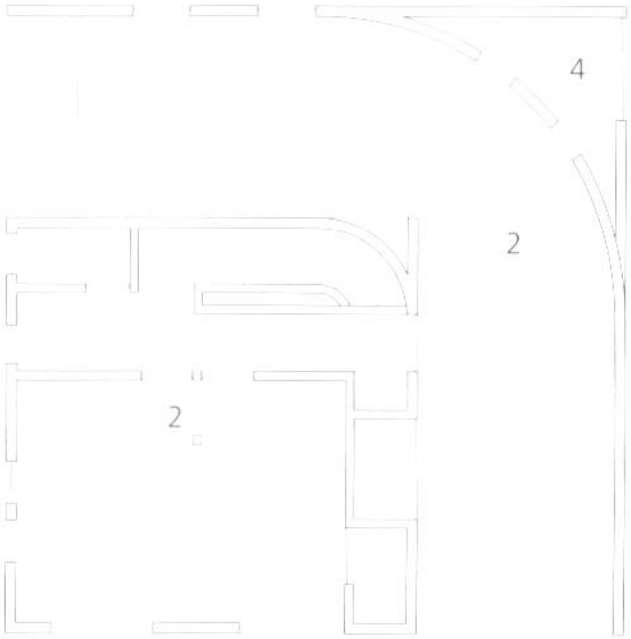

2F plan

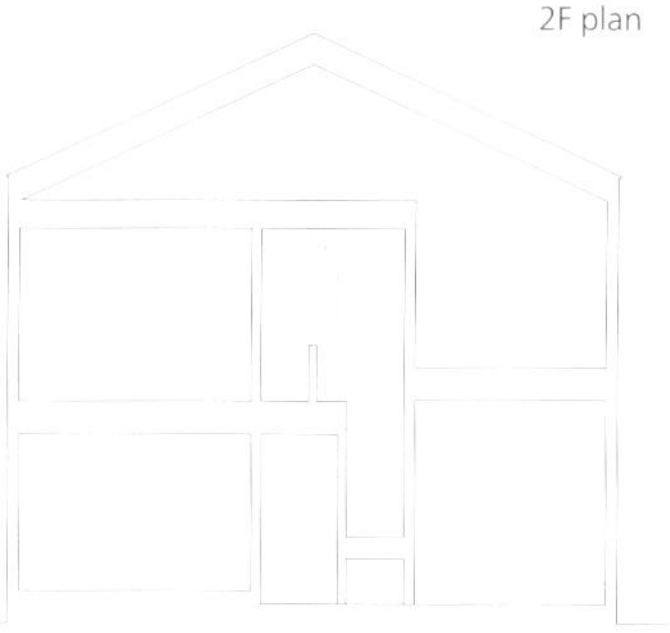

1. リビングダイニング
2. 寝室
3. 和室
4. 吹抜
5. テラス

1F Plan 1:200

Section

焼津の住宅3

静岡県焼津市
1977年5月竣工
敷地面積：135.9㎡, 延床面積：113.0㎡
地上2階地下1階
W造

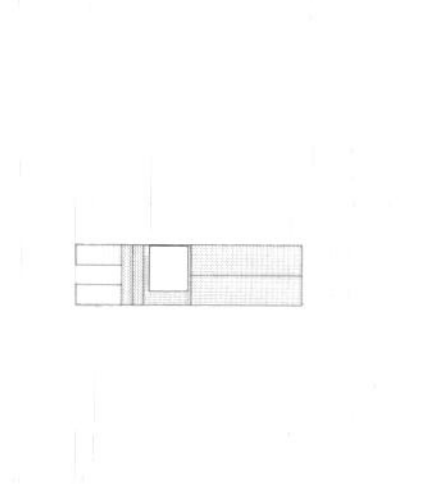

site plan 1:1500

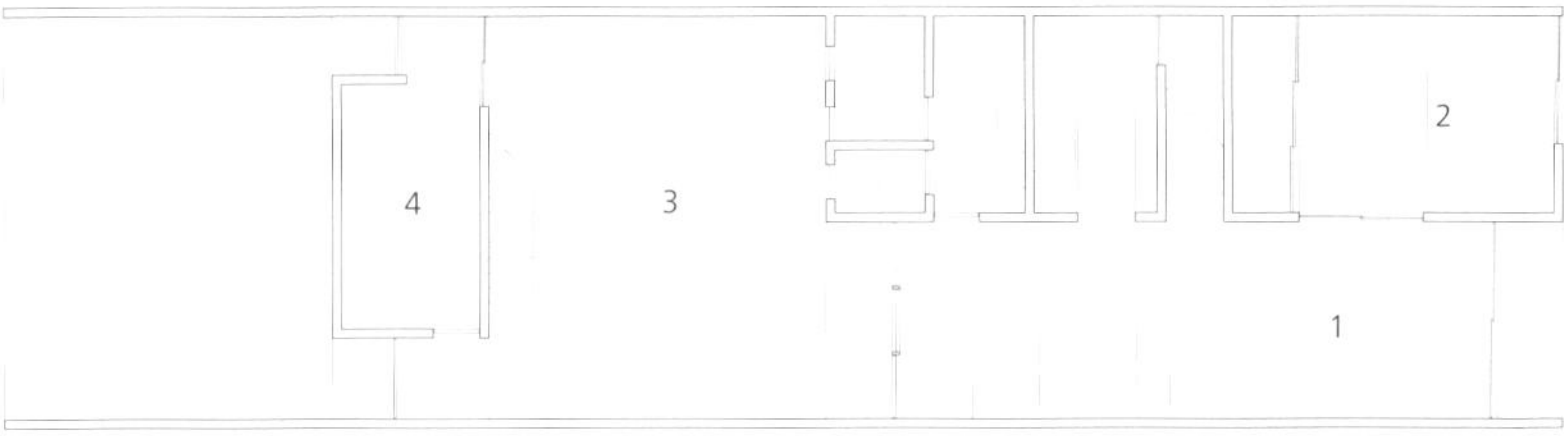

1F Plan 1:200

1. リビングダイニング
2. 和室
3. 中庭
4. 作業室

Section

焼津の文房具屋

静岡県焼津市栄町5-15
1978年3月竣工
敷地面積：303.09㎡, 延床面積：301.37㎡
地上3階
架構S造, 外壁W造

site plan 1:1000

1. 事務室
2. 店舗
3. ショールーム
4. 休憩室

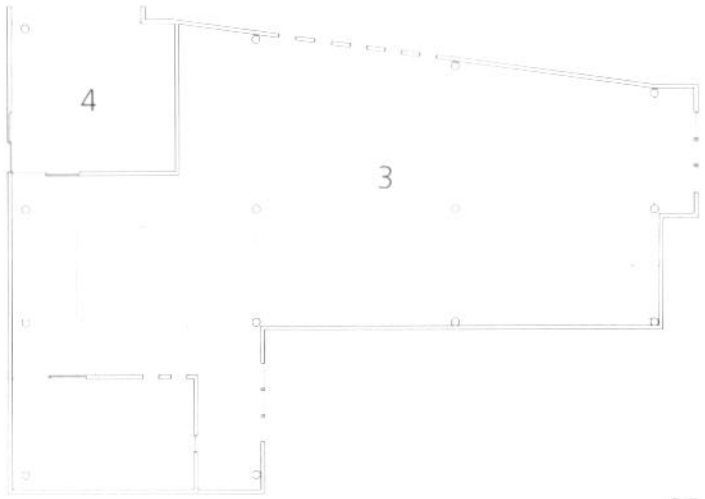

2F

3F

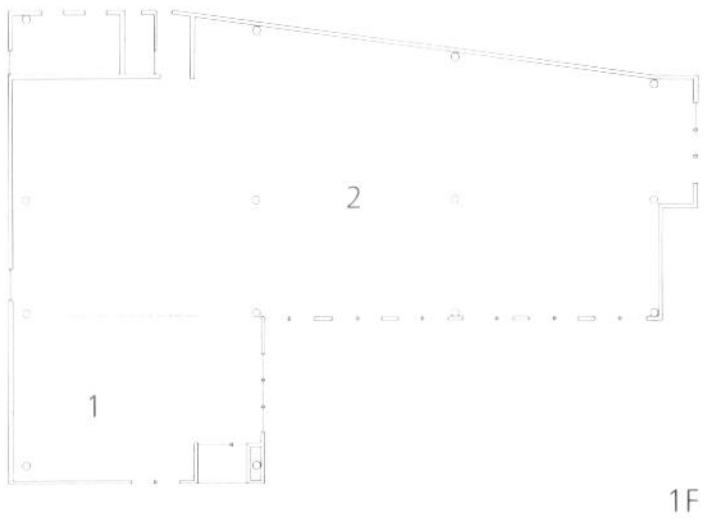

1F

Plan & Elevation 1:400

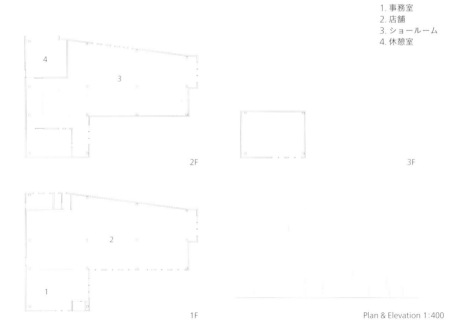

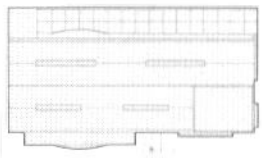

site plan 1:1500

徳丸小児科クリニック

愛媛県松山市一番町2-6-25（現存せず）
1979年6月竣工
敷地面積：482.19㎡, 延床面積：1,211.96㎡
地下1階地上5階
RC造, 一部S造

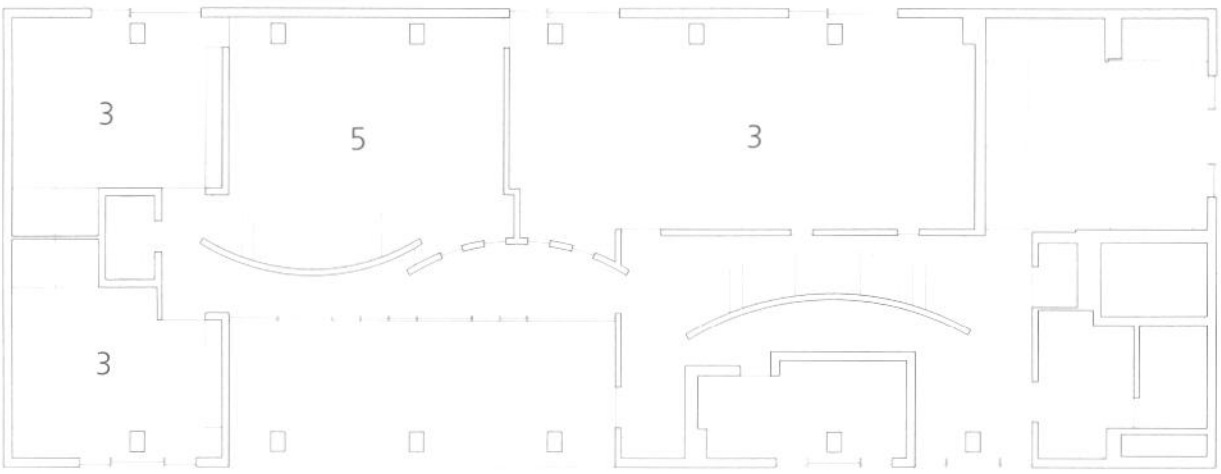

5F

1. リビング
2. ダイニング
3. 寝室
4. テラス
5. 吹抜

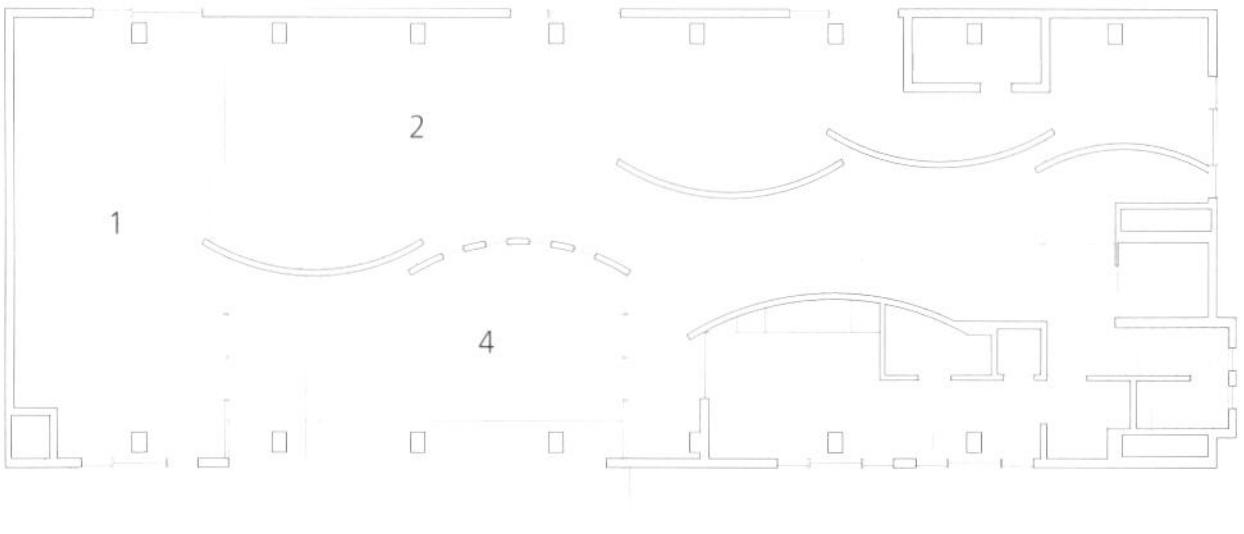

4F

plan 1:300

AONO ビル

愛媛県松山市千舟町4-3-7
1982年6月竣工
敷地面積：579.40㎡，延床面積：2,849.73㎡
地上7階
S造，一部RC造

site plan 1:1500

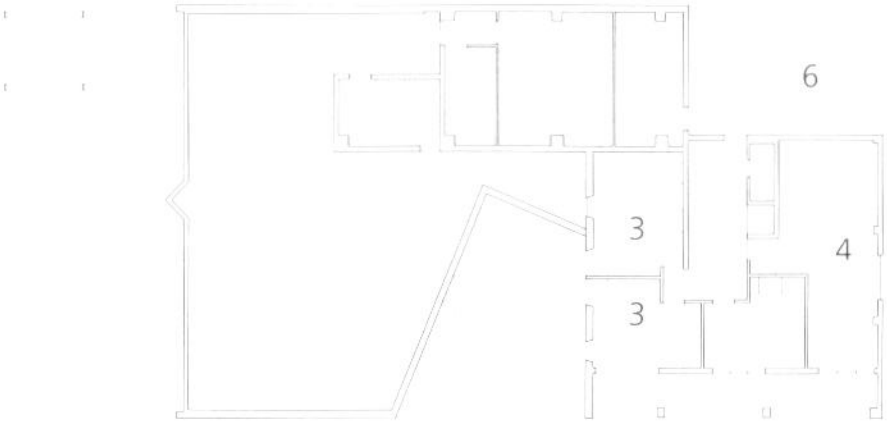

7F

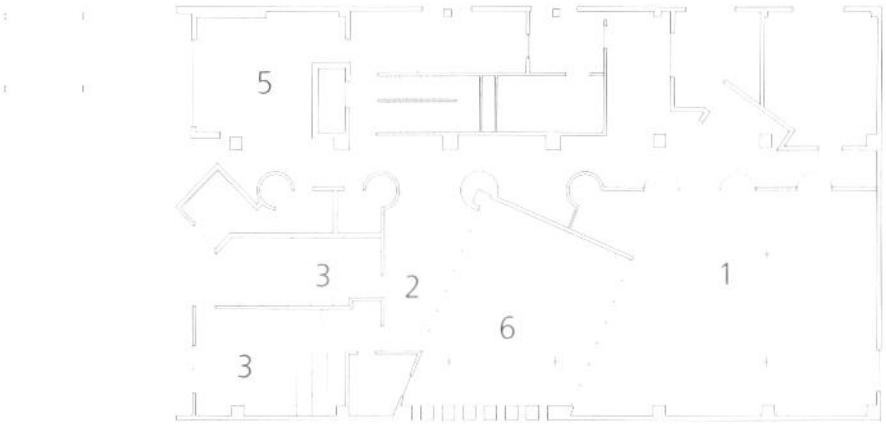

6F

1. リビング
2. ダイニング
3. 寝室
4. アトリエ
5. 和室
6. テラス

plan 1:500

松山·桑原の住宅

愛媛県松山市
1980年10月竣工
敷地面積：585.1㎡, 延床面積：414.5㎡
地下1階地上2階
S造, 一部RC造

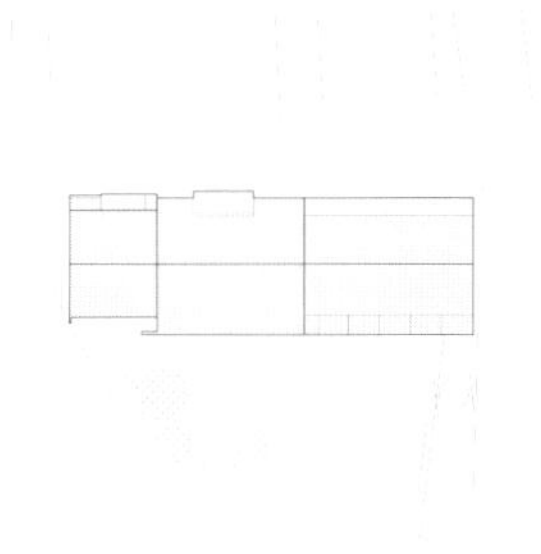

site plan 1:1000

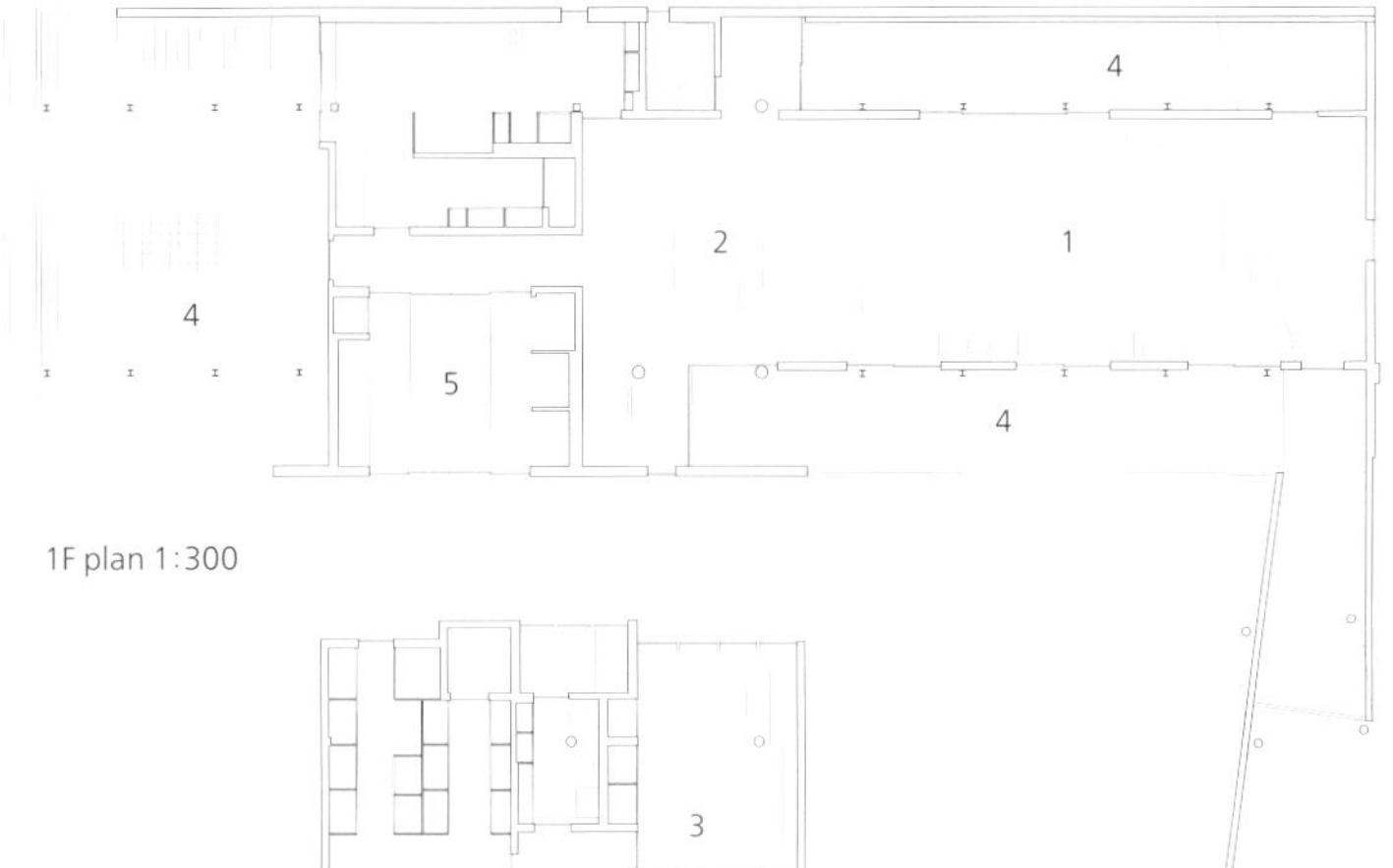

1F plan 1:300

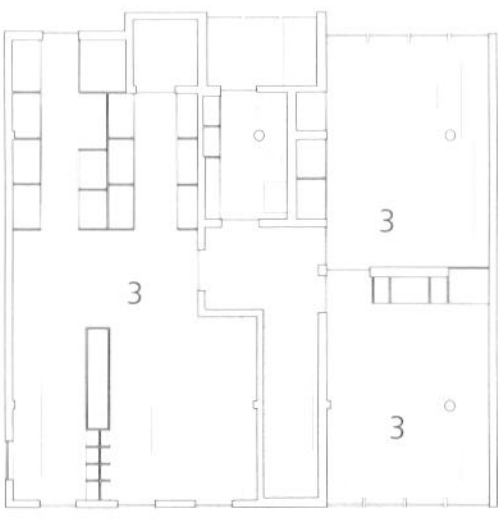

1. リビング, 応接室
2. ダイニング
3. 寝室
4. テラス
5. 和室

2F plan

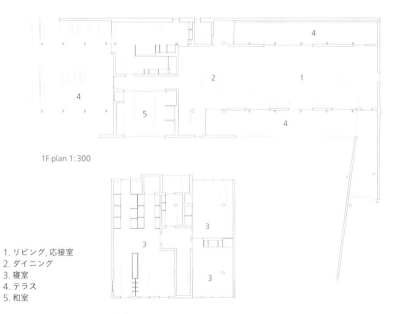

Elevation

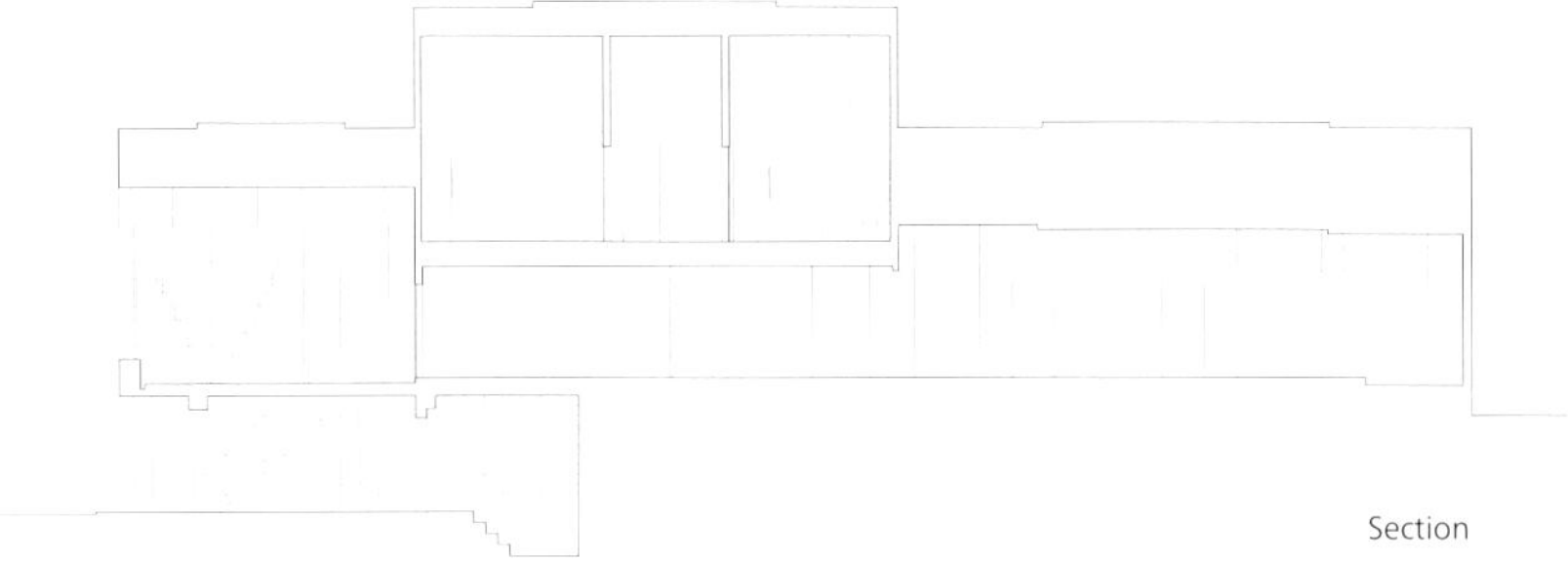

Section

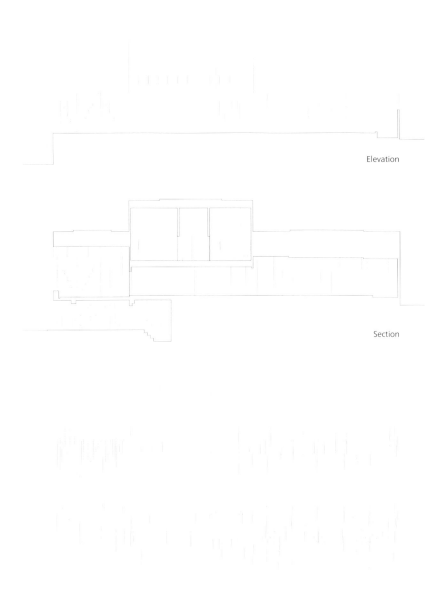

Axonometry 1 : 300

伊丹の住宅

兵庫県伊丹市
1982年6月竣工
敷地面積：264.15㎡, 延床面積：137.46㎡
地上2階
W造

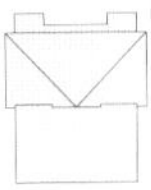

site plan 1:1000

1. リビング
2. ダイニング
3. 寝室
4. 和室

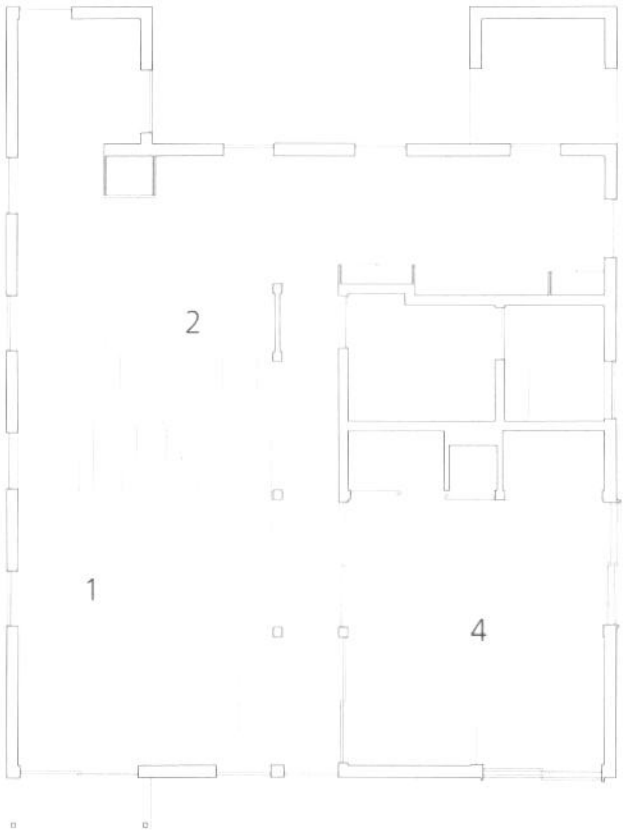

1F plan 1:200

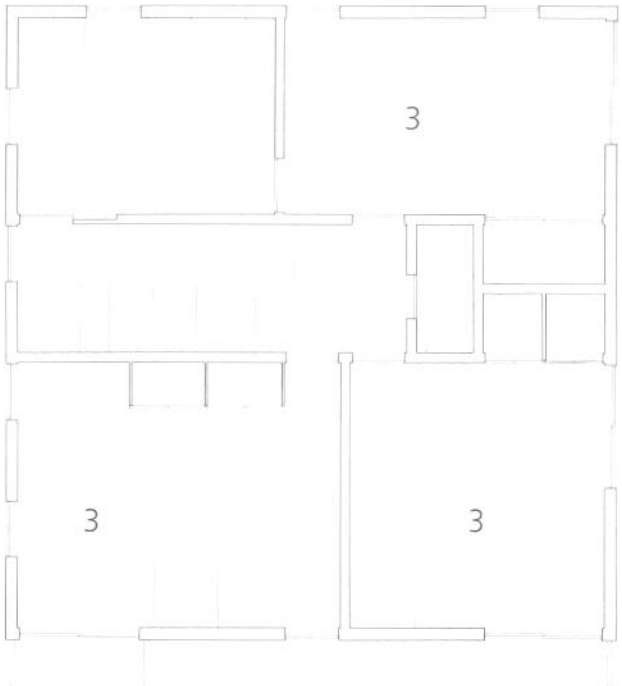

2F plan

金沢文庫の住宅

神奈川県横浜市
1983年3月竣工
敷地面積：150.53㎡, 延床面積：131.46㎡
地下1階地上2階
W造

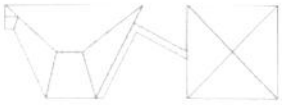

site plan 1:1000

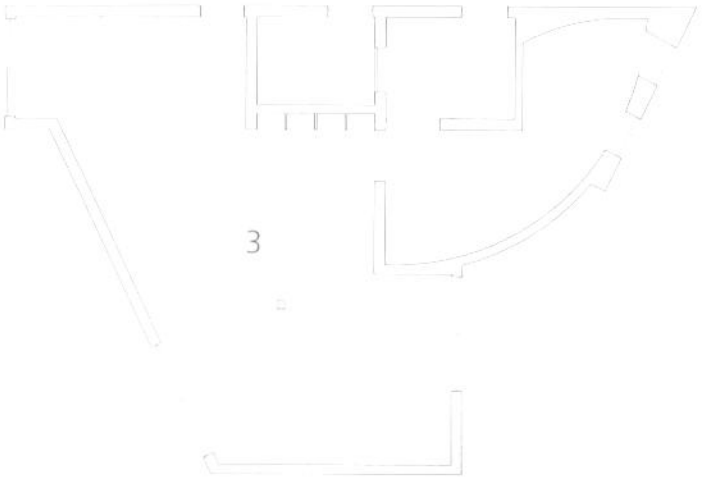

2F

1. リビング
2. ダイニング
3. 寝室
4. 和室
5. 中庭

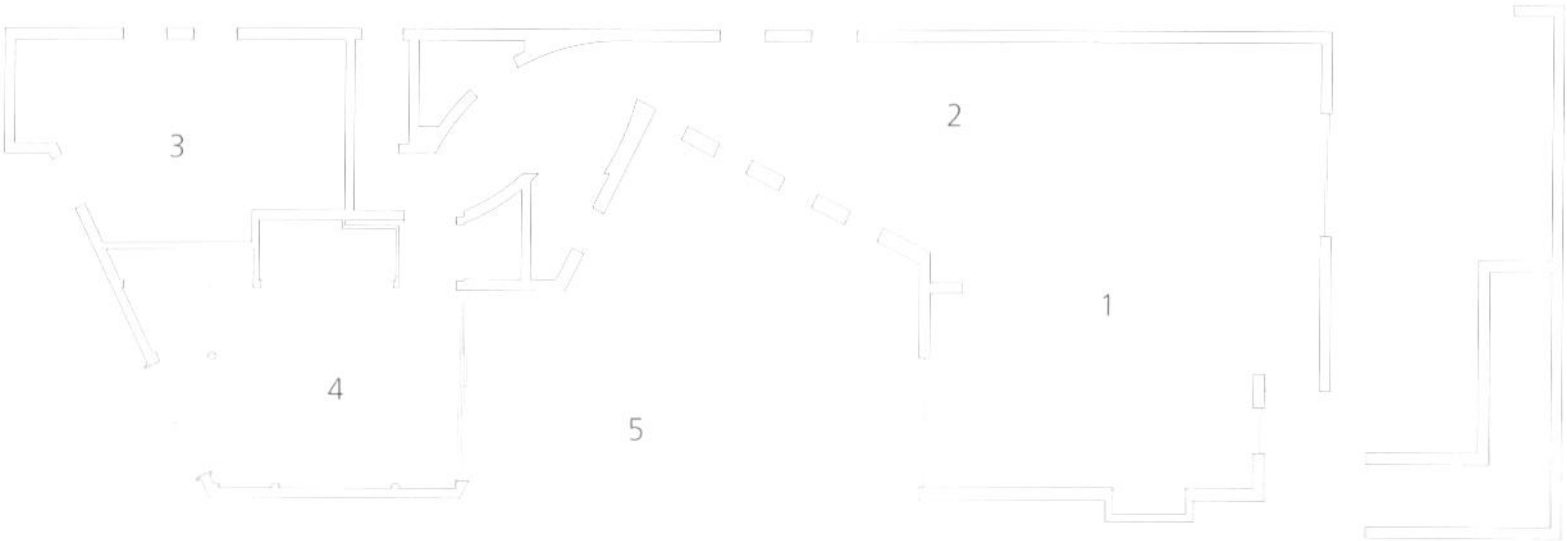

1F

Plan 1:200

森田 修司
山本 祐介
六反田 千恵
吉田 寿美江
鈴木 智子
藤森 泰司
村井 久美
James Fat Lai Law
Joshua Levine
Stan Chiu
石崎 友久
鄧天齊
津枝 勝見
柿本 美樹枝
久原 裕
田村（藤井）愛
青木（山田）京
村上 薫
今村 創平
武田 裕
河島 麻子
小粥 丈晴
杉山 雄二
Curtis D. Augspurger
林 浩希
玉田 源
吉永 健一
卯月 恵美子
工藤 健吾
Catja de Haas
宮本 亜矢子
田井（佐藤）真里
Ari Seligmann
玉田（有泉）朋子
Anne Scheou
真栄 史郎
中山 薫
蟹江 明子
石井 恵子

長谷川逸子・建築計画工房スタッフ一覧

長谷川 逸子
長谷川 博
志鷹 正樹
片倉（二宮）靖恵
桜井 健司
中村 宏美
佐々木 聡
佐々木（石井）隆子
西村 博司
斉藤 直巳
林 志全
植村 茂樹
比嘉 武彦
川原田 康子
岡田 広一
清水 いずみ
根岸 徳美
Kieth Krolak
佐藤 充
諸岡 宜永
多羅尾 直子
西口 浩美
劉 義慰
兵本 順一
濱崎 毅
山崎 由紀
有馬 洋三
岡田 広一
今井 伸行
今井（土屋）美彩子
片岡 靖子
日置 和宜
信太 淳英
青木 隆
作並 義彦
田口 知子
伊藤（吉澤）洋子
近藤 郁子
田村 顕博

森 智之
井上（谷脇）義隆
近藤 俊樹
南 章子
大久保 慶一
菓子 麻奈美
澤 秀俊
浅羽 直幸
清水 修
小川 仁
矢野 泰司
大熊 克和
阿部 真仁
印牧 洋介
梁 時官
Julien Corbin
Damjan Kokakevski
Tiffany.m. Liem
安部 晋太郎
中山 雄一
工藤 浩平
越光 晋
渡部 良平
幾留 温
唯島 友亮
本橋 良介
大岡 光昭
中野 達文
宮脇 健太郎
Bruno Leonel Marques
池田 雄馬
中澤 宏行
大川 華奈
徳永 一之介
藤田 涼
前田 凌児
毛綱 康三
童 真千慧
西澤 高男
濱武 晃弘
Michel van Ackere
Brian Duffy
James Lambiasi
清水 淳
石田 克彦
國武 陽一郎
吉原 励
杉澤 哲哉
中島 孝
萩原 結花
Matthew Potter
巽 淳
柳 裕美子
土屋 博嗣
森田（大友）亜希子
吉田 裕枝
町田 敦
田口 良
山田 菜穂子
田窪 恭子
横山 天心
山田 秀徳
勝 篤史
工藤 宏仁
石川 卓磨
北川 春樹
小石 亜以子
伊藤 孝司
有賀 みなと
曽根原 章浩
平野 崇
市川 淳也
渡辺 英崇
大貫 修二
Volstorf Thomas
宮村 綾乃
戎野 朗生

浩二、磯崎新らが訪れ、多くの議論が交されていた。

多木浩二（1929-2011、兵庫）評論家。東京造形大学ほかで教鞭をとりつつ、演劇、写真、建築など幅広い評論活動を展開した。篠原一男との交流は、作品の撮影から論評に及ぶ。芸術と人間、芸術と社会の関係を問い続ける批評はモダニズムを超えていこうとする世代に響き、「篠原スクールとは多木スクールのことだ」という人もいるほど、伊東豊雄、坂本一成、長谷川逸子らとの交流も深かった。

——

第四部執筆者一覧

比嘉武彦（1961-、沖縄）建築家。長谷川逸子・建築計画工房で〈新潟市民芸術文化会館〉などを担当した。独立後、川原田康子とともにkw+hgを主宰する。市民に親しまれ活発な市民活動の場となっている〈むさしのプレイス〉（2011）ほか、公共建築分野で実績を築いている。

西澤文隆（1915-86、滋賀）建築家。坂倉建築研究所の代表を務める傍ら、茶室や庭園など伝統建築の研究にも貢献した。〈大阪府青少年野外活動センター〉で建築学会賞（1967）、〈正面のない家〉シリーズなど、一連の住宅作品で日本芸術院賞受賞（1985）。

藤井博巳（1933-、東京）建築家。芝浦工業大学名誉教授。「負性の建築化」をテーマに抽象度の高い建築作品を発表している。

三宅理一（1948-、東京）建築史家。エコール・デ・ボザールを卒業、芝浦工業大学などで教鞭をとる。西欧近世近代建築史分野で多くの著作がある。

竹山聖（1954-、大阪）建築家。設計組織アモルフを主宰、京都大学教授。〈軽井沢の別荘〉で吉岡賞（1988）、〈OXY乃木坂〉でアンドレア・パラディオ賞に入選（1991）。

写真家一覧

大橋富夫　032-R, 032-L, 033, 034, 036, 089, 090-R, 090-L, 094, 097-L, 098-L, 099-R, 099-L, 106, 108-R, 112-R, 113-L, 114, 115-R, 115-L, 120-R, 120-L, 159-R, 159-L, 160, 295-U, 295-D, 296-L, 297-U, 297-D, 298-U, 300-R, 300-L
小川泰祐（新建築社）　293-U
新建築社　042-L, 289-L
田中宏明　048-R, 048-L, 290-D
長谷川逸子　042-R, 072-R, 102, 257-R, 257-L, 291-U, 291-D, 293-D
長谷川逸子所蔵　239, 270
長谷川逸子・建築計画工房（IHA）所蔵　035, 044, 045-R, 045-L, 108-L, 113-R, 124-R, 124-L, 222-L, 264-L, 289-R, 290-U
藤塚光政　051, 052-R, 052-L, 070-R, 075, 097-R, 098-R, 103, 107-R, 107-L, 109, 112-L, 121-R, 121-L, 227, 262, 264-R, 265-R, 292-U, 292-D, 294-U, 294-D, 296-R, 298-D, 301-U, 301-D
山田脩二　222-R
吉田香代子　011-R, 011-L, 015-R, 015-L, 017, 021-R, 021-R, 022-R, 022-L, 024-R, 024-L, 025, 070-L
六反田千恵　047, 049, 200, 265-L

——

人物一覧

菊竹清訓（1928-2011、福岡）建築家。竹中工務店、村野・森建築設計事務所を経て、菊竹清訓建築設計事務所を主宰。川添登らとメタボリズムグループを結成し、「世界デザイン会議」（1960）で世界の注目を集めた。伝統論から「か・かた・かたち」論を導き、独創的な建築作品を次々に発表した。1960年代の菊竹事務所は、内井昭蔵、仙田満、伊東豊雄、富永譲、長谷川逸子らの建築家を輩出した。

篠原一男（1925-2006、静岡）建築家。数学から建築へ転身して清家清に師事、東京工業大学で教鞭をとった。伝統建築研究を起点に、批評性の強い作品を発表。1960年代後半に「住宅は芸術である」と宣言し、「白の家」をはじめとする伝統住宅を抽象化した住宅作品で大規模近代建築を主流とする建築界に一石を投じた。1970年代の篠原研究室は多木

長谷川逸子

一九八六年日本文化デザイン賞、日本建築学会賞を受賞。早稲田大学、東京工業大学、九州大学等の非常勤講師、米国ハーバード大学の客員教授など務め、一九九七年ＲＩＢＡ称号。二〇〇〇年第五十六回日本芸術院賞受賞。第七回、第九回公共建築賞受賞。二〇〇一年ロンドン大学名誉学位。二〇〇六年ＡＩＡ名誉会員称号。二〇一六年芝浦工業大学客員教授。二〇一八年英国王立芸術院（Royal Academy of Arts）より第一回ロイヤルアカデミー建築賞受賞。

長谷川逸子の思考④
ガランドウ・生活の装置　初期住宅論・都市論集（1972-1984）

二〇一九年十二月一日　第一刷発行

著　者・・・長谷川逸子
発行者・・・小柳学
発行所・・・株式会社左右社
一五〇-〇〇〇二東京都渋谷区渋谷二-七-六-五〇二
TEL 〇三-三四八六-六五八三　FAX 〇三-三四八六-六五八四
装　幀・・・松田行正＋杉本聖士
印刷所・・・創栄図書印刷株式会社

Printed in Japan. ISBN978-4-86528-261-0